"十四五"规划应用型系列教材
国家级一流本科专业（审计学）建设点配套教材

财务报表审计案例分析

（第三版）

主　编　杨　罡

副主编　高圣荣　叶飞腾

立信会计出版社

LIXIN ACCOUNTING PUBLISHING HOUSE

图书在版编目(CIP)数据

财务报表审计案例分析 / 杨罡主编. — 3 版. — 上
海：立信会计出版社，2021.5(2024.7 重印)
国家级一流本科专业建设点配套教材
ISBN 978-7-5429-6838-8

Ⅰ. ①财… Ⅱ. ①杨… Ⅲ. ①会计报表-审计-中国
-高等学校-教材 Ⅳ. ①F239.22

中国版本图书馆 CIP 数据核字(2021)第 112664 号

责任编辑　　孙　勇
封面设计　　南房间

财务报表审计案例分析(第三版)

CAIWU BAOBIAO SHENJI ANLI FENXI

出版发行	立信会计出版社				
地　址	上海市中山西路 2230 号		邮政编码	200235	
电　话	(021)64411389		传　真	(021)64411325	
网　址	www.lixinaph.com		电子邮箱	lixinaph2019@126.com	
网上书店	http://lixin.jd.com		http://lxkjcbs.tmall.com		
经　销	各地新华书店				

印　刷	常熟市华顺印刷有限公司		
开　本	787 毫米×1092 毫米	1/16	
印　张	13.75		
字　数	277 千字		
版　次	2021 年 5 月第 3 版		
印　次	2024 年 7 月第 4 次		
书　号	ISBN 978 - 7 - 5429 - 6838 - 8/F		
定　价	45.00 元		

如有印订差错，请与本社联系调换

第三版前言

自《财务报表审计案例分析》出版以来,我国会计、审计准则发生了较大变化,我国资本市场进一步发展、完善,这对本书的改版提出了要求,也提供了条件。一些热心的读者和教师以及行业专家也对本书提出了诸多良好建议。为使本书更好地适用于教学,我们对其进行了改版。

本次改版时对一些陈旧案例进行了替换,如用新案例替换了第二版中的案例6、案例8、案例12、案例16、案例21,并新增案例25。新增案例更加新颖、典型、有趣。同时,本书将第二版被替换的案例以二维码形式附在相应章节,以便读者对比阅读。

本书是财务报表审计课程的配套案例书,目的是通过对国内外经典案例的学习,对学生进行有效的学习指导,使其开阔专业视野,巩固所学理论知识体系。在内容上,本书契合财务报表审计课程体系,共分为10章,大部分案例按照案例介绍、问题梳理、案例分析等部分进行编写。案例介绍部分主要针对案例的背景进行简要介绍说明,属于阅读引导环节,给学生重要的、关键的案例背景和时间节点提示,突出案例的时效性和地域性以及国情差别,避免学生理解时出现偏差;问题梳理部分,针对案情,梳理出案例中的主要问题,帮助学生进一步分析理清思路;案例分析部分,结合财务报表课程的基本原理、概念,解释案例涉及的焦点问题,以及建议对策和解决方案,以培养学生的分析思维和提高综合判断能力。

本书由杨罡担任主编,高圣荣、叶飞腾担任副主编。主编负责拟订编写大纲,制定框架结构,并负责总纂、修改及定稿,副主编协助主编开展相应的工作。本书内容分别为:第一章财务报表审计行业发展及其规范体系、第二章审计法律责任、第三章审计证据、第四章风险评估及应对、第五章销售与收款循环审计、第六章生产与存货循环审计、第七章筹资与投资循环审计、第八章财务报表审计中对舞弊的责任、第九章特殊项目审计、第十章审计报告。本书的第一章、第二章、第三章、第六章、第七章、第十章由杨罡执笔,第四章、第五章由高圣荣执笔,第八章、第九章由叶飞腾执笔。

本书配有丰富的教学资源,读者可通过 pastwater11@163.com 联系索取。

书中如有缺点和不足,恳请广大读者不吝赐教,以便再版时修订、完善和补充。

杨 罡

2021 年 6 月

目　　录

财务报表审计行业发展及其规范体系

第一节 财务报表审计行业发展概述

 案例 1 我国会计师事务所行业专长发展之路——以立信会计师事务所为例

一、案例介绍

(一) 会计师事务所行业专长概述

会计师事务所行业专长(Audit Firm Industry Expertise)是指会计师事务所针对特定行业的客户特征逐渐形成的行业审计专有知识和专业才能。行业专长是会计师事务所专业技能的重要组成部分,具备行业专长的会计师事务所通常具有较强的专业胜任能力,因此,在其他条件相同的情况下,具有更高的审计质量。例如,有学者发现,相对于无行业专长会计师事务所,具有行业专长的会计师事务所发现客户财务报表上的错误的能力更强。类似地,有研究发现行业专长会计师事务所相较于非行业专长会计师事务所,更可能发现客户财务报表舞弊的情况。还有一些研究人员发现会计师事务所行业专长与审计收费之间存在正相关关系;行业专长会计师事务所的审计质量更高;行业专长会计师事务所审计客户的盈余管理程度更小;行业专长会计师事务所审计客户的财务报表的质量更高,体现为会计盈余的稳健性更强。

根据现有的研究,发展行业专长可以为会计师事务所带来如下优势:①行业专长会计师事务所由于将资源和技术投资于特定行业,因此,在其专长行业具有更大的规模效益,进而能够增强其竞争力,也为其提供的其他鉴证服务和非审计服务增强吸引力;②提高竞争者的进入门槛(夏立军,2004)。因此,在审计实务界,行业专长从 20 世纪 90 年代开始逐渐受到会计师事务所的重视。1993 年,毕马威会计师事务所在国际五大会计师事务所中率先按照行业服务线(Industry Service Lines)对其组织结构进行了重组。其他的国际五大会计师事务所也分别具有自己的专长行业,国际五大会计师事务所行业专长如图 1-1 所示。

Firm/Key Industries	SIC Codes	Firm/Key Industries	SIC Codes
Arthur Andersen		**Ernst & Young**	
Communications	48	Consumer Products	20–33
Financial Services	60, 62–64, 67	Financial Services	60, 62, 67
Government	91–97	Health Care	80
Health Services	80	Info, Communic & Entertnmt	48, 73, 78
Products	20–39	Insurance	63, 64
Utilities	49	Manufacturing	34–39
		Real estate/Construction	15–17
Coopers & Lybrand		**KPMG Peat Marwick**	
Energy, Util & Nat Res	10–14, 49	Financial Services	60, 62–64, 67
Engineering & Construction	15–17, 87	Health Care & Life Sciences	80
Financial Services	60, 62–64	Info, Commun & Entertmnt	48, 73, 78
Government Contracting	91–97	Mfg, Retailing & Distrib	20–39, 52–59
Health Care	80	Public Services	91–97
Information/Communication	48, 73, 78		
Manufacturing, incl high tech	20–39	**Price Waterhouse**	
Real Estate	65, 70	Financial Services	60, 62–64, 67
Retail/Wholesale	50–59	Products	20–39
Transportation	40–42, 44, 45, 47	Energy	49
Venture Capital	67	Entertmnt, Media & Com	48, 70, 78, 79, 84
Deloitte & Touche			
Aerosp, Auto & Defense Mfg	37		
Construction	15–17		
Financial Services	60, 62–64, 67		
Food and Consumer Prods	20–33		
Health Care	80		
High Tech/Electronic Svcs	35, 36, 38		
Higher Education	82		
Mfg Consulting Services	87		
Public Sector	91–97		
Public Utilities	49		
Real Estate	65, 70		
Telecommunications	48		
TRADE/Retail and Distrib	52–59		

图 1-1 国际五大会计师事务所行业专长

资料来源[1]:Hogan and Jeter(1999)industry specialization by auditors.

但国内审计行业与国外的情况颇为不同,具有自身鲜明的特点。首先,我国审计行业脱胎于计划经济向市场经济转型过程中,1999 年才完成会计师事务所脱钩改制,会计师事务所在行业专长方面的发展起步晚,起点低。其次,我国的审计诉讼风险很低,投资者对会计师事务所进行民事诉讼的概率很低。即使进行诉讼,由于不能像美国一样采用集体诉讼的方式,诉讼成功的可能性很低。最后,我国的审计市场集中度与国外也不同,国外发达国家的审计市场通常由"四大"(或之前的"五大""六大")掌握绝大部分市场份额,而我国的审计市场份额则较分散,集中度不高。因此,我国会计师事务所的行业专长发展之路与国外会计师事务所可能不尽相同。经过近十几年的发展,有关会计师事务所行业专长的如下几个问题值得我们进一步探讨:

(1) 国内会计师事务所的行业专长现状如何? 国内会计师事务所是否建立了各自的行业专长?

(2) 国内会计师事务所是否愿意建立行业专长? 建立行业专长的动机是什么? 国内会计师事务所发展行业专长是否能够提高其市场份额?

(3) 国内会计师事务所的行业专长能否带来审计收费溢价? 行业专长能否提高审计质量?

为此,我们以立信会计师事务所为例,全面剖析中国会计师事务所的行业专长建设之路。选择立信会计师事务所主要基于以下两个原因:第一,立信会计师事务所是国内大所,比较有代表性,根据中国注册会计师协会(以下简称中注协)全国前百家会计师事务所综合评价排名,立信会计师事务所 2002—2006 年度连续 5 年排名均列第五位(前四家均为国际"四大"),2007—2010 年立信会计师事务所排名位列第六位。第二,由于作者所在学校与立信会计师事务所有颇多渊源,比较容易获得相关信息,在信息获取上有比较优势,因此,选择立信会计师事务所作为我们案例分析的对象。

(二) 立信会计师事务所介绍

立信会计师事务所(以下简称立信)由中国会计泰斗潘序伦先生于 1927 年在上海创建,是中国建立最早和最有影响的会计师事务所之一。1986 年复办,2000 年成立上海立信长江会计师事务所有限公司,2007 年更名为立信会计师事务所有限公司。立信依法独立承办注册会计师业务,具有证券期货相关业务从业资格。2010年,立信获得 H 股审计执业资格。2010 年 12 月改制成为国内第一家特殊普通合伙会计师事务所。立信部分相关大事件如图 1-2 所示[②]。

经过 80 余年的长足发展,立信在业务规模、执业质量和社会形象方面都取得了国内领先的地位。自 2001 年起,立信在全国会计师事务所签发的国内上市公司审计报告数量排行榜上一直保持第一。独立、公正、客观是立信一贯秉承的原则。在信用经济和信息社会化的时代中,立信恪守职业道德,勤勉尽责,坚持执业质量,保护公众利益,承担社会责任,为国内外委托人提供高品质、高附加值的专业服务。

---

① 1999 年时 Coopers & Lybrand 和 Price Waterhouse 尚未合并。

② 摘自陈信元、王英姿、夏立军:转型经济中的审计问题——基于中国上市公司的案例,上海财经大学出版社 2011 年版。

图1-2　立信会计师事务所部分相关大事件

2000年，立信加入国际网络，提前实现了专业服务与国际接轨，并扎实培养了一批国际化人才。2009年，立信加入全球第五大国际会计网络——BDO国际，通过与境外成员所的交流，立信锻炼、巩固和发展了执行跨境业务的经验与优势。

2000年至2011年，经由中华人民共和国财政部批准，立信又相继在北京、深圳等地设立了22家分所，立信在打造本土最具核心竞争优势的专业服务机构的同时，逐步完善和实现战略布局。

立信现有从业人员10 000余名，其中执业注册会计师2 000余人。总部设在上海，设有8个专业委员会，以及审计业务部、国际业务部、银行业务部和审计风险管理部、信息技术部、教育培训部、管理咨询部、税务部、资产评估部、工程造价咨询部、信息鉴证部、公司清算部、市场与品牌推广部、会计政策研究中心、产学研基地等与业务相关的部门。立信现有客户遍布全国各地，其中上市公司近500余家，外商投资企业2 000余家，并为大型央企、国有集团、银行、证券公司、期货经纪公司、保险公司、信托公司、基金公司等提供审计及相关业务。立信机构设置如图1-3所示。

图1-3　立信会计师事务所机构设置

资料来源：立信会计师事务所网站。

二、问题梳理——立信会计师事务所行业专长建设情况

为了考察立信行业专长建设情况，我们首先需要对行业专长进行衡量。目前文献对会计师事务所行业专长的衡量主要有两种方法：行业市场份额法和行业组合份额法（market share approach 和 portfolio approach）。由于行业专长知识随着行业市场份额的增加而增加，因此，可以用行业市场份额来衡量行业专长。有研究把行业中市场份额最大的 5 大会计师事务所定义为具有该行业专长的会计师事务所。还有研究把在某一行业中拥有最大市场份额的会计师事务所定义为行业专长会计师事务所，并且该会计师事务所的行业市场份额需超过第 2 名至少 10％或者该会计师事务所拥有的行业市场份额超过 30％。也有人认为 2000—2001 年间行业市场份额超过 24％的会计师事务所为行业专长会计师事务所，2002—2005 年间行业市场份额超过 30％的会计师事务所为行业专长会计师事务所。也有研究则把行业市场份额大于等于 10％的会计师事务所定义为行业专长会计师事务所。行业组合份额法把某一会计师事务所在其所审计行业中市场份额最高的行业作为其专长行业（Hogan 和 Jeter，1999）。在行业组合份额法下任何会计师事务所都有专长行业，规模较小的会计师事务所在其专长行业即使所占的绝对市场份额较低依然可以被认为是这一行业的行业专长会计师事务所。本案例将分别采用行业市场份额法和行业组合份额法来考察立信的行业专长情况。

在行业分类标准上，我们采用中国证监会的行业定义标准，除制造业取两位行业代码外，其他行业取一位行业代码。

在样本年份上，我们选择 1999 年到 2009 年。选择 1999 年作为我们数据分析的起始年份是因为 1999 年立信脱钩改制基本完成。特别需要说明的一点是，我们以不包括立信羊城、立信闽都、立信永华数据计算立信行业专长，以减少合并事项对原立信会计师事务所的行业专长的影响。

（一）以行业市场份额法衡量会计师事务所行业专长

以行业市场份额法衡量的立信行业专长情况如表 1-1 所示。

从表 1-1 可以看出，针对农林牧渔行业（证监会行业代码：A），立信在 2001 年进入该行业，当时的行业占有率为 8.4％，在当时进入该行业的所有会计师事务所中排名最高。2002—2004 年之间立信在该行业的市场占有率基本没有很大变动，维持在 7.5％左右。但到了 2005 年，立信在农林牧渔业的市场占有率急剧下滑到 4.5％，行业排名也从 2004 年的第 2 位下降到第 6 位。这导致 2006 年之后，立信退出了该行业。

表 1-1 以行业市场份额法衡量的

行业代码	年				
	1999	2000	2001	2002	2003
A 农林牧渔业			1 22 0.084	4 22 0.075	1 25 0.075
B 采掘业					
C0 食品和饮料				24 34 0.018	4 34 0.055
C1 纺织、服装、毛皮	5 24 0.059	2 27 0.094	2 29 0.106	1 27 0.158	1 30 0.202
C2 木材和家居					
C3 造纸和印刷			14 19 0.031	17 20 0.031	15 23 0.031
C4 石油、化学、塑料和塑胶	8 53 0.032	2 54 0.046	2 50 0.056	2 54 0.053	2 55 0.053
C5 电子			5 24 0.06	6 25 0.054	8 28 0.046
C6 金属、非金属					46 52 0.004
C7 机械、设备和仪表	56 63 0.005	37 59 0.009	16 59 0.022	31 59 0.013	13 60 0.023
C8 医药和生物制品		6 39 0.041	4 43 0.051	3 43 0.053	2 41 0.064

立信行业专长情况（1999—2009 年）

		份			
2004	2005	2006	2007	2008	2009
2	6				
27	29				
0.075	0.045				
17	15	14	12	3	3
20	19	17	19	17	17
0.017	0.018	0.017	0.017	0.103	0.109
3	5	3	3	1	3
35	35	35	36	33	29
0.056	0.051	0.059	0.061	0.109	0.073
1	1	1	1	1	1
32	33	35	34	31	30
0.228	0.192	0.188	0.211	0.215	0.223
16	15	17	10	11	11
24	22	24	23	25	24
0.029	0.03	0.025	0.04	0.04	0.034
2	6	4	3	6	11
56	55	52	51	47	43
0.062	0.043	0.053	0.056	0.044	0.034
9	13	12	9	2	9
29	30	32	33	28	24
0.042	0.031	0.037	0.041	0.088	0.061
29	41	42	11	2	6
52	49	50	47	42	39
0.013	0.005	0.004	0.028	0.096	0.062
2	4	4	3	1	6
63	62	57	55	48	45
0.043	0.043	0.045	0.056	0.079	0.057
1	2	2	3	4	11
46	44	44	44	40	36
0.085	0.065	0.061	0.053	0.054	0.033

行业代码	年				
	1999	2000	2001	2002	2003
C9	3	3	2	2	1
其他制造	10	13	13	13	14
	0.116	0.097	0.117	0.126	0.13
D			31	20	21
电力、煤气、水的生成和供应			33	33	33
			0.01	0.024	0.022
E	4	5	4	4	7
建筑业	13	14	16	18	20
	0.097	0.09	0.092	0.085	0.073
F7					21
交通运输、仓储业					32
					0.017
G	28	32	32	18	5
信息技术业	37	37	36	38	41
	0.012	0.01	0.009	0.02	0.044
H	3	1	1	2	2
批发和零售贸易	38	39	38	40	41
	0.078	0.084	0.081	0.08	0.077
I	6	7	5	6	7
金融、保险业	6	7	6	8	8
	0.065	0.046	0.041	0.023	0.018
J	3	3	1	2	4
房地产业	22	22	26	27	29
	0.09	0.125	0.133	0.101	0.069
K	7	7	9	7	8
社会服务业	18	19	19	19	19
	0.057	0.049	0.046	0.045	0.046
M	2	1	1	1	1
传播与文化产业	46	41	42	41	39
	0.062	0.113	0.129	0.11	0.127

注：表中每一单元格的第一行数字代表立信的行业市场份额在所有会计师事务所中的行业排名，第二行数字代表某

（续表）

份					
2004	2005	2006	2007	2008	2009
2	2	2	3	2	2
13	12	13	13	13	13
0.139	0.147	0.158	0.143	0.135	0.124
24	22	16	15	18	18
38	34	30	30	29	25
0.02	0.02	0.021	0.021	0.021	0.018
5	5	1	3	3	6
23	22	24	25	23	22
0.068	0.066	0.104	0.066	0.082	0.06
7	8	9	11	3	5
31	30	32	32	32	30
0.048	0.046	0.035	0.033	0.093	0.072
7	6	7	8	3	3
43	42	41	43	42	40
0.041	0.042	0.047	0.038	0.088	0.068
1	1	1	1	1	1
38	38	36	37	36	32
0.1	0.103	0.09	0.139	0.132	0.136
7	7	9	8	7	9
8	8	10	12	11	10
0.016	0.024	0.007	0.017	0.018	0.003
4	1	5	1	1	1
29	29	28	30	27	26
0.064	0.088	0.075	0.106	0.108	0.107
8	8	3	4	4	11
24	24	24	28	27	28
0.044	0.045	0.086	0.083	0.076	0.034
1	1	1	1	1	1
40	39	38	34	33	28
0.193	0.198	0.203	0.192	0.194	0.194

年共有多少家会计师事务所在该行业提供审计鉴证服务,第三行数字代表某年立信在该行业的市场份额。

采掘行业(证监会行业代码:B),立信从 2004 年进入该行业,当时的市场占有率为 1.7%,在所有进入该行业的 20 家会计师事务所中排名倒数第 3 位。但是之后,立信在该行业进行了大量投资,行业的市场占有率逐步上升,从 2005 年的 1.8% 逐步上升至 2009 年的 10.9%;行业排名也从 2005 年的第 15 位上升至 2009 年的第 3 位。因此目前可以认为立信在采掘业具有行业专长。

食品和饮料行业(证监会行业代码:C0)的情况与采掘业类似,立信在 2002 年进入,当时市场占有率较低,只有 1.8%。但之后逐步发展,2008 年时达到了 10.9%,2009 年也有 7.3% 的占有率。行业排名也基本维持在 1~3 名。因此,食品和饮料行业也是立信的专长行业。

纺织、服装、皮毛行业(证监会代码:C1)与之前的两个行业不同,立信很早就进入该行业,而且 1999 年的市场占有率就有 5.9%,在所有进入该行业的 24 家会计师事务所中排名第 5 位。之后立信在该行业一直保持较高的优势,而且占有率和集中度越来越高。2009 年时达到了 22.3%。并且从 2002 年开始至 2009 年,立信在该行业的市场占有率行业排名一直保持第 1 位。因此纺织、服装、皮毛行业绝对是立信的专长行业。

木材和家居行业(证监会行业代码:C2)是立信唯一没有涉及上市公司审计业务的行业。

造纸和印刷行业(证监会行业代码:C3),立信在 2001 年进入该行业,市场占有率一直在 3%~4% 之间,行业排名也一直在十几位。因此,该行业不是立信的专长行业。

石油、化学、塑料和塑胶行业(证监会行业代码:C4),立信在很早就进入该行业,在 1999 年时市场占有率为 3.2%,行业排名第 8 位。2000—2004 年之间,立信在该行业的市场占有率逐步上升,行业排名一直维持在第 2 位。但 2005 年之后,市场份额逐渐下滑,2009 年立信在石油、化学、塑料和塑胶行业的市场份额仅占 3.4%,同时排名也下滑至第 11 位。因此,总体上看,立信在石油、化学、塑料和塑胶行业曾经建立过行业专长,但 2005 年之后失去了该行业的行业专长。

电子行业(证监会行业代码:C5),立信只有 2001 年和 2008 年的行业排名比较靠前,分别为第 5 位和第 2 位。其他年份的市场占有率和排名都不居前,因此我们可以判定电子行业不是立信的专长行业。

金属和非金属行业(证监会代码为:C6),立信会计师事务所在 2003 年才进入该行业,而且在 2003—2006 年之间,行业市场占有率的排名大体上在 30 多位到 40 多位。但从 2007 年开始,立信在该行业的市场份额急剧上升,从 2006 年的 0.4% 上升到 2007 年的 2.8％。这一趋势在以后几年继续保持，2008 年立信在金属和非金属行业的市场占有率达到了 9.6％，行业排名上升到第 2 位，虽然 2009 年市场份额有所下降，但行业排名仍然维持在第 6 位。从中我们可以得出，金属和非金属行业是立信的潜在或未来发展的行业专长行业。

机械、设备、仪表行业（证监会代码为：C7），立信的市场份额从 1999 年到 2008 年呈现逐步上升的趋势，2008 年行业排名已经达到了第 1 位。但是从表 1-1 中可以看出 2008 年的行业市场占有率仅为 7.9％，而到 2009 年更是降到 5.7％。所以对于机械、制造和仪表行业，虽然立信的排名较靠前，但总体的行业市场占有率并不高，因此我们认为立信在机械、制造和仪表行业不具有行业专长。

医药和生物制品行业（证监会代码为：C8）的情况与机械、制造、仪表行业的情况类似，虽然行业排名较高，但立信的市场占有率并不高，因此我们认为立信在医药和生物制药行业不具有行业专长。

在其他制造行业（证监会行业代码：C9），由于行业分类比较模糊，因此我们不对立信是否具有行业专长进行判断。

在电力、煤气、水的生成和供应行业（证监会行业代码：D），立信从 2001 年进入该行业提供审计服务，一直到 2009 年，行业的市场占有率一直在 2％以下，因此不具有行业专长。

建筑行业（证监会行业代码：E），立信各年的行业排名平均在第 4 和第 5 位，但行业占有率通常低于 10％，所以也不具有行业专长。

交通运输、仓储业（证监会行业代码：F），立信进入时间较晚，2003 年开始为交通运输、仓储业企业提供审计服务，市场占有率一直不高，但 2008 年份最高达到了 9.3％，2009 年为 7.2％。所以交通运输和仓储行业是否是立信发展行业专长的行业较难判断。

信息技术行业（证监会行业代码：G），除了较早进入该行业外，与交通运输、仓储业的情况比较类似，较难判断信息技术行业是否是立信潜在的发展行业专长的行业。

批发和零售贸易行业（证监会行业代码：H），立信在 1999 年之前就进入了该行业，同时根据行业市场占有率的排名，一直维持在前 3 名。特别是 2004 年之后，行业龙头会计师事务所的地位越发明显，2004—2009 年，行业排名始终是第 1 位，而且行业市场份额从 2004 年的 10％稳步上升至 2009 年的 13.6％，行业专长效应越来越明显。因此零售贸易行业是立信的行业专长行业。

金融、保险业（证监会行业代码：I）审计市场有着明显的自身特征，能够进入金融业上市公司审计市场的会计师事务所并不多，2005 年之前一直不超过 7 家，2007 年最高为 12 家。同时,由于四大国有银行都由四大会计师事务所审计,所以此行业的其他会计师事务所很难形成行业专长。即使是作为国内会计师事务所排名数一数二的立信也不例外,因此无法在金融保险行业形成行业专长。

房地产行业(证监会行业代码:J),立信在 1999 年之前就进入了该行业,从 1999—2009 年的总体水平上看,除了 2003 年、2004 年、2006 年处于第 5 位外,其他年份立信都处于行业前 3 名,且市场份额基本达到了 10%左右。因此可以认为立信在房地产行业形成了行业专长。

社会服务行业(证监会行业代码:K),立信的市场排名基本维持在 7～8 名,市场占有率也平均在 6%左右,处于不温不火的地位,因此不具备行业专长。同时从时间趋势上看,立信也没有将社会服务行业发展为行业专长的意图。

传播与文化产业(证监会代码:M),是立信最强的行业专长行业,从市场占有率看从 2000 年开始一直保持在 10%以上,尤其是 2006 年达到了 20.3%,2009 年是 19.4%,近几年基本维持在 19%以上。行业市场占有率排名从 2000 年以来稳居第 1 位。因此立信一直在传播与文化行业保持行业专长地位。

(二) 以行业组合份额法衡量会计师事务所行业专长

以行业组合份额法衡量的立信行业专长情况如表 1-2 所示。

从行业组合份额法衡量的行业专长来看,1999 年立信审计了 11 个行业,分别为纺织、服装、毛皮(C1);石油、化学、塑料和塑胶(C4);机械、设备和仪表(C7);其他制造(C9);建筑业(E);信息技术业(G);批发和零售贸易(H);金融、保险业(I);房地产业(J);社会服务业(K);传播与文化产业(M)。从表 1-2 可以看出行业组合份额第 1 位是批发、零售行业,占比为 21.3%;第 2 位是传播与文化行业,占比为 17.1%;第 3 位是房地产行业,占比为 14.3%;第 4 位是石油、化学、塑料和塑胶行业,占比为 12.9%;其他行业都在 10%以下,可以认为,1999 年立信内部各行业中,批发、零售行业,传播与文化行业,房地产行业,石油、化学、塑料和塑胶行业是立信的专长行业。

2000 年的情况基本与 1999 年相似。立信审计了 12 个行业,新增行业为医药和生物制品(C8)。在所有行业中具有相对行业专长的行业仍然是:批发、零售行业(H),传播与文化行业(M),房地产行业(J),石油、化学、塑料和塑胶行业(C4)。但是依据组合份额的排名发生了变化,批发和零售行业的组合份额有所下降,从 1999 年的 21.3%下降到 16.7%,排名也从第 1 位下降到第 2 位;传播与文化行业的组合份额则从 1999 年的 17.1%上升到 21.1%,排名从第 2 位上升到第 1 位;房地产行业的排名也从 1999 年的第 3 位下降到第 4 位,而石油、化学、塑料和塑胶行业则从第 4 位上升到第 3 位。

2001 年的情况与 2000 年类似,在所有行业中具有相对行业专长的行业仍然是:批发、零售行业(H),传播与文化行业(M),房地产行业(J),石油、化学、塑料和塑胶(C4)行业。只是相对行业组合份额占有率排名发生了变动。

2002 年的突出变化是纺织、服装和皮毛行业(C1)的组合份额从 2001 年的 8.8% 上升到 2002 年的 13.4%,排名也从 2001 年的第 5 位上升到 2002 年的第 2 位;这可能与立信在 2002 年加大对纺织、服装和皮毛行业的投入有关。与之相对应的是,房地产行业的组合份额从 2001 年的 11.6% 下降为 2002 年的 8.7%,排名从第 4 位下降为第 5 位。因此纺织、服装和皮毛行业成了立信的专长行业,而房地产行业不再是专长行业。立信的其他专长行业与 2001 年的情况类似,是批发、零售行业(H),传播与文化行业(M),石油、化学、塑料和塑胶行业(C4)。

2003 年延续了 2002 年的情况,立信具备行业专长的是:纺织、服装和皮毛行业(C1),传播与文化行业(M),石油、化学、塑料和塑胶行业(C4),批发、零售行业(H)。

2004 年立信进入了 20 个行业,达到了历史的顶峰,新增行业为采掘业(B)。但行业专长行业与 2003 年相同分别为:纺织、服装和皮毛行业(C1),传播与文化行业(M),石油、化学、塑料和塑胶行业(C4),批发、零售行业(H)。

经过前几年的努力,在 2005 年,机械、设备仪表行业(C7),变成了立信的行业专长行业。但石油、化学、塑料和塑胶行业则份额进一步缩小变成了非专长行业。其他行业专长行业仍然为:纺织、服装和皮毛行业(C1),传播与文化行业(M),批发、零售行业(H)。

2006 年、2007 年的情况与 2005 年相同,立信的行业专长集中于机械、设备仪表行业(C7),纺织、服装和皮毛行业(C1),传播与文化行业(M),批发、零售行业(H)。

2008 年和 2009 年,新出现的情况是金属和非金属行业(C6)成了立信的行业专长行业,从 2007 年的 5.1% 上升到 2008 年的 12.6% 和 2009 年的 9.8%,因此金属和非金属行业是未来可能发展成为立信行业专长的新行业。

三、案例分析

从立信发展行业专长的道路可以看出,我国会计师事务所在行业专长的建设方面主要有以下几种情况:①从进入该行业开始,就占据明显的市场份额,行业排名在前三位,然后一直保持行业市场占有率领先位置,从而形成该行业的行业专长。②一开始进入行业时比较落后,可能是由于较晚进入该行业,也可能是虽然较早进入该行业,但是起初的市场份额较低,专业投入较少。但之后,会计师事务所加大了对该行业的专有投资或者通过合并其他会计师事务所获得了其他会计师事务所对行业的专有投资,从而扩大了市场份额,最终形成行业专长或者潜在的行业专长。③虽然行业排名较为

表 1-2　以行业组合份额法衡量的

行业代码	年				
	1999	2000	2001	2002	2003
A 农林牧渔业			0.036 (10) [16]	0.035 (9) [17]	0.032 (10) [19]
B 采掘业					
C0 食品和饮料				0.017 (16) [17]	0.045 (9) [19]
C1 纺织、服装、毛皮	0.065 (6) [11]	0.091 (5) [12]	0.088 (5) [16]	0.134 (2) [17]	0.15 (1) [19]
C2 木材和家居					
C3 造纸和印刷			0.013 (14) [16]	0.012 (17) [17]	0.011 (18) [19]
C4 石油、化学、塑料和塑胶	0.129 (4) [11]	0.139 (3) [12]	0.132 (2) [16]	0.126 (3) [17]	0.108 (3) [19]
C5 电子			0.042 (8) [16]	0.039 (8) [17]	0.031 (11) [19]
C6 金属、非金属					0.01 (19) [19]
C7 机械、设备和仪表	0.027 (10) [11]	0.037 (9) [12]	0.068 (6) [16]	0.041 (7) [17]	0.062 (6) [19]
C8 医药和生物制品		0.056 (6) [12]	0.061 (7) [16]	0.065 (6) [17]	0.067 (5) [19]

立信行业专长情况

份					
2004	2005	2006	2007	2008	2009
0.025	0.016				
(11)	(17)				
[20]	[20]				
0.009	0.011	0.01	0.014	0.07	0.095
(19)	(18)	(17)	(18)	(6)	(6)
[20]	[20]	[19]	[19]	[19]	[19]
0.035	0.034	0.037	0.031	0.04	0.033
(10)	(10)	(12)	(13)	(12)	(11)
[20]	[20]	[19]	[19]	[19]	[19]
0.138	0.125	0.122	0.114	0.079	0.101
(2)	(2)	(2)	(3)	(5)	(3)
[20]	[20]	[19]	[19]	[19]	[19]
0.008	0.009	0.009	0.011	0.008	0.009
(20)	(20)	(19)	(19)	(19)	(19)
[20]	[20]	[19]	[19]	[19]	[19]
0.102	0.075	0.088	0.075	0.043	0.04
(3)	(5)	(5)	(5)	(11)	(10)
[20]	[20]	[19]	[19]	[19]	[19]
0.023	0.018	0.021	0.02	0.031	0.026
(13)	(16)	(15)	(15)	(14)	(13)
[20]	[20]	[19]	[19]	[19]	[19]
0.025	0.01	0.009	0.051	0.126	0.098
(12)	(19)	(18)	(8)	(1)	(4)
[20]	[20]	[19]	[19]	[19]	[19]
0.095	0.105	0.11	0.113	0.123	0.112
(5)	(4)	(3)	(4)	(2)	(1)
[20]	[20]	[19]	[19]	[19]	[19]
0.075	0.062	0.055	0.035	0.025	0.018
(6)	(6)	(6)	(9)	(15)	(14)
[20]	[20]	[19]	[19]	[19]	[19]

行业代码	年				
	1999	2000	2001	2002	2003
C9 其他制造	0.045 (9) [11]	0.031 (11) [12]	0.029 (12) [16]	0.03 (12) [17]	0.026 (14) [19]
D 电力、煤气、水的生成和供应			0.011 (15) [16]	0.028 (13) [17]	0.024 (15) [19]
E 建筑业	0.068 (5) [11]	0.044 (7) [12]	0.037 (9) [16]	0.035 (10) [17]	0.029 (12) [19]
F 交通运输、仓储业					0.02 (17) [19]
G 信息技术业	0.023 (11) [11]	0.014 (12) [12]	0.01 (16) [16]	0.027 (14) [17]	0.052 (7) [19]
H 批发和零售贸易	0.213 (1) [11]	0.167 (2) [12]	0.12 (3) [16]	0.123 (4) [17]	0.1 (4) [19]
I 金融、保险业	0.053 (8) [11]	0.034 (10) [12]	0.027 (13) [16]	0.025 (15) [17]	0.02 (16) [19]
J 房地产业	0.143 (3) [11]	0.134 (4) [12]	0.116 (4) [16]	0.087 (5) [17]	0.05 (8) [19]
K 社会服务业	0.062 (7) [11]	0.042 (8) [12]	0.032 (11) [16]	0.031 (11) [17]	0.026 (13) [19]
M 传播与文化产业	0.171 (2) [11]	0.211 (1) [12]	0.178 (1) [16]	0.144 (1) [17]	0.137 (2) [19]

注：表中每一单元格中的第一行代表以行业组合份额法衡量的行业专长情况，第二行代表该行业在立信的所有行

（续表）

份					
2004	2005	2006	2007	2008	2009
0.021	0.023	0.026	0.019	0.013	0.015
(15)	(13)	(13)	(16)	(18)	(16)
[20]	[20]	[19]	[19]	[19]	[19]
0.019	0.021	0.024	0.019	0.014	0.016
(17)	(15)	(14)	(17)	(17)	(15)
[20]	[20]	[19]	[19]	[19]	[19]
0.023	0.025	0.044	0.034	0.031	0.029
(14)	(11)	(8)	(12)	(13)	(12)
[20]	[20]	[19]	[19]	[19]	[19]
0.043	0.047	0.042	0.034	0.067	0.061
(7)	(8)	(9)	(11)	(7)	(8)
[20]	[20]	[19]	[19]	[19]	[19]
0.037	0.039	0.041	0.026	0.045	0.045
(9)	(9)	(11)	(14)	(9)	(9)
[20]	[20]	[19]	[19]	[19]	[19]
0.099	0.111	0.09	0.12	0.084	0.111
(4)	(3)	(4)	(1)	(3)	(2)
[20]	[20]	[19]	[19]	[19]	[19]
0.014	0.024	0.018	0.06	0.045	0.009
(18)	(12)	(16)	(7)	(10)	(18)
[20]	[20]	[19]	[19]	[19]	[19]
0.037	0.056	0.053	0.07	0.055	0.072
(8)	(7)	(7)	(6)	(8)	(7)
[20]	[20]	[19]	[19]	[19]	[19]
0.02	0.022	0.042	0.035	0.022	0.013
(16)	(14)	(10)	(10)	(16)	(17)
[20]	[20]	[19]	[19]	[19]	[19]
0.154	0.166	0.158	0.117	0.079	0.097
(1)	(1)	(1)	(2)	(4)	(5)
[20]	[20]	[19]	[19]	[19]	[19]

业中的排名情况；第三行代表某年立信提供审计鉴证服务的行业数目。

靠前,但是由于行业竞争比较激烈或者市场比较分散的缘故,会计师事务所在该行业的市场份额一直低于10%,形成不温不火的情形,难以形成行业专长。④还有一些行业,会计师事务所市场份额一直不高(可能是较晚进入,也可能是其他原因),一直不具备形成行业专长的条件。⑤前期曾经是行业领导者,具备行业专长,但之后市场份额急剧下降,导致失去行业专长,甚至放弃该行业的审计服务。

通过对立信行业专长的案例分析,可以帮助我们更好地了解和认识国内会计师事务所的行业专长建设情况,同时也可以为国内会计师事务所更好地建设行业专长提供借鉴和指导。

四、阅读文献

[1] Hogan, Jeter D C. Industry Specialization by Auditors[J]. Auditing: A Journal of Practice & Theory, 1999,(18): 1-17.

[2] 夏立军.审计师行业专长与审计市场研究评述[J].中国注册会计师,2004,(7):58-62.

[3] 陈信元,王英姿,夏立军.转型经济中的审计问题——基于中国上市公司的案例[M].上海:上海财经大学出版社,2011.

第二节　审计人员职业道德规范

案例2　夏新电子利润造假案例分析

夏新电子股份有限公司(股票代码:600057,以下简称夏新电子)从名噪一时的手机巨头,沦落到破产重整,从最赚钱的上市公司到连续4年巨额亏损并被勒令退市,其间经历了:2007年8月份中国证券监督管理委员会(以下简称证监会)厦门监管局的调查;2007年夏新电子财务报表对2005年、2006年财务报表的15处重大差错追溯调整更正;2008年2月、7月厦门监管局分别发出整改通知书;2009年11月证监会发出处罚决议。我们通过分析夏新电子利润造假案过程,让人们更加清晰地认识到上市公司会计舞弊与会计信息披露之间的关系。

一、案例介绍

(一)夏新电子简介

夏新电子是经厦门市人民政府(1997)057号文、厦门市经济体制改革委员会厦体改(1996)080号文批准,在对原夏新电子有限公司(现已更名为夏新电子股份有限公司)进行部分改组的基础上,由夏新电子有限公司、中国电子租赁有限公司、中国电子国际贸易公司、厦门电子器材公司、厦门电子仪器厂、成都广播电视设备(集团)公司等6个股东共同作为发起人,于1997年4月24日经中国证监会(1997)176号文批准,以向社会公众募股方式设立。

夏新电子早期业务为生产黑白电视机。1993年,夏新电子进入当时热门的录像机市场,3年后,夏新电子进一步进入新兴的VCD市场,并一举进入行业前三名,1998年上市公司业绩排名中,夏新电子排名位居榜首。1999年,由于VCD市场竞争加剧,影碟机出现全行业衰退,夏新电子2000年和2001年业绩大幅下滑,带上了"ST"帽子。2000年5月,夏新电子转战手机市场。2001年,夏新电子推出了当时热销的A8手机,将夏新电子拉出了亏损的泥潭。2002年夏新电子实现了净利润6.1亿元,每股收益高达1.69元,在所有的上市公司中名列榜首,一举成为中国A股市场上最赚钱的公司。此后,夏新电子开始实施多元化战略,不仅大力投入3G手机的研发,还涉足液晶电视、笔记本电脑等领域。但2004年后,夏新手机开始走下坡路。2006年年底,夏新电子被迫退出笔记本电脑的品牌市场,转向代工。后来,夏新电子已开始逐渐从液晶电视市场撤退,只有部分卖场还能看到夏新品牌的液晶电视。

随着多元化发展的失利,夏新电子2005年亏损6.58亿元,2006年夏新电子对外披露的财务报表净利润为盈利2 517.6万元,在厦门证监局介入调查后,夏新电子在2007年的财务报表中对2005年、2006年的财务报表进行追溯调整,对过往的重大差错更改高达15项之多,经过这15项差错追溯调整以后,夏新电子2006年净利润数字由盈利2 517.6万元变为亏损1.05亿元,2007年、2008年夏新电子财务报表净利润亏损分别为8.029亿元、7亿元。2009年5月19日,夏新电子被责令暂停上市,9月21日,夏新电子实际控制人中国电子信息产业集团在经过两年的努力后无奈放弃,宣告夏新电子破产重组。

(二) 被证监会认定的违法事实及处罚

夏新电子于2009年11月16日收到证监会监督管理委员会[2009]40号行政处罚决定书,被认定存在以下违法事实。

1. 商业承兑汇票披露存在误导性陈述

夏新电子在2006年年度财务报表附注中披露,2006年12月31日应收票据明细项目中:银行承兑汇票699 833 498.04元、商业承兑汇票10 682 440.00元,合计710 515 938.04元。除上述已披露的商业承兑汇票以外,夏新电子2006年12月31日的银行承兑汇票中实际有280 878 100元为商业承兑汇票。

2. 未如实披露销售退回

夏新电子未根据资产负债表日后调整事项的要求,将 2006 年度销售、2007 年 1 至 3 月份退回的产品,冲减 2006 年度的主营业务收入31 424 138.89 元和主营业务成本 18 212 444.77 元,导致虚增利润 13 211 694.12 元。

3. 未足额计提返利价保

夏新电子除 2006 年年报已预提的返利价保金额外,还存在已与客户确认、应归属于 2006 年度的部分返利价保价 27 561 924.77 元,未予以计提,导致虚增利润276 124.77 元。

证监会认定,夏新电子的上述行为违反了相关规定,决定对夏新电子给予警告,并处以 60 万元罚款;对时任董事长苏振明等 9 名责任人分别给予警告,并处以 3 万元至 10 万元不等的罚款。

此外,天健华证中洲(北京)会计师事务所(以下简称天健所)在审计夏新电子2006 年年度报告过程中,未实施必要的审计程序和收集充分的审计证据,导致出具了具有虚假内容的审计报告。根据相关法律法规,证监会决定没收天健所业务收入75 万元,并处以 25 万元罚款;对相关责任人姚立中、周俊超分别给予警告,并处以5 万元罚款。

二、问题梳理

(一)关于商业承兑汇票披露问题

1. 夏新电子

在 2007 年年报中夏新电子主动披露了应收商业承兑汇票的差错更正:"2006 年12 月 31 日本公司将应收商业承兑汇票 280 878 100.00 元披露为应收银行承兑汇票,本年度本公司对本项重大前期差错进行更正。"

夏新电子申辩称,商业承兑汇票在财务报表附注归类不当,处理不准确,是公司和会计师审核疏漏。

2. 天健所

天健所申辩称,夏新电子在财务报表附注中对应收票据的分类没有作出恰当的披露,是夏新电子的会计责任;对应收票据审核时已执行了监盘、函证等审计程序;应收票据未适当分类不足以影响或改变财务报表使用者的相关决策,不影响注册会计师对审计报告意见类型的确定,并不属于重大错报。

3. 证监会

商业承兑汇票与银行承兑汇票的信用、风险等级、可回收性都存在很大差异。夏新电子2006年年报将2.8亿元商业承兑汇票披露为银行承兑汇票,占全部应收票据余额的40％,且在到期日均为变现,全部转化为公司应收账款。天健所在对应收票据实施监盘的过程中,已抽查到3张金额分别为5 000万元、4 000万元、2 000万元商业承兑汇票但未给予合理关注,错误得出"盘点未见异常"和"期末应收票据均为银行承兑汇票,无商业承兑汇票"的盘点结论,因此,可以认定天健所未保持应有的职业谨慎态度,导致"未发现夏新电子商业承兑汇票披露"存在误导性。

4. 审计对夏新电子混淆商业承兑汇票和银行承兑汇票的推断

(1)商业承兑汇票是由银行以外的企业和其他组织出票并承兑的,因此质押风险较大,也不宜作质押担保。而银行承兑汇票风险较小,信用度高,可以作质押担保。如果将商业承兑汇票作为银行承兑汇票进行披露,对夏新电子日后融资将产生有利影响,对于一个需要资金进行大规模研发的公司来说,这种做法可以在一定程度上帮助公司取得资金支持。夏新电子2006年年初应收账款4.45亿元,年末7.38亿元,增幅65.52％。夏新电子在年报中披露应收账款大幅增加的原因是:"主要系本年度销售业务的增长,为适应市场竞争需要调整了销售收款政策所致。"夏新电子自己解释说,销售收入由2005年的48亿元增长到55亿元,增幅15％,应收账款的增长速度远远高于销售收入的增长速度,夏新电子为了扩大销售,承担了较高的应收账款无法收回的风险。因此人们怀疑夏新电子把商业承兑汇票披露为银行承兑汇票,可能想在应收票据的分类上做点文章,让人们感到可收回性大大增加,降低信息使用者对公司经营风险的估计。

(2)把商业承兑汇票披露为银行承兑汇票,也可能是夏新电子销售收入造假的关联手段。如果是虚增销售收入,不可能收到货款,公司能较为方便地伪造商业承兑汇票进行关联造假,商业承兑汇票到期后未收到款项,夏新电子可直接转化为应收账款。银行承兑汇票由银行承兑,收到款项的可能性很高,造假的可能性很小。所以公司可能配合销售收入的造假,制造虚假的商业承兑汇票,并故意披露为银行承兑汇票。

(二)未如实披露销售退回问题

1. 夏新电子

在2007年年报中夏新电子主动披露了销售退回的差错更正:"本公司2007年1至3月份销售退回24 452 579.09(不含税金额),未按相关规定作为资产负债表日后调整事项调整2006年度报表,本年度本公司对本项重大前期差错进行更正。"

2. 天健所

2006年和2007年夏新电子的审计都是天健所执行的,2006年出具了标准无保留意见的审计报告,2007 年出具了保留意见的审计报告,导致保留意见的事项之一:"2007 年 1 至 3 月夏新电子公司收到退货 35 623 台手机,并应当冲减当期的营业收入和营业成本 2 463.57 万元和 1 678 万元,由于夏新电子公司未能就该部分退货的性质、销售确认时间等提供充分适当的证据,因此我们无法判断该部分退货对各年度财务报表的影响。"夏新电子对此作出的解释是:"为保证产品质量,公司所有的退货产品都必须经过检测、维修后重新办理入库手续,并重新写码。因公司的退货流程中对退货手机没有明确要求扫描原串码并留底,所以公司无法向会计师事务所提供 2007 年 1 至 3 月 35 623 台退货手机的串码信息。公司将立即改善管理,今后将对全部退货手机产品串码进行扫面留底。"天健所申辩称,天健所对夏新电子期后销售退回事项已按照《期后事项准则》的要求履行了必要的程序,函证、检查 2007 年 1 至 2 月的存货科目等,已针对期后销售退回事项执行了相关程序,审计程序是充分、适当的。

3. 证监会

天健所实施的审计程序不足以发现销售退回事项。首先,天健所审计的"存货——退回"科目并非通常意义上所认为的销售退回,该科目主要核算的是分公司、子公司退货及小部分暂无退货证明的退货,远未涵盖全部退货。因此检查该科目对应于发现期后销售退回事项的作用不大。天健所仅对该科目实施了资产负债表日后事项的审计,并以此作为其在期后退回事项上勤勉尽责的证据是不充分的。其次,天健所实施的函证程序,也并不能发现期后事项。应收账款函证的金额为 2006 年 12 月 31 日的金额,在询证函未作特别设计的情况下,客户一般仅核对年末余额,并非天健所所述的"报表日前发生的销售如在日后发生退货,回函客户都会在回函中予以说明"。再次,天健所对杭州分公司存在销售退回后,也未扩大审计范围,采取进一步的审计程序。此外,天健所实施的其他审计程序也都是针对 2006 年度会计记录的,不足以发现期后售后退回事项。

4. 审计对夏新电子收入确认截止性错误的判断

分析夏新电子 2005 年、2006 年收入的变化,我们可以看到 2005 年和 2006 年夏新电子第四季度都出现了异常的销售量,2005 年第四季度的主营业务收入环比增加 40.74%,2006 年第四季度更是高达 55.28%。尽管夏新电子对此的解释看起来很合理:"由于手机产品季节性销售特性比较明显,元旦至春节前夕为销售旺季,销售量较平时往往有较大增长。公司近几年的销售报表均体现了 12 月销售收入增长的现象。"但人们按照一般规律推断,元旦至春节前夕的销售旺季的销售额应该体现在每年的第一个季度,也就是说年报中的第一季度才应该是收入增长的最大时间段,但人们看到夏新电子每年第一季度的主营业务收入与前一年第四季度的主营业务收入相比均有明显的下降,特别是 2007 年第一季度较 2006 年第四季度下降了近 50％。由此我们有理由怀疑夏新电子可能存在试图通过年末虚假销售来年构造销售退回的假象来造假,掩盖其亏损的真相。

(三)未足额计提返利价保

1. 夏新电子

夏新电子在 2007 年年报中主动披露了调价补差的差错更正:"因与经销商结算滞后导致本公司递延确认 2006 年 12 月 31 日调价补差26 824 479.67元,本年度本公司对本项会计差错进行更正。本项会计差错对合并报表的影响金额为:调减 2006 年年初留存收益 6 828 475.02 元,均为调减未分配利润;调减 2006 年 12 月 31 日预收账款 26 824 479.67 元;调减 2006 年度营业收入 19 996 004.65 元;调减 2006 度归属于母公司所有者的净利润 19 996 004.65 元。本项会计差错更正对母公司报表的影响金额为:调减 2006 年年初留存收益6 828 475.02 元,均为调减未分配利润;调减 2006 年 12 月 31 日预收账款 26 824 479.67 元;调减 2006 年度营业收入19 996 004.65 元。"

另外,夏新电子一直为其"全程价保这种特殊的销售方式"辩解,电子消费产品特点决定了此种消费政策为国内电子企业普遍采用。而公司在对外销售时对客户承诺在产品调价时按约定方式进行补差,是否进行调价及调价时如何进行补差的权利"完全由公司决定"。公司在各个会计期间的会计处理中也均对已发生的调价补差金额进行及时、全额计提,如实反映在当期的财务报表中。

2. 天健所

天健所申辩称,天健所已针对返利价保计提的真实性和完整性实施了函证和从原始单据到记账凭证的检查两个程序,审计程序充分,获取了充分、适当的审计证据,无须执行其他替代性程序,进一步关注期后事项。

此外,天健所申辩,由于夏新电子 2006 年返利价保存在有意推迟及人为删除返利价保系统数据的情况,导致其未能发现返利价保事项存在重大错报,根据夏新电子核算系统自动生成的"计算机单号"显示,应归属于 2006 年度的 2 043 万元返利价保已于 2007 年 1 至 3 月维护进核算系统,为此,天健所提出夏新电子财务报表的会计责任不能连带推定注册会计师一定要承担相应的审计责任,应根据全部工作底稿判断审计工作质量,不应当根据某个项目的工作底稿或某个程序执行与否,来评价审计结论的适当性及整体的审计工作质量;认定审计责任必须充分考虑公司管理层舞弊及对审计的重要影响。

3. 证监会

(1) 天健所函证的是 2006 年 12 月 31 日已录入夏新电子 SAP 系统已计提的返

利保价。对于资产负债表日后维护进入 SAP 系统,应归属于 2006 年度的返利价保,天健所依赖函证程序是难以发现的。

(2)天健所实施的将账面数与系统维护数进行核对、选取 2006 年 12 月主要调价型号追查返利价保计提依据等程序都是针对返利价保"存在和发生"认定的检查,并非针对返利价保计提"完整性"的检查;天健所实施的将 2006 年 12 月的调价补差通知单与系统维护数进行核对的程序,虽然是针对"完整性"认定的审查,但从审计底稿和天健所提交的审计证据材料中,未见其索引号标注所对应的内容。因此,证监会认为天健所"未按照《中国注册会计师审计准则第 1101 号——财务报表审计的目标和一般原则》第二十二条'注册会计师应当获取认定层次充分、适当的审计证据,以便在完成审计工作时,能够以可接受的低审计风险对财务报表整体发表审计意见'的规定,对夏新电子 2006 年度预提的返价利保的完整性获取充分、适当的审计证据,并实施充分的审计程序。在对 2006 年度返价利保预提事项审计时,未进一步采取其他替代性程序,去关注期后进行维护核算系统的相关记录"。"天健所针对夏新电子 2006 年年报未保持应有的职业怀疑态度,未勤勉尽责,应承担相应的审计责任。"

4. 审计对夏新电子未足额计提返价利保的质疑

全程价保是一种特殊的销售方式,过去有不少消费类行业企业采用过,但滋生了很多问题,不少财务造假就是对计提的"调价补差准备金额"一项做手脚,因此,目前我们普遍认为用全程价保销售方式,就不能确认收入。而夏新电子将不能确认的收入确认了,还没有在附注中披露,隐瞒财务信息。此外,调价补差准备金额,这个会计科目在会计准则 8 大减值准备里没有,不符合会计准则的要求。

三、案例分析

1. 夏新电子事件说明注册会计师在审计方法上存在的缺陷

在对夏新电子的审计中,天健所的重大过失行为包括:

(1)对应收票据实施监盘的过程中,未对抽出汇票给予合理关注,得出错误结论,未保持应有的职业谨慎态度。

(2)注册会计师未能如实披露销售退回。例如,审核的"存货——退回"科目主要核算的是分公司、子公司退货及小部分暂无退货证明的退货,远未涵盖全部退货。因此检查该科目对应于发现期后销售退回事项的作用不大。

(3)注册会计师未能有效执行分析性测试程序。例如,元旦至春节前夕为销售旺季,销售量较平时有较大增长,而来年第一季度才应该是收入增长的最大时间段。

2. 对注册会计师在审计时降低重大错报风险的理解

对注册会计师在审计时降低重大错报风险的正常理解是:注册会计师把错报找出来,然后提请被审计公司纠正,排除已经发现的全部重大错报,降低审计风险,使财务报表符合制度规定,公允反映企业财务状况和经营成果。但是不需要加上没有发现的错报。错报超过重要性水平的,可能要发表保留意见。

四、结论

本案例并未罗列出所有违反审计准则的相关条款,因为注册会计师审计执业准则作为一个体系,一项重大过失往往会涉及审计准则体系中不同层次和不同方面。尽管如此,上述根据有关监管机构的调查报告所列示的违反审计准则事项已经能够提供充分的证据并表明,天行健会计师事务所在夏新电子案件中疏于已颁布注册会计师审计执业准则的执行,在专业胜任能力和职业道德两方面均存在重大过失。任何质疑现行审计准则体系的论调都是缺乏事实根据的,也是不攻自破的。相反地,夏新电子案例给注册会计师行业的警示恰恰在于注册会计师对现有准则的执行存在重大疏忽与不力的严重后果。另外,值得说明的是,在现行审计准则体系中,无不贯彻了审计重要性和审计风险的思想和原则,从这个意义上讲,那些声称现行审计准则体系缺乏风险导向的论点也是站不住脚的。夏新电子案例同样非常有力地证明了这一点,而且我们看到的事实是:注册会计师连最基本的公认审计原则都没有遵守,最基础的审计程序都没有执行,又何谈建立在内部控制结构非常完善基础上的风险导向审计?注册会计师应该努力提高自身的道德水准和风险素养,在执业过程中应始终保持其独立、客观和公正性,以提高独立审计师的价值。

五、阅读文献

[1] 谭燕.资产减值准备与非经常性损益披露管制——来自中国上市公司的经验证据[J].管理世界,2008,(11).

[2] 王小军.2008 年深圳主板公司资产减值及非经常性损益分析[J].市场证券导报,2009,(7).

[3] 王砚书,董丽英.审计案例[M].大连:东北财经大学出版社,2012.

[4] 夏新电子 2006 年年报、2007 年年报.

第二章

审计法律责任

第一节　被审计单位的会计责任

 案例3　会计截期之美国女王真空

一、案例介绍

这是一个关于利用会计截期在收入的确认和费用、负债的确认问题上做文章进而夸大企业业绩，进行会计舞弊的案例。

（一）案例背景

美国女王真空吸尘器公司是一家上市公司，以生产耐用的吸尘器著称，首席执行官唐·希兰先生为了获取该公司的控股权，不惜抵押了其所有的私人资产，以获得巨额借款用于购买女王公司的股票。因此，只有在女王公司的利润急剧增长的情况下，他才不至于陷入更大的财务困境之中。于是，不懂吸尘器行业的希兰及其管理小组武断地认定开发新一代真空吸尘器才是大幅提高利润的最佳途径。

（二）案例过程

为了筹措新生产线的资金，希兰先生授意财务经理人为地夸大几个季度的利润从而使股票价格上涨，再用股价上涨抛售部分股票的方法产生资金。财务经理选择了在销售和费用的截期上玩花样。他指使销售经理：①将期后的销售发票提前到会计年度结束前开，仓库将货物的发运提前，并同时编造大量的非法分录以掩盖造假举动。②将积存的商品发运他处,视之为销售计入销售收入。③将未付的账单锁在橱柜里不确认负债。

希兰通过他的方案得到了急需的现金流。由于公司从未在期后冲销虚假的销售(这是截期舞弊的典型征兆),审计人员并未发现该公司的造假行为。

新一代的真空吸尘器销售业绩飙升,利润飞涨。然而好景不长,不久消费者们发现吸尘器的质量存在严重问题并要求退货,其幕后原因是希兰贪婪地追求利润以至于将吸尘器原先坚实的金属部分替换成了塑料装配,从而导致产品不耐热。

于是,最初的利润转变为狂怒的抱怨声,仓库开始没有空间存放退回的产品。后来,公司不得不租用了较远的仓库存放退回的产品并销毁所有反映退货的记录,以此来蒙蔽审计人员。

由于产品的口碑极差,公司的名声一落千丈,销售严重滑坡。巨额的销售退回和销售额的锐减给希兰和财务经理带来了极大的压力,面对索要额外信息的审计人员,他们最终在律师的建议下主动认罪。

本案例中,投资者和债权人由于女王公司的舞弊行为遭受了共 4 000 万美元损失,公司也宣告倒闭。此外,希兰先生也被判 1 年有期徒刑并附带数百万美元的赔偿。另一责任人财务经理则被免予刑事处罚。

二、问题梳理

(一) 舞弊行为

该上市公司是利用时间差异来实现舞弊造假的,所以该公司是运用截期舞弊来制造虚假利润的。舞弊行为,主要是伪造、编造记录或凭证;隐瞒或删除交易或事项;记录虚假的交易或事项;蓄意使用不当的会计政策,等等。

截期舞弊通常有两种形式:一种是提前确认收益;另一种是延迟记录费用或负债。但是,不论采取其中的哪一种,只要是通过时间因素实施舞弊的,造假者所选用的舞弊手法无非玩时间游戏、未完成全部服务前确认全部收益、凭订单确认销售等。该案例就是具体采取下列方式:

(1) 玩时间游戏:为了达到一定的销售指标或利润指标,有的公司会在年底不及时结账,将下一期的销售业务提前计入上一个会计年度。该公司提前确认收入:将期后的销售发票提前到会计年度结束前开。

(2) 凭订单确认销售:在接到商品或货物订单时就确认销售收入。更有甚者,为数不少的公司在审计前后,将货物发运到自己的私人仓库或分公司并记之为销售。而该公司则是记录不存在的收入:将积存的商品发送到别处,同时视为销售计入销售收入。

（3）延迟记录负债：将未付的账单锁在橱柜理不确认负债。

（二）造成舞弊的原因

从构成舞弊的三个要素——压力、机会、借口来看，压力无疑是舞弊发生的最原始动力。当初为了获取该公司的控股权，希兰先生不惜抵押了其所有的私人资产，以获得巨额借款用于购买女王公司的股票。能偿还该债务的唯一方法，就是从女王公司获得收益。若女王公司的利润如果没有急剧增长的话，他则将陷入更大的财务困境之中。因此，他具备了最主要的压力因素。对一个公司而言，虽然其产权是由股东所有，但日常经营权却在管理者的手中，实质上形成了"内部人控制"，产权和经营权分离，给予造假者以可乘之机。这些为客观因素。

而主观的人为因素，一是管理者的盲目与决策武断。希兰和他领导的新的管理小组在不懂吸尘器行业的情况下，武断地认定旧的生产线过于老化，开发新一代的真空吸尘器才是大幅提高利润的最佳途径。二是管理者的短视。希兰贪婪地追逐高利润，将吸尘器原先坚实的金属部分替换成塑料装配，从而导致了新的吸尘器不耐热。有关新产品的问题接踵而来：有一部分消费者声称，吸尘器内部的齿轮脱落，要求退还产品；到处有报道说吸尘器的内胆会受热融化。三是个人利益与集体利益的抉择：财务经理听了希兰的打算后，对此夸大利润的非法伎俩同样持支持态度。他的动机很简单：他相信希兰先生有关新产品的创意，并且还天真地认为，这种做假账的行为只是暂时的；除此之外，他还必须保住他的饭碗。这些都使舞弊后果雪上加霜。

（三）防止舞弊的措施

注册会计师们运用所学的审计技术和方法一般都能够发现舞弊，关键在于执业时保持合理的谨慎和职业怀疑态度。针对本案例而言，注册会计师在审计过程中注重加强对高层管理人员财务状况的调查，当客户业务结构发生变动时，加强对客户的业务的了解、现场勘察和询问、分析性复核等几个方面的调查和审计，就可以在事态扩大到不可收拾之前，发现女王真空吸尘器公司财务报表上存在的重大舞弊事项，使投资者免受巨额损失之苦。针对本案例的舞弊行为，我们结合资料，提出几点措施。

1. 善用分析性复核

对着大量单一、枯燥的数字，注册会计师难免会有云里雾里的感觉。然而这些简单的数字背后却隐藏着复杂的钩稽关系，其往往能帮助注册会计师确定报表的合理性。一旦这些钩稽关系被破坏，通常就预示着有一些不寻常的事项出现，注册会计师就需要注意，以便更好地抓住主要矛盾，提高职业警惕性。比如，要提早确认收入。货物常常在发运之前就已经被开单记账了，因此，货物的发运数量可能与开单记账的数量不一致。注册会计师通过实施对两者一致性的测试就可以验证利润的正确性了。在本案例中,审计女王真空吸尘器公司的审计人员如果能使用同样的方法和程序,就可能发现公司外租仓库的存储成本显著增长,从而进一步怀疑到退回的劣质商品可能没有在销售退回中予以反映,巨额的利润也许只是一个泡沫。

2. 抽查凭证,发现虚列收入

将记账凭证与销售发票、出库单、货运单、运费单据及销售合同分别核对,同时对这些单据中证账不符及金额较大、有疑问的应收账款进行函证。

3. 进行销售截止测试,发现提前确认收入证据

主要抽查12月下旬和次年1月上旬的相关凭证。

4. 现场勘察和询问

在审计存货项目时,多花时间现场勘察,同时询问仓库工作的相关人员。任何存货项目,不论是发货还是收货,最终都是要经由物流运输直至仓库才能完成的。因此,存货方面是否存在财务造假一定瞒不过关键的装运人员。在本案例中,如果审计人员在审计存货项目时,多花费一部分时间在现场勘察,有技巧地询问那些在仓库工作的相关人员牵涉舞弊和滥用职权方面的问题,相信不难发现新产品有大量销售退回这一事实,从而进一步揭示公司利用截期来虚构利润的舞弊行为。

5. 注重对高层管理人员财务状况的调查

当客户业务结构发生变动时,应加强对客户的业务的了解。虽然审计人员审计女王真空吸尘器公司已有多年了,但是该公司自希兰先生接手后发生了巨大的变化。原先传统的金属制吸尘器不再生产了,代之以全新的未经试验过的产品,而且公司的全部收入都来源于该新产品。由于公司产品、销售结构和人事发生了剧烈变动,对审计人员而言,应将现今的公司视同为与以往的女王真空吸尘器公司不同的一家公司。审计人员应在现有的销售结构下,重新衡量这种变化给企业带来的影响。在本案例中,如果审计人员重视所谓的利润剧增都来自新产品,他们必然会加强对该种新产品的调查和认知,从而重新评估审计风险。

三、案例分析

(一) 权责发生制

案例中女王真空吸尘器公司舞弊的手法钻了权责发生制的空子,可是利用权责发生制,依赖虚假销售所带来的短期利润好比空中楼阁,没有相应的现金流作为支柱,总有坍塌的一天。权责发生制最终还是由现金收付制来体现的,因为前期实现的利润或者以现金流方式流回企业,或者于期后冲销。而期后冲销销售是截期舞弊的

典型征兆,也是注册会计师审计时会重点关注的领域。所以,许多存在财务报表舞弊的公司不会在期后冲销任何一笔虚假销售。关注上市公司现金流量表及其变动趋势就成了判断虚假财务报表的有力武器。

上市公司会计造假现象层出不穷、屡禁不止,这不仅损害投资者利益,挫伤了股民投资的积极性,也破坏了证券市场运营秩序,同时使会计执业界面临着前所未有的信誉危机。因此提高会计信息质量刻不容缓。我们应致力于建立一套分析现金流量的标准体系,帮助注册会计师和投资者判断财务报表的真实性。具体做好下面的工作:建立和完善会计法规体系,以适应经济环境的变化;加大行政、刑事处罚力度。

(二)借鉴国外对上市公司舞弊的处罚措施

如果中小投资者在投资决策前,所获得的是虚假信息,并因此而遭受投资损失时,可以对侵犯其权益的当事人提出赔偿要求。通常应首先追究公司董事和经理的责任。对他们的处罚包括刑事处罚和民事处罚。例如,女王真空吸尘器公司希兰先生由于舞弊被判处一年监禁,以及数百万美元的赔偿。而我国现有法规对上市公司舞弊的相关法律责任主要侧重于行政及刑事处罚,民事处罚还处于实质上的真空阶段。有关法规对上市公司财务报告舞弊应否承担民事责任或者没有规定,或者仅仅做了原则性规定,这显然与崇尚平等自主的市场经济不相适应。造假的收益要远远大于造假成本,而且投资者状告上市公司往往演变为对上市公司的处罚,即用股东的股本来偿还股东的损失,由投资者来为上市公司的舞弊行为承担责任,从而转嫁了上市公司及其主要责任人应负的舞弊责任。因此行政处罚对上市公司造假的遏制作用效果并不明显,并不能为投资者挽回经济损失。只有加强对相关责任人的民事处罚,上市公司的舞弊者才会真正考虑舞弊的成本,舞弊者只有在受到高于其舞弊收益几倍乃至几十倍的处罚后,才会有所收敛。

注册会计师们应当运用审计抽样技术和检查、监盘、观察、查询及函证、计算、分析性复核等方法对其进行审计。注册会计师并不需要什么特殊的技巧,关键在于你执业时是否保持了合理的谨慎和职业怀疑态度。针对本案例而言,如果注册会计师能在审计过程中加强调查和审计,那么就可以在事态扩大到不可收拾之前,发现女王真空吸尘器公司财务报表上存在的重大舞弊事项,使投资者免受巨额损失之苦。

四、阅读文献

[1]何磊.注册会计师审计风险分析及控制研究[D].中国优秀硕士学位论文全文数据库,2008(2).

[2]杨靓靓.论企业环境会计信息披露[D].中国优秀博硕士学位论文全文数据库(硕士),2005(5).

[3]武晶.注册会计师民事责任研究[D].吉林大学,2007.

案例4　安然公司倒闭案

一、案例介绍

美国上市公司安然（Enron），是一家曾在《财富》杂志全球 500 家大公司中排名第 7 的明星企业。安然公司成立于 1985 年 7 月，其前身是休斯敦天然气公司（Houston Natural Gas）。20 世纪 80 年代末之前，作为一家区域性天然气管道经营商，其主业是维护和操作横跨北美的天然气与石油输送管网络。1990 年，安然收入的 80％来自天然气传输服务业务，而到 2000 年，其收入的 95％来自能源交易与批发业务。安然的转变发生在 1991 年海湾战争后，这一年，安然在英国建立了第一家海外发电厂，从此开始了国际化的道路。安然还于 1992 年成立了"安然资本公司"，成为这一新市场的开拓者和霸主。到 1995 年，安然的收入有 22％来自安然资本公司，12％来自国际项目。

为进一步实现从"全美最大能源公司"变成"全球最大能源公司"的目标，安然还大力向菲律宾和拉美国家扩张，包括建设玻利维亚到巴西的天然气输送管网络。安然从 1994 年起开始它在新兴市场国家投资项目的重组。不久，安然在北美的业务也从原来的天然气、石油的开发与运输扩展到包括发电和供电的各项能源产品与服务业。这是一个重要的转变。

壮大后的安然已不满足于传统的经营方式，它开始把目光投向能源证券之外，它们似乎越来越相信，为任何一种大宗商品创造衍生金融工具证券市场都是可能的，这种商品可以是水权，也可以是带宽。在"进军"途中，安然将一系列不动产（如水厂、天然气井与油矿）打包，以此为抵押，通过某种"信托基金"或资产管理公司，对外发行债券或股权，以此把不动产"做活"。在此过程中，安然建立了众多关联企业与子公司，它们之间隐藏着多种复杂的合同关系，从而达到隐蔽债务、减税以及人为操纵利润的目的。

到破产前，安然公司营运业务覆盖全球 40 个国家和地区，共有雇员 2.1 万人，资产额高达 620 亿美元。而下属公司（包括合作项目）更是达到 3 000 多个。但在 2001 年年初，一家有着良好声誉的短期投资机构老板吉姆·切欧斯公开对安然的盈利模式表示了怀疑。他指出，虽然安然的业务看起来很辉煌，但实际上赚不到什么钱，也没有人能够说清安然是怎么赚钱的。据他分析，安然的盈利率在 2000 年为 5％，到了 2001 年年初就降到 2％以下，对于投资者来说，投资回报率仅有 7％左右。

切欧斯还注意到有些文件涉及安然背后的合伙公司，这些公司和安然有着说不清的幕后交易,作为安然的首席执行官,斯基林一直在抛出手中的安然股票——而他不断宣称安然的股票会从当时的 70 美元左右升至 126 美元。而且按照美国法律规定,公司董事会成员如果没有离开董事会,就不能抛出手中持有的公司股票。也许正是这一点引发了人们对安然的怀疑,并开始真正追究安然的盈利情况和现金流向。到了 2001 年 8 月中旬,人们对于安然的疑问越来越多,并最终导致了其股价下跌。8 月 9 日,安然股价已经从年初的 80 美元左右跌到了 42 美元。

10 月 16 日,安然发表 2001 年第二季度财报,宣布公司亏损总计达到 6.18 亿美元,即每股亏损 1.11 美元。同时首次透露因首席财务官安德鲁·法斯特与合伙公司经营不当,公司股东资产缩水 12 亿美元。10 月 22 日,美国证券交易委员会瞄上安然,要求公司自动提交某些交易的细节内容,并最终于 10 月 31 日开始对安然及其合伙公司进行正式调查。11 月 1 日,安然抵押了公司部分资产,获得 J·P 摩根和所罗门史密斯巴尼的 10 亿美元信贷额度担保,但美银美林和标准普尔公司仍然再次调低了对安然的评级。11 月 8 日,安然被迫承认做了假账,虚报数字让人瞠目结舌:自 1997 年以来,安然虚报盈利共计近 6 亿美元。11 月 9 日,迪诺基公司宣布准备用 80 亿美元收购安然,并承担 130 亿美元的债务。当天午盘安然股价下挫 0.16 美元。11 月 28 日,标准普尔将安然债务评级调低至"垃圾债券"级。11 月 30 日,安然股价跌至 0.26 美元,市值由峰值时的 800 亿美元跌至 2 亿美元。12 月 2 日,安然一夜之间轰然崩塌,向法院申请破产保护,创下美国历史上最大宗的公司破产案纪录。这样一家颇具国际影响的能源交易商陷入破产的消息震动了国际金融市场。在此事件中,作为国际五大会计师事务所之一的安达信扮演了极不光彩的角色。

作为为安然提供长期服务的会计师事务所——安达信会计师事务所(Arthur Andersen & Co.),于 1913 年由 Arthur Andersen 在芝加哥创建,为全球第五大会计师事务所,代理美国 2 000 多家上市公司的审计业务,占美国上市公司总数的 17%;安达信会计师事务所拥有 4 700 名合伙人、2 000 多个合作伙伴,以及 8.5 万专业人员。安达信会计师事务所与其会员公司并不是母子公司关系,也不是合伙人关系,而更像一个协调性实体公司,一个由全球会员公司组成的松散网络。这些成员公司在管理、领导层和资本结构上独立运行,但在"安达信"这一品牌下,依照统一技术、操作方法和操作理念运作。

安达信会计师事务所在五大会计师事务所中,一贯表现出较为激进的风格。比如,安达信会计师事务所最早在原"八大"事务所中率先公开其年度收支业务数据,又如,安达信会计师事务所就 FASB 取代 AICPA 成为制定会计准则的非官方权威机构而与美国证券交易委员会打官司。

二、问题梳理——安然造假手段

"一个审计师不仅需要保持形式上的独立,而且需要保持实质上的独立",但安达信会计师事务所的管理层却将其抛之脑后。在"安然事件"中,安达信会计师事务所扮演了极其不光彩的角色,在销毁安然审计证据的同时,也最终"销毁"了安达信会计师事务所百年的信誉。安然公司造假手段五花八门,方法多种多样。其很多方法利用了已有会计准则的漏洞,这也导致"安然事件"后会计准则进行了较大的修正。

(一) 利用复杂的公司组织结构,通过关联方交易操纵利润

安然公司组织结构的原理为:A 公司(安然公司)通过 51% 的股份控制 B 公司,B 公司再以相同方式控制 C 公司,以此类推不断循环下去,到 K 公司时,由于 A 公司仅持有 K 公司权益的几个百分点,根据美国公认会计原则,K 公司的个别报表将不并入 A 公司的合并报表中,但 A 公司实际上完全控制着 K 公司,可让其为自己筹资,或通过关联方交易转移利润,然而其负债却未反映于安然公司的资产负债表上。上述仅为纵向持股关系,而实际上还可以发生横向方面的交叉持股关系。例如,在从 B 公司到 K 公司的多个层次上相互交叉持股。通过以上模式,安然公司最终发展出 3 000 多家关联企业,其中约 900 家是设在海外的避税天堂。安然公司通过建立复杂的公司体系,拉长控制链条,将债务留在子公司账上,将利润显示在母公司账上,以自上而下"传递"风险、自下而上"传递"报酬。

(二) 利用"特别目的实体",隐藏企业债务

企业一般是出于经营目的而设立的,而"特别目的实体"是指企业根据某种特殊目的而设立的,并非是为了经营。安然公司不恰当地利用"特别目的实体"符合特定条件,可以不纳入合并报表的会计惯例,将本应纳入合并报表的 3 个"特别目的实体"排除在合并报表编制之外,导致 1997—2000 年期间高估了 4.99 亿美元的利润,低估了数亿美元的负债。安然公司的上述重大会计问题是源于美国的现行会计惯例,即如果非关联方在一个"特别目的实体"权益性资本的投资中不超过 3%,即使该"特别目的实体"的风险主要由上市公司承担,上市公司也可不将该"特别目的实体"纳入合并报表的编制范围。安然公司正是利用这个只注重法律形式、不顾经济实质的会计惯例的漏洞,设立了数以千计的"特别目的实体",以此作为隐瞒负债、掩盖损失的工具。

(三) 通过特别目的实体空挂应收票据,高估资产和股东权益

安然公司于 2000 年成立了 4 家"特别目的实体",为安然公司投资的市场风险进行套期保值。为了解决特别目的实体公司的资本金问题,安然公司于 2000 年第一季度向特别目的实体公司发行了价值为 1.72 亿美元的普通股。在没有收到特别目的实体公司支付认股款的情况下,安然公司仍将其记录为股本的增加,并相应增加了应收票据,由此虚增了资产和股东权益 1.72 亿美元。按照公认会计原则,这笔交易也视为股东欠款,作为股东权益的减项。

(四) 利用衍生金融工具

安然公司几乎把所有的资产都转化成衍生金融工具,通过衍生金融工具使本来不流动或流动性很差的资产或能源商品"流通"起来,其主要的方法有:

(1) 为能源产品开辟期货、期权和其他复杂的衍生金融工具,以期货、期权市场和衍生金融合同把这些能源商品"金融化"。安然研制出一套为能源衍生证券定价与风险管理的系统,这构成了它的核心竞争力。其中一个最大的问题是会计准则如何对这些资产估价并没有明确的规定,会计师们也不知道该如何正确评估资产。在安然原来报告的 2000 年度 14.1 亿美元的税前利润中,差不多有一半属于此类获利。

(2) 将不动产打包作为抵押,对外发行债券或股权,以此把不动产"做活"。以不动产抵押发行证券本身不足为奇,关键在于,在此过程中,安然建立了众多关联企业与子公司,之间隐藏着多种复杂的合同关系,从而达到隐蔽债务、减税以及人为操纵利润的目的,这一手段也恰恰是导致安然破产的主因。

三、案例分析——对我国会计和审计行业的启示

(一) 国际五大会计师事务所也会审计失败

当时,人们普遍认为包括安达信会计师事务所在内的国际五大会计师事务所为了保护声誉,审计质量很高,不会出现重大审计失败的。中国证监会等有关部门曾出台规定,A 股公司在股票发行上市或上市后再筹资时,必须由国际会计师事务所实行补充审计(双重审计)。而现在,令人尴尬的是,国际五大之一的安达信会计师事务所,却扮演了极不光彩的角色,公然替安然公司进行会计造假,还销毁了安然破产案中的债务审计资料。单就销毁安然破产案中债务审计资料而言,这至少说明了安达信会计师事务所没有达到会计审核的起码标准,按照惯例,客户的所有相关资料至少要保持 10 年。

(二) 管理和监督制度上是否存在缺陷

针对我国会计造假,应消除现有的管理和监控制度缺陷而不是一味指责国内会计师事务所,从而重建中国会计行业的公信力。

(1) 公司治理结构的缺陷。所有权与经营权的分离,必然导致上市公司的投资

者与管理层之间存在着严重的信息不对称。信息生产者正是利用这种信息优势的不对称性,向外界披露对自己有用的信息使自己获利甚至进行舞弊和欺诈。因而,信息不对称是会计造假的诱因之一,并可能带来不利选择和道德风险问题。

（2）现行的注册会计师聘任制度危及了社会审计的独立性。如果说公司治理是解决信息不对称问题的内部制度安排,那么,社会审计则是解决信息不对称问题的外部安排。独立性是社会审计的灵魂,离开了独立性,社会审计鉴证功能就不可能发挥,并有可能使上市公司的会计造假更具欺骗性。应该指出的是,我国注册会计师的聘任制度存在着严重缺陷,严重危及了社会审计的独立性。

（3）目前国内审计师承担的法律风险几乎为零。"五大所"在美国、西欧等发达国家具有较高声誉,是巨大执业风险锤炼出来的。而在中国,在最高人民法院出台《关于受理证券市场因虚假陈述引发的民事侵权纠纷案件有关通知》（以下简称《通知》）之前,会计师事务所实际上是不用承担民事赔偿责任的。即使在《通知》出台以后,也仍然存在操作性问题。

（4）会计制度和证券市场规则落后于时代发展。会计制度、证券市场规则等方面的滞后给注册会计师的审计工作带来困难,随即也产生了各种不相容性。这种不相容性不仅体现在会计制度和证券市场规则不能跟上经济形势的需要,更重要的是会计在原有模式下不可能也不完全服务于由于各利益主体迅速产生带来的对会计信息全方位的需求。

（三）会计师似乎更注重的是形式而非实质

虽然会计规则在数量上与日俱增,而且越来越复杂,但会计师有时更关注所报告内容的形式而不是实质,从而导致会计信息失真。我国会计信息的所谓"失真",主要并非由于会计准则、会计法规本身不健全导致,问题出在会计信息的产生背景上。注册会计师似乎可在不违反会计法规的前提下进行"假账真算"。

（四）造假成本与造假收益的不对称助长了会计造假

虚假会计信息的大量存在,表明证券市场和上市公司存在着对虚假会计信息的旺盛需求。既然有需求,就必然有供给。对于造假者而言,造假的预期成本大大低于造假的预期收益,造假者就有博弈的理由和冲动。即使会计造假被发现,所付出的代价也是较有限的。因而,当前我国证券市场上会计造假的成本是微不足道的。

（五）审计师的独立性

随着"安然事件"的深度曝光,事务所的独立性问题再次成为公众和监管层关注的焦点。美国国会和行业管制机构都在考虑对注册会计师行业制定更为严厉的管制措施,其中一项最重要的内容就是可能要全面禁止会计师事务所为审计客户提供非审计服务,因为安达信会计师事务所这场审计失败很大的一个原因就是独立性问题。其他四大会计师事务所在"安然事件"后对各自的咨询业务进行了分拆和整理,其中普华永道和毕马威表示将禁止为审计客户提供 IT 咨询和内部审计服务,并主张拆分咨询服务。但这一做法难以让人怀疑不是四大"以退为进"的策略,避免国会和管制机构出台更为严厉的法规。同时在 2000 年其他四大同盟与 SEC 前主席 Leviit 发起的旨在限制或全面禁止注册会计师为审计客户提供非审计服务运动达成妥协,SEC 不再坚持全面禁止非审计服务,只是要求上市公司审计委员会审查注册会计师提供的非审计服务,认定其是否有损于审计独立性。虽然安达信会计师事务所已经为剩下的四大会计师事务所敲响了警钟,但是否会从"安然事件"中得到警示还有待于观察它们如何保持自身的独立性。

四、建议对策

从安达信会计师事务所替安然会计造假事件可以看出:某些上市公司会计信息造假,虚构利润,玩数字游戏,导致会计信息失真,蓄意欺骗利益相关者。这也是国内外普遍存在的问题。对于根治上市公司的会计造假,提出以下若干对策。

(一) 建立健全独立董事制度

目前,董事会成员不能很好地发挥监督作用,董事会中的成员大部分都是公司的经理或大股东所派,从而造成了事实上的"内部人控制"或仅代表大股东的利益,出现董事会和经理合谋操纵财务报告或"一言堂"现象。另外,我国已有知名专家、学者在上市公司中担任独立董事,但由于制度上没有明确独立董事的职责,独立董事的作用没有真正体现出来,应在公司章程中明确审计委员会的功能和职责,并在年度报告和股东大会报告中披露执行情况。由监事会和审计委员会共同担负对公司财务报告的监督职责是目前制度安排下的一个理性选择。

(二) 重新确立内部审计的地位,发挥其对财务报告的监督作用

我国实务界仅将内部审计(有时被称为稽核部门)作为公司经理人员对下级单位财务、经营的监督手段,内部审计部门向公司经理人员负责并报告。在这种情况下,如果内部审计师发现公司管理人员蓄意操纵财务报告,即使他有良好的职业道德也无能为力。这样,内部审计对财务报告应有的监督作用其实是名存实亡。内部控制的目的并不仅仅是防止、发现、纠正下级员工的舞弊和差错,它应该是一个整体结构,包括防止、发现、纠正经理人员的舞弊和差错。内部审计作为内部控制的一部分,它

的一个重要功能就是监督经理人员的行为。要真正发挥内部审计对财务报告的监督作用,就必须使内部审计向监事会和独立董事组成的审计委员会负责。

(三) 加强外部审计师的独立性

由于我国上市公司"内部人控制"程度较重,会计师事务所的聘任、续聘、解聘一般是由经理人员决定,使外部审计师缺乏独立性。要彻底改变这一状况,首先必须完善公司内部治理结构,改变公司"内部人控制"和大股东"一言堂"的现象。只有独立董事会组成的审计委员会和监事会联手,才能对抗"内部人控制"和大股东"一言堂"。

(四) 健全会计职业道德的自律机制

我国会计市场的无序和不正当竞争对注册会计师的独立性产生了巨大的负面影响。它为上市公司购买审计意见提供了条件,使注册会计师在市场的压力与法律责任之间左右为难。这种被扭曲了的聘任制度不仅降低了一些注册会计师的职业敏感性,而且淡化了注册会计师对社会公众的责任感。这除了应加强外部审计的独立性之外,还应健全我国会计职业道德的自律机制:第一,建立健全我国会计职业道德的自律组织,在中国会计学会下设会计"职业道德研究组"并设相应会计职业道德的自律组织,具体负责全国会计职业道德的自律事务管理工作。第二,完善中国会计职业道德准则,加强自律性规范的建设。

五、阅读文献

[1] 夏海云.上市公司财务报告舞弊行为及防范对策研究[D].河海大学,2004.
[2] 陈静.注册会计师对第三人的侵权责任研究[D].江西财经大学,2003.
[3] 熊晓辉.英美法国家及我国会计师对第三人民事责任比较研究[D].对外经济贸易大学,2006.
[4] 武晶.注册会计师民事责任研究[D].吉林大学,2007.
[5] 王敏.注册会计师审计责任研究[D].东北财经大学,2007.

第二节 审计人员的审计责任

 案例5 帕玛拉特——意大利的安然

1. 案例介绍

(一) 案件背景

帕玛拉特公司是意大利的第八大企业,成立于 1961 年,是一家拥有 40 多年历史的家族企业,主要生产和销售牛奶、酸奶酪、果汁、冰激凌、蔬菜罐头、烘烤食品以及番茄制品等。它旗下的品牌很多,除 Parmalat 品牌外,还拥有其他著名的品牌,如 Chef、Mr. Day、Beatrice、Blackdiamond 等,并拥有 AC 米兰俱乐部。

帕玛拉特从意大利一个默默无闻的小镇起家,逐渐发展成为食品生产企业的跨国公司,在 30 多个国家建立了 139 家加工厂,雇员人数超过 3 万名。其创始人为卡利斯托·坦齐(Calisto Tanzi),坦齐对帕玛拉特的管理一直延续到 2003 年 12 月。在公司出现危机后,其职务由重组专家恩里科·邦迪(Enrico Bondi)取代。

帕玛拉特在债券市场是一个重量级客户,过去一直对外负担巨额债务。由于公司声称拥有雄厚的现金储备,不良信用并未引起投资者及有关方面的重视。帕玛拉特危机的爆发是在 2003 年 11 月中旬。由于帕玛拉特突然宣布无法偿还到期价值1.5亿欧元的债券,从而引起了审计师和银行对其财务状况的警觉;而当帕玛拉特宣称无法清偿在凯曼群岛大约 5 亿欧元的共同基金时,真正的恐慌开始了。帕玛拉特的股票价格在几个星期内持续跌落,在 12 月份下跌了 87%。同时,标准普尔将帕玛拉特的信用评级降低至最低一级 D,这无疑是雪上加霜。2003 年 12 月 27 日,帕玛拉特向帕尔马地方破产法院申请破产保护并得到批准。帕玛拉特申请破产保护,在意大利引起轩然大波,导致全世界又将目光投向上市公司的财务欺诈行为,并探究问题的根源。帕玛拉特事件被称为意大利的"安然事件"。

(二) 公司背景

1961 年 4 月 15 日,刚满 22 岁的卡利斯托·坦齐继承了祖父创建的冷冻食品公司。当时,坦氏家族在当地已经有一定名望,但年轻的坦齐并没有满足现状,决心要扩展一个新的产品领域,打造出独具特色的品牌。不久,他意识到,牛奶是未来食品行业最具发展潜力的产品。便在克雷齐奥镇建立了小型灭菌厂,向临近的帕尔马及周边地区供应鲜奶。

帕玛拉特在牛奶行业真正引起革命,则是将牛奶作为健康食品之后。1965 年,帕玛拉特开始销售经鉴定具有抗肺结核免疫作用的维生素 C 牛奶,这种不断创新的精神使其将竞争对手一个个甩在了后面。

20 世纪 80 年代初,帕玛拉特开始采取多元化战略,通过改进产品质量和服务,扩大了其奶酪、甜点、黄油与长保质期白糖在世界市场上的销售。另外,它们还开始销售"Punto 体形监测"系列牛奶。"Punto"牌牛奶产品一经上市,就受到关心身材与节食的消费者的青睐。在一些人眼里,帕玛拉特总能从不同阶层人的需要出发开发新产品,并能在人们遗弃的领域打开新市场。

帕玛拉特的海外扩张始于 1974 年。它们首先在巴西开展业务。1975 年,开始进军法国和德国。1982年,打入美国市场。为了实现市场全球化,帕玛拉特于1990年在米兰证券交易所上市,企业实力大大加强。仅1993年一年,帕玛拉特就进行了17次收购,不仅加强了其在意大利和巴西市场的地位,还鼓舞了在美国市场的竞争士气,并开始向东欧扩张。世纪之交,帕玛拉特已经在全球30个国家建立了分公司。

到2002年,帕玛拉特集团拥有36 356名员工,营业额高达76亿欧元。2002年全球知名商标特许权调查中,帕玛拉特在最有名的23个世界食品品牌中名列第二。

(三) 财务欺诈是导致危机的元凶

帕玛拉特危机是其管理当局进行财务欺诈导致的。在初步调查之后,意大利检查人员表示,在过去长达15年的时间里,帕玛拉特管理当局通过伪造会计记录,以虚增资产的方法弥补了累计高达162亿美元的负债。欺诈的目的不外乎两个:一是隐瞒公司因长期扩张而导致的严重财务亏空;二是把资金从帕玛拉特(其中坦齐家族占有51%的股份)转移到坦齐家族完全控股的其他公司。

(四) 暴露出的问题

帕玛拉特事件暴露出与生成财务信息链条相关的问题,既涉及公司本身,又涉及政府监管机构、相关利益者和审计师。

1. 公司治理结构

一股独大的缺陷。帕玛拉特事件暴露出欧洲最大的跨国公司存在着巨大的财务透明度缺陷。《商业周刊》评论说,像许多欧洲公司一样,对帕玛拉特这种家族控制的企业,要从公司治理结构和外部监督上进行完善非常困难。美国《洛杉矶时报》指出,帕玛拉特事件本质上是意大利特有的问题。这种看法令商界领导、政治家和投资者难以接受。因为美国安然公司垮台的时候,他们还认为这种大规模的企业丑闻不会发生在意大利。他们以为,如果一个家族的财富全部押在公司的股票上,这个家族就可以确保没有人能够做假账损害公司利益。意大利的农业部长詹尼·阿莱曼诺(Giovanni Alemanno)指出:"帕玛拉特的规模大大扩展,然而结构却保持未变。这就是弱点所在。"

2. 政府监管机构

政府监管机构的疏忽。意大利负责证券市场监管的专门机构Consob备受诟病,就在其鼻子底下,帕玛拉特肆无忌惮地瞒天过海,Consob竟毫无察觉。许多专家认为,这是意大利放任自流的企业文化的后果。

3. 利益相关者

利益相关者涉嫌合谋。在帕玛拉特事件中,一些利益相关者也扮演了不光彩的角色。花旗集团和美林证券等投资银行为帕玛拉特设计衍生金融工具和复杂的财务交易,使之能够向海外转移资金,并利用这种交易进行投机。企业方面,瑞典利乐集团包装回扣被曝光后(该回扣大部分被装进了坦齐家族的口袋),利乐公司在2004年1月12日宣布要进行内部调查。银行方面,意大利司法部门对美洲银行米兰办事处搜查之后,又对Capitalia银行的行长进行调查,因为坦齐供认该行长向其施加压力,要求以较高的价格收购一些企业,其中包括正在清算的公司Eurolat。

4.审计师

(1)均富、德勤会计师事务所帮助舞弊的方式以及未查出纰漏的主要问题所在。从1990—1998年,均富会计师事务所一直为帕玛拉特提供审计服务。1999年起,德勤会计师事务所担任帕玛拉特的外部审计师,而均富会计师事务所成为帕玛拉特全资子公司Bonlat的审计师。调查显示,Bonlat是制造一系列财务欺诈的中心环节。

均富会计师事务所依靠帕玛拉特的邮寄系统发送关于帕玛拉特的审计询证函,均富会计师事务所的询证函根本就没有到达它们想要到达的目的地。它们所收到的确认函都是在帕玛拉特高层官员授意下的伪造文件。依赖客户的资源来询证客户的账户,这至少是缺乏应有的职业谨慎。

德勤会计师事务所从1999年起担任帕玛拉特的外部审计师,2002年又被续聘至2004年。作为负责整个帕玛拉特集团审计的主审计师,德勤会计师事务所的审计报告部分地依赖于均富会计师事务所的审计意见。2002年度占合并资产49%的资产和合并收入30%的收入是由其他审计师(均富会计师事务所)审计的,而德勤会计师事务所在没有对此部分报表实施追加审计程序的情况下,出具了无保留意见书。在这种情况下,主审计师发表合并报表的审计意见是否适当,值得商榷。

事实上,国际审计准则已经规定,集团公司的审计师应该考虑其他审计师的重大发现。但是,意大利的审计准则允许集团公司审计师依赖子公司的审计结果。因此,德勤会计师事务所没有对由均富会计师事务所审计的帕玛拉特海外分公司进行独立的复核,也无须为子公司的审计结果承担责任。直到2003年,意大利出台了与国际审计准则类似的规定,德勤会计师事务所按照新规定执行审计时才发现了帕玛拉特海外分公司的问题,并向证券监管部门汇报。

(2)审计师在执业中存在缺陷。帕玛拉特丑闻爆发后,均富会计师事务所声称自己是这起舞弊案的受害者,断绝了与意大利分支机构的关系。德勤会计师事务所则声称涉案的合伙人是清白的,并表示其所执行的审计工作都遵循了意大利的审计准则。随着帕玛拉特事件的进展,国际社会对这两家会计师事务所扮演的角色提出越来越多的质疑。帕玛拉特破产丑闻暴露出国际大型会计师事务所在执业中出现的问题确实不容忽视,特别是在遵循审计准则方面。

德勤会计师事务所从1999年到2002年担任帕玛拉特集团审计师,而作为前任集团审计师的均富会计师事务所依然负责对海外分公司进行审计,而这些分公司正是串通舞弊的核心。虽然国际审计准则规定,集团审计师应当考虑其他审计师的重要发现,但是德勤会计师事务所没有对帕玛拉特海外分公司进行独立的复核,这是因为意大利的审计准则允许依赖均富会计师事务所的审计结果,因此在对集团进行审计时,德勤会计师事务所并不需要对均富会计师事务所实施的审计工作负责。因此有评论认为,在地区审计准则与国际审计准则差异较大的情况下,有些国际会计师事务所往往不考虑地区审计准则的优劣和可操作性问题。实际上,2003年意大利已经出台了与国际审计准则相类似的规定,明确了集团审计师和其他审计师在发现舞弊方面的责任,但为时已晚。德勤会计师事务所在2003年才按照国际审计准则的要求关注到帕玛拉特海外分公司的问题。

（五）案件的结果

2003年12月20日,意大利总理贝卢斯科尼宣布政府将援助帕玛拉特公司,挽救公司产业和就业岗位。22日,坦齐和其他近20位公司管理人员开始接受意大利法院的刑事调查。24日,帕玛拉特正式向意大利工业部和帕尔马检察官办公室申请破产保护。27日,意大利帕尔马地方破产法院批准了帕玛拉特公司提出的破产保护申请。29日,美国证券交易委员会宣布起诉帕玛拉特,指控其通过虚增公司资产、少报负债的方法进行金融欺诈。同日,坦齐承认帕玛拉特公司的账上存在80亿欧元的漏洞。

2004年1月3日,意大利司法部门证实,美国和意大利司法当局已经开始联合调查帕玛拉特在美国证券市场的运作情况,曾帮助帕玛拉特销售公司债券的美洲银行等也在接受调查。2004年3月18日,意大利检查人员以操纵市场的罪名正式向米兰法院起诉29名涉案人员,以及美国银行、德勤会计师事务所和均富会计师事务所在意大利的分支机构。被起诉的29名人员中包括帕玛拉特创始人、原财务总监、法律顾问以及美国银行、德勤会计师事务所和均富会计师事务所在意大利分支机构的负责人。而美国银行、德勤会计师事务所和均富会计师事务所在意大利的分支机构将面临"知情不报"的处罚。此外,由于债权人拥有帕玛拉特148亿欧元债权,美国银行甚至还将同时面临债权人在美国提出的集体诉讼。随着调查的深入,包括花旗银行、摩根大通、德意志银行、摩根士坦利、意大利最大的银行因特撒银行等都面临着意大利政府的调查和指控。2004年7月31日,曾经因巨额金融诈骗丑闻而闻名世界的意大利帕玛拉特公司,对金融巨头花旗银行提起了诉讼。2004年8月9日,帕玛拉特又向前顾问公司德意志银行提起诉讼,要求其归还 1 700 万欧元及利息。2004 年 8 月 18 日,意大利食品集团帕玛拉特控告之前为其做审计的德勤会计师事务所和 Grant Thornton 两家会计师事务所,索赔"至少 100 亿美元";同时扩大诉讼规模,以期从导致公司破产的财务伙伴手中夺回资金。

2007 年 1 月 15 日,帕玛拉特和德勤会计师事务所达成庭外和解协议,德勤会计师事务所和其在意大利的子公司将共同向帕玛拉特支付共计 1.49 亿美元的和解费。

二、问题梳理

注册会计师的法律责任,是指注册会计师因违约、过失或欺诈给审计委托人、被审计单位或其他有利益关系的第三人造成损害,按照相关法律规定而应承担的法律后果。引起注册会计师法律责任的不仅有会计师事务所和注册会计师自身的原因,还有整个社会环境和市场机制的因素,主要包括被审计单位方面的责任、注册会计师方面的责任和其他方面的责任。

(一)被审计单位的责任

1. 错误、舞弊和违法行为

审计人员若未能查出被审计单位的某些错误、舞弊和违法行为,给他人造成损失,可能会遭到被审计单位或财务报表使用者等的控告。错误是指被审计单位财务报表中存在的非故意的错报和漏报。而舞弊则是一种故意的行为。所谓的违法行为,是指故意违反国家法律、法规规定的错报、漏报行为。

2. 经营失败

被审计单位破产倒闭造成的经营失败属于被审计单位的责任,这可能连累注册会计师。

(二)注册会计师方面的责任

1. 违约

违约是指合同的一方或几方未能达到合同条款的要求。当违约给他人造成损失时,审计人员应负违约责任。

2. 过失

过失是指在一定条件下,缺少应具有的合理的谨慎。当过失给他人造成损害时,审计人员应负过失责任。评价审计人员的过失,是以其他合格审计人员在相同条件下可做到的谨慎为标准的。普通过失通常是指没有保持职业上应有的合理的谨慎。对注册会计师而言,是指没有完全遵循专业准则的要求。重大过失是指连起码的职业谨慎都不保持,对业务或事务不加考虑,满不在乎。共同过失是指对他人的过失,受害方自己未能保持合理的谨慎,因而蒙受损失。

3. 欺诈

欺诈又称注册会计师舞弊,是以欺骗或坑害他人为目的的一种故意的错误行为。不良动机是欺诈的重要特征,欺诈就是为了达到欺骗他人的目的,明知委托单位的财务报表有重大错报,却加以虚伪地陈述,出具无保留意见的审计报告的行为。

(三)其他方面责任

其他方面的责任包括审计关系失衡、审计期望差距、行业立法相对滞后、审计方法的局限性和审计报告的表达方式五个方面。

三、案例分析

帕玛拉特的内部审计是失效的。审计委员会缺乏独立性,导致外部审计师的选聘和选聘到的外部审计师都缺乏独立性。外部审计师的强制轮换流于形式。外部审计师缺乏职业谨慎。合并报表的相当比例的部分是由其他审计师审计的,此时主审计师签发的合并报表的审计报告已经无法代表主审计师的审计结果。帕玛拉特案例所暴露的上述诸多审计问题引发我们进一步的思考。

(一)内部审计的定位

内部审计发现的问题往往被管理当局压制下来。帕玛拉特事件告诫我们,应重新审视内部审计的定位。内部审计的最终目的是为企业的利益相关者服务。当管理当局是为企业的利益相关者谋利益时,两者的方向是一致的,否则将出现背驰。因此,单纯地将内部审计定位为向管理当局负责,将使内部审计不能及时发现并揭露管理当局的舞弊行为。建议将内部控制定位为同时向管理当局和董事会负责,重大的发现事项应同时向管理当局和董事会报告。

(二)审计委员会的职能及其发挥

审计委员会是加强公司财务报告信息真实和可靠性的中坚力量之一。首先,审计委员会的成员应符合独立性的要求(在形式上和提名上都独立于企业的管理当局)。其次,审计委员会的成员还应具有相应的能力,应该至少有财务专家。最后,应明确审计委员会成员的待遇和责任,使其有良好的动机去履行其职责。

在审计委员会的运作过程中,应该增加召开会议的频率,并扩大参与会议的人员范围,应该重视细节问题。审计委员会的成员可以与内部、外部审计师进行私下的交谈。审计委员会应该对公司的风险给予更多的关注,应该对 CEO、CFO 的工作进行更多的审查。

（三）审计师的强制轮换

实行严格的强制轮换制度，轮换周期不宜过长，轮换的范围应该扩大到关联方，即轮换后的审计师在一定时间内也不得担任原来客户的关联方的审计师。

（四）明确合并报表的审计责任，协调审计准则地区差异

应该明确合并报表审计中主审会计师的责任——对合并的所有财务报表承担责任。对于重要的子公司，必须由母公司的审计师审计，不得委托其他会计师事务所审计。

表面上是合并报表的审计责任问题，实质上可能是审计准则的地区差异问题。当某个国家的审计准则与国际准则存在较大差异时，审计师应该遵循更为严谨的审计准则，而不是避难就易。要想从根本上解决问题，还需要审计准则的国际协调。如果全球统一使用国际审计准则，则可以避免类似情况发生。

（五）审计风险的评价

以审计风险模型"审计风险＝固有风险×控制风险×检查风险"为基础进行的传统风险导向审计，由于难以对固有风险进行评估，往往忽略了企业环境。当管理当局串通舞弊时，内部控制失效。此时，以评价内部控制为基础展开的审计很容易导致审计失败。我们应对传统风险导向审计方法进行完善，采用风险导向战略系统审计方法。风险导向战略系统审计将审计风险模型调整为"审计风险＝重大错报风险×检查风险"。风险导向战略系统审计方法需要：了解客户的战略性优势；了解威胁客户经营目标实现的风险；了解实现战略优势所需的关键程序和相关胜任能力；了解被审计单位情况及其环境以及评价重大错报的风险。帕玛拉特的教训更是让审计师更多地关注公司治理方面存在的问题。风险导向战略系统审计方法便于审计师全面掌握企业可能存在的重大风险，有助于识别管理当局的舞弊，有利于将有限的审计资源运用到关键的环节上。

（六）政府监管方面

完善会计监管体系，授予监管者一定的权力、人力、财力，在建立监管制度的同时，更应使制度处于监督公司行为、监督会计师和律师等的状态。完善法律制度，建立有效的实施机制，加大对违法者的惩处力度。当无视法律的成本远超过其收益时，违法者自然会减少；否则就是纵容违法。

四、阅读文献

［1］张维迎.所有权、治理结构与委托——代理关系[J].经济研究,1996,(09).

［2］李维安.现代公司治理研究［M］.北京：中国人民大学出版社，2002.

［3］郑志刚.投资者之间的利益冲突和公司治理机制的整合［J］.经济研究，2004，（02）.

［4］王敏.注册会计师审计责任研究［D］.东北财经大学，2007.

对比阅读案例

 案例6　审计人员法律责任——勤上光电审计案例

一、案例简介

2017年3月14日，广东证监局官网披露的行政处罚决定书显示，2013年，东莞勤上光电股份有限公司（简称勤上光电）与其控股股东东莞勤上集团有限公司（以下简称勤上集团）之间发生涉及资金往来的多笔关联交易，但未依法予以披露，并使用虚拟账户对上述交易进行财务处理。瑞华会计师事务所（简称瑞华所）作为勤上光电2013年度财务报告的审计机构，在审计过程中，知悉勤上光电2013年度内因为关联方信息披露问题被监管部门进行立案稽查并有负面新闻等情况。瑞华所未勤勉尽责，没有按照审计准则的规定进行审计，未能发现勤上光电与勤上集团之间的关联交易。

勤上光电是一家以生产和销售大功率LED为主营业务的公司。它于2011年在深交所挂牌上市成为业内首家上市公司。公司主要进行LED产业下游应用产品的生产和销售，如LED照明产品、LED显示屏等。从成立到上市，勤上光电的快速发展是一个业内神话，但在上市之后，它却频频曝出丑闻，勤上光电存在利用关联方交易虚增利润、造假上市的行为，丑闻被报道披露之后，勤上光电开始被证监会调查，并陷入了因违规被罚之后，为掩盖并不乐观的经营业绩再次违规的泥潭之中。

2013年5月4日，勤上光电因涉嫌违规披露被证监会立案调查。2014年5月13日，证监会广东监管局对勤上光电进行了行政处罚，处罚原因首先是未依法披露关联关系及交易，其次是未依法披露2009年内部销售的大客户。勤上光电与勤上集团的直接和间接非经营性资金往来构成关联交易，既未按照规定及时发布临时报告对相关关联交易进行披露，也未在2013年半年报、2013年年报和2014年半年报等定期报告中，对上述关联交易进行披露。

勤上光电2013年年度财务报告的审计机构是瑞华所，瑞华所是由原中瑞岳华和原国富浩华在平等协商基础上于2013年4月联合成立的一家专业化、规模化、国际化的大型会计师事务所，是我国第一批被授予A＋H股企业审计资格、第一批完成特殊普通合伙转制的民族品牌专业服务机构,系美国 PCAOB 登记机构,业务涉及股票发行与上市、公司改制、企业重组、资本运作、财务咨询、管理咨询、税务咨询等领域。瑞华所作为权威的会计师事务所屡次在勤上光电的舞弊行为上未勤勉尽责,未保持应有的职业态度,背后又隐藏着怎样的原因呢?

勤上光电属于发展前景被普遍看好的 LED 行业,国家更是将节能环保光电源作为制造业创新能力建设重点之一,将半导体照明作为战略性新兴产业创新能力建设重点之一。2014 年更被认为是国内 LED 行业发展的新契机,勤上光电在 2011 年上市之后,在行业内也是一直排名前十,那它为何会在 LED 行业发展趋势大好的时候频频被曝出信息披露违规? 公司真实的财务状况是怎样的? 又是什么原因促使它频频舞弊呢?

二、问题梳理

(一) 被审计单位的会计责任

1. 舞弊事实——关联关系及关联交易未依法披露

1) 关联关系的认定

2008 年 9 月 28 日至 2011 年 8 月 29 日期间,黄灿光和贾广平持有广州市芭顿照明工程有限公司(以下简称芭顿照明)100% 股权,芭顿照明由黄灿光担任法定代表人、执行董事和经理,由贾广平担任监事。2010 年 10 月 8 日至 2011 年 9 月 9 日期间,黄灿光和贾广平控股广东品尚光电科技有限公司(以下简称品尚光电),品尚光电由黄灿光担任法定代表人、执行董事。

黄灿光自 2007 年 12 月 12 日至 2010 年 12 月 10 日担任勤上光电职工监事,贾广平自 2007 年 12 月 12 日至 2013 年 4 月 1 日担任勤上光电职工监事。

根据《上市公司信息披露管理办法》第七十一条第三项的规定,黄灿光和贾广平担任勤上光电监事期间及离任后的 12 个月内构成勤上光电关联自然人,同时,芭顿照明和品尚光电构成勤上光电关联法人。

2) 未依法披露关联关系及关联交易

2008 年,勤上光电与芭顿照明发生的交易金额为 15 735 273.51 元(不含税);2010 年,勤上光电与品尚光电发生的交易金额为 14 886 112.41 元(不含税);2011 年上半年,勤上光电与品尚光电发生的交易金额为 40 938 392.23 元(不含税)。勤上光电 2011 年 11 月 15 日公开披露的《首次公开发行股票招股说明书》(以下简称《招股说明书》)中,未将芭顿照明和品尚光电作为关联方披露,亦未将相关交易列为关联交易予以披露。

2011 年,勤上光电与品尚光电发生的交易金额累计为 47 897 918.90 元(不含税)。勤上光电 2012 年 3 月 20 日公开披露的《2011 年年度报告》中,未将品尚光电作为关联方披露,亦未将相关交易列为关联交易予以披露。

2. 舞弊动机

关于舞弊的动机,我们可以利用 W. Steve Albrecht 提出的三角理论(压力、机会和自我合理化)中的压力和机会两大因素进行分析。

1) 压力

上市公司取得配股资格的条件为 3 年内净资产收益率平均不低于 6%;增发则需要连续 3 年盈利,当年的净资产收益率不低于同期银行存款利率。于是很多公司为了达到配股增发的及格线,选择通过盈余管理的方式调节盈利,而盈余管理的方法中,关联交易占了一半多。在我国,很多上市公司是由国有企业改制而成,因此,管理者的个人利益是与企业的经营业绩息息相关的,管理者为了个人的利益,会迎合政绩考核,努力实现利润达标,这就使管理舞弊成为可能。

除此之外,为避免公司被摘牌和特别处理,很多公司也会选择通过关联交易舞弊。沪深证券交易所的股票上市规则规定,当上市公司"最近两个会计年度的审计结果显示的净利润均为负值;最近一个会计年度的审计结果显示其股东权益低于注册资本,即每股净资产低于股票面值;注册会计师对最近一个会计年度的财务报告出具无法表示意见或否定意见的审计报告"时需要进行特别处理,这也成了大部分公司粉饰业绩、虚增交易的压力之所在。

2) 机会因素

控股股东通过控股行为谋取的个人利益即私人收益,对于控股股东来说,可以利用自己手中的股权影响董事会的决策,甚至将自己的意志加诸企业之上,控制公司的可支配的资产及资源,谋取私利。利用关联交易转移公司财产就是他们常使用的一种方式,具体表现在为大股东及关联企业提供信用担保,签订对大股东有利的转移定价协议等。

不合理的公司治理结构也是一个很重要的原因,我国的上市公司很多由国有企业转变而来,国有大股东处于绝对控股地位,国有股一股独大加上我国会计监督法律约束机制不健全,使国有股大股东有可能利用其控股地位与上市公司进行关联交易。

另外,我国资本市场起步较晚,因此,相关的关联交易法律法规不完善。财政部制定的《企业会计准则》对上市公司不公平关联交易的约束是有局限的。例如,对关联方交易的定价问题准则没有明确说明,对于如何判断披露的关联方关系是否还继续存在,如何更新关联方关系存续时间也没有具体规定,准则本身的表达疏漏和范围框定也让一些不法企业能够有机可乘。

（二）审计单位的审计责任

从 2013 年年初，勤上光电频频被曝出存在关联交易和虚构销售。而在审计过程中，瑞华所知悉勤上光电 2013 年度因为关联方信息披露问题被监管部门立案稽查和有负面新闻等情况，却未勤勉尽责，没有按照审计准则的规定进行审计，未能发现勤上光电与勤上集团之间的上述关联交易。

1. 未按行业准则规定对银行账户实施函证程序

瑞华所在 2014 年 3 月对勤上光电货币资金进行审计时编制的货币资金明细表、已开户银行与账面记录核对表工作底稿中，完整罗列了勤上光电中信银行定期存款账户、中信银行保证金账户和东莞银行保证金账户等 28 个银行账户，知晓上述账户的存在。同时，瑞华所在货币资金实质性程序工作底稿中，也明确记载要向被审计单位本期存过款的银行发函，包括零（余额）账户和账户已结清的银行。但瑞华所会计师在实际实施函证程序时，并未针对上述银行账户实施函证程序，也未说明不实施函证程序的理由。上述审计执行情况不符合《中国注册会计师审计准则第 1312 号——函证》第十二条的相关规定。经查，上述 28 个银行账户均为虚拟银行账户，被用来掩盖勤上光电向勤上集团划转的资金以及相关资金的回转交易，相关虚拟账户涉及往来资金 5.14 亿余元。

2. 对利息收入执行审计程序时未能勤勉尽责

勤上光电前述 28 个虚拟银行账户中，有 13 个在瑞华所工作底稿上显示为定期存款账户，借贷方发生额总计均为 1.83 亿元，每笔定期存款都没有相对应的利息收入。瑞华所在未对上述银行账户执行函证程序的情况下，又没能保持应有的职业怀疑态度、对审计中的上述异常情况予以适当关注并实施相应的审计程序。瑞华所的上述行为不符合《中国注册会计师审计准则第 1101 号——注册会计师的总体目标和审计工作的基本要求》第二十八条的相关规定。同时，瑞华所编制的财务费用明细表（按月）（索引号：6350-1）工作底稿也显示，"利息收入主要核算本期定期存款所产生的利息收入，测算详见货币资金、应收利息底稿"，但瑞华所的货币资金应收利息底稿中未见对本期利息收入进行测算的相关记录。上述情况不符合《中国注册会计师审计准则第 1301 号——审计证据》第十条的规定。

然而在上述情况下，2014 年 4 月 23 日，瑞华所出具了《东莞勤上光电股份有限公司审计报告》，审计意见认为勤上光电财务报告在所有重大方面按照企业会计准则的规定编制，公允反映了勤上光电 2013 年 12 月 31 日合并及母公司的财务状况、2013年度合并及母公司的经营成果和现金流量。同日，出具《关于东莞勤上光电股份有限公司关联方占用上市公司资金情况的专项审核报告》,称勤上光电控股股东占用公司资金的发生额为零。

因此,瑞华所在为勤上光电 2013 年度财务报告提供审计服务过程中未勤勉尽责,在知悉审计对象存在被监管部门立案稽查的舞弊风险因素的情况下,本应更加认真严格履行审计职责,却未能按照审计准则的规定对有关银行账户和利息收入执行相关审计程序,出具的勤上光电 2013 年度审计报告、关联方占用上市公司资金情况的专项审核报告存在虚假记载,发表了不恰当的审计意见,违反了《证券法》第一百七十三条的规定,构成了《证券法》第二百二十三条所述情形。

三、案例对我国注册会计师行业审计执业的教训和启示

由于实务中对于关联方关系的界定很模糊,加上被审计单位刻意隐瞒,审计人员单凭自身的判断就很难发现其中的问题。勤上光电在上市之前几家关联企业的频繁交易,从表面上看是按照正常的销售程序进行的,其销售所需要的发票、销售合同等确认收入的关键证据一应俱全,同时价格也是正常的市场价格。所以仅从会计上的这些资料来看这些交易确实属于正常的交易。同时,芭顿照明的股份被黄灿光和贾广平转手后又再转了一道,加上勤上光电的刻意隐瞒,如果注册会计师不能尽到审计义务,做到尽职勤勉,那么勤上光电的关联交易舞弊行为就很难被发现。

针对以上结论,本章提出如下建议。

(一) 合理委派审计人员

会计师事务所在联系到业务之后,应根据项目所涉及的企业类型、项目特点以及项目的复杂程度安排审计人员。审计人员的安排是否恰当对于最后的审计质量至关重要,考虑到关联交易的隐蔽性和复杂性,委派具有丰富经验的审计人员是必要的,在一个项目组中至少应有一名熟悉关联交易审计业务的人员。对涉及复杂关联交易的项目而言,在委派项目组时,会计师事务所还应考虑员工是否具有下列方面的素质和专业胜任能力:(1)专业理论知识储备和实践经验是否丰富,这与审计人员的资格等级和参加业务的次数相关;(2)是否对现有的法律法规和行业准则烂熟于心;(3)具体到项目本身,审计人员对于该类型项目有没有经验,对审计的企业所处的行业是否了解;(4)具有职业判断能力。在实际开展项目时,对审计人员素质的要求是综合全面的,如信息技术知识等。

(二) 建立有针对性的上市公司关联交易审计程序

独立审计致力于为外部大众群体提供高质量服务,应有一套系统的、规范的、有

针对性的行为准则和审计程序,以规范审计师的行为。考虑到上市公司关联交易的特殊性和复杂性,舞弊审计准则和关联方审计准则等具体准则都对关联交易加以重视,以降低由此带来的风险。就我国目前的审计准则来看,关于关联方的审计规则与其他审计相似,没有单独的专项审计,也没有一套单独的被业界认可的行之有效的审计程序,致使许多注册会计师在进行关联交易审计时,仅仅按照一般业务审计程序进行,甚至连基本程序也没有用到该用的地方,更没有针对关联交易的高风险设计针对性的审计程序。所以,借鉴一般审计程序并结合关联方审计准则建立一套有针对性的关联交易审计程序很有必要。

(三)提高审计人员职业道德

定期对注册会计师进行职业道德宣传和教育,并鼓励注册会计师之间相互交流,相互监督,并在事务所内树立典型,培养"道德模范"并给予奖励,形成道德至上的良好氛围。在职业道德宣传的同时,法规约束也要跟上。可以建立审计人员信用评级制度,将他们的诚信记录都归档,并分级和公示,并约定信用评级低到多少,就采取行业禁入的规定,加大注册会计师的违规成本,在严格的处罚之下,注册会计师就会在权衡违规所获收益和违规风险之后,作出正确的选择。在行业自律和法律规定的双重作用下,审计行业才会健康发展,企业竞争也才会更加公平。

(四)加强我国关联交易的监管制度建设

1. 监管措施的制定要注重效率与公平

制定监管措施应注重效率是指颁发的监管规则要贵在"精",而不在"多"。过多的信息披露规则一方面会增加企业信息披露的成本,让企业在披露信息上花费过多的时间和精力也不利于企业内部资源的合理配置,特别是一些遵纪守法、公平交易的企业就更会处于不利的地位;另一方面,政府的监管部门要从企业披露的大量信息里提取有用的部分也会花费许多不必要的精力,加大了政府的监管成本。此外,制定监管措施还要重视公平,公平是两方面的,一般来说,小股东在企业里处于弱势地位,制定的措施应保障他们享有公平的权利,但也要注意,过分保护小股东,也可能会增加小股东恶意谋略的风险。

2. 对监管机构进行协调和监督

在我国,对上市公司关联交易的监管并不是单一而是成体系的,因此,各监管机构应做到分别监管,权责分明,有序监管,互相制约,监管机构合理有机地运转起来,我国证券市场的健康发展才更有保障。在我国,负责对上市公司关联交易进行监管的部门主要是财政部、证监会、国资委和审计署等。

3. 发挥证券交易所一线自律监管的职能

证券交易所作为资本市场证券交易的"前线战场",其重要性不言而喻,但目前在我国,证券交易所是受控于证监会的,对于证券市场的监管权力大多都集中在证监会,这会导致证监会的监管范围大而监管覆盖面却不到位,证券市场的情况不能及时反映到证监会,造成监管效率低下。因此,应该由证券交易所形成一套良好的自律约束机制,培养证券交易所的自律精神,政府监管部门也应该支持和鼓励证券交易所的自我约束,给予充分的尊重。

4. 加强对中介机构的监管

市场参与者中,还有一部分数量相对较少的中介机构,政府监管部门可以充分利用中介机构的特点,对市场参与者的交易行为形成有效的监督。这样的监督一是更有效,因为相比监管部门本身,中介机构对市场参与者的操作策略更加熟悉;二是更容易控制,因为相比多数的证券发行机构,中介机构更注重口碑如何。所以对中介机构的监管不容忽视。具体的可以设立中介机构评级体系,将其业务水平、诚信度、研究报告的规范程度纳入体系内,最后划分出其诚信等级并向社会公示,对中介机构形成很好的督促作用,实现良币驱逐劣币。

5. 加大对违规行为的处罚力度

我国的法律法规在对关联交易进行义务性规定时缺乏很重要的一个环节,即对违规行为缺乏对应的处罚条例。这便让许多上市公司觉得违规成本太低、风险很小而明知故犯。因此,要尽快借鉴其他国家完善的法律体系,明确进行关联交易的责任构成及范围,真正地维护相关权利人的合法权益。

6. 完善证券监管部门的监管指标体系

目前证券监管部门监管体系的主要衡量指标是资产收益率指标,建议证券监管部门引入净现金流量指标,因为净现金流量是按照收付实现制确认的,被上市公司用来进行财务造假的可能性低,根据此指标能够观察到企业实际的现金流入和流出,有利于监管部门对企业真实的盈利能力、财务数据和交易事项进行监管。结合现有指标,可以把净资产收益率指标和净现金流量指标结合起来,在确认上市公司的上市资格及再融资资格时,既要考察其净资产收益率和净利润指标,又要考察其净现金流量比率。

五、阅读文献

［1］中国注册会计师协会.审计［M］.北京:中国财政经济出版社,2021.

［2］杨罡.财务报表审计案例分析［M］.2版.上海:立信会计出版社,2018.

［3］中华人民共和国财政部.企业会计准则.北京:经济科学出版社,2006.

第一节　审计证据的含义及其主要类型

 案例 7　施乐公司案例

一、案例介绍

(一) 案件的起因

2003 年 1 月 29 日,美国证券交易委员会(SEC)对毕马威会计师事务所(以下简称毕马威)及其与施乐公司财务舞弊案相关的 4 名合伙人提起民事诉讼,指控毕马威及其 4 名合伙人在 1997 年至 2001 年期间纵容施乐公司夸大 65 亿美元收入、高估 15 亿美元利润的造假行为。该诉状称,毕马威及其 4 名合伙人涉嫌会计欺诈,请求法院执行强制令,要求毕马威退回所收取的审计费并支付罚金。在其诉状中,SEC 指责毕马威及其相关合伙人没有履行其对施乐股东和社会公众的"守门员"职责,默许施乐公司采用违规会计操作手法。多年来,毕马威及其相关合伙人一致对外宣称它们对施乐公司的审计遵循了公认会计准则,施乐公司的财务报告符合公认会计准则,在所有重大方面公允地反映了该公司的财务状况、经营业绩和现金流量。毕马威出具无保留意见审计报告协助施乐公司掩饰其经营状况日趋恶化的事实,严重误导了投资者和社会公众。

(二) 被审计单位的基本情况及主要会计问题

施乐公司创建于 1961 年,总部位于美国康涅狄格州斯坦福市,是一家历史悠久的以经营办公设备为主的跨国企业,也是世界上最大的现代化办公设备制造商及复印机的发明者。目前其在复印机市场占有率,特别是彩色复印机的市场占有率,占据全球第一的位置;其在彩色复印机的技术方面是全球领袖。值得一提的是,中国的居民二代身份证也是由施乐的设备生产的。

美国国会审计总署(General Accounting Office,GAO)2002 年 10 月公布了一份题为《财务报表重述:趋势、市场影响、制度对策和存在的挑战》的报告。报告称美国上市公司中由于会计违规而引起财务报告重新编制的次数从 1997 年的 92 次上升到 2001 年的 225 次。根据这一趋势,GAO 预计 2002 年财务报告重述的公司将比 1997 年增加 170% 以上。报告显示,大规模公司由于利润操纵而引起财务报告重述次数增长尤为迅速,其中包括著名的施乐公司、安然公司及世通公司,等等。在众多会计违规处理中,由操纵收入和成本费用的确认金额和时间而引起的财务报告重述次数仍然占总数的 50% 以上。下面以施乐公司为例,分析其会计利润的操纵手段和动机,并讨论我国上市公司的财务报告现状。

施乐公司于 2001 年和 2002 年两次重新编报以前年度的财务报告,大幅下调收入和利润。

1. 第一次财务报告重述

2000 年 6 月 16 日,施乐公司墨西哥地区分部设立的异常准备金(unexpected provisions)被公开披露。由此,美国证券交易委员会(SEC)开始对施乐公司墨西哥地区业务的会计处理问题进行调查。

2001 年 4 月 3 日,施乐公司向公众透露将延迟向 SEC 提交 2000 年度财务报告(10-K 表)。原因是施乐公司的审计委员会和其外部独立审计师毕马威将分别对财务报告进行复核。

2001 年 5 月 31 日,施乐向 SEC 提交了复核后的 2000 年度财务报告,其中 1998 年和 1999 年的比较合并财务报表被调整。1998 年度净利润下调 12 200 万美元,比原来减少 30.9%;1999 年度净利润下调 8 500 万美元,比原来减少 6%。在两年的时间内,施乐公司累计虚增利润达 20 700 万美元。显然,利润的下调和会计处理的更正是公司审计委员会和毕马威分别进行的两项调查所导致的。

对施乐公司的调查,主要集中于墨西哥地区的业务及公司的会计政策和会计处理。调查结果表明,在某些业务的会计处理方面,施乐公司有违背美国公认会计准则(GAAP)的违规行为。调查结果还揭露了在此之前的几年时间里,墨西哥地区的某些高级经理合谋违反公司的会计政策和管理程序。会计处理方面的违规主要有:无法收回的应收账款的坏账准备、低估租用特许权的负债、设立非法准备金等。

2. 第二次财务报告重述

2002 年 4 月 1 日,施乐公司再一次提出重新编报 1997 年至 2000 年的财务报告,并将对刚刚公布的 2002 年财务报告作相应调整。这次更正使公司调低 1997 年至 2000 年的净利润,4 年累计调低 14.2 亿美元,是其在经过第一次调整后的 4 年净利润总和的 52.3%。相关会计数字见表 3-1。

表 3-1 施乐公司 1997—2000 年会计数据

单位:万美元

	1997 年	1998 年	1999 年	2000 年
原报表列报收入	1 822 500	1 959 300	1 956 700	1 870 100
更正后的收入	1 745 700	1 877 700	1 899 500	1 875 100
原报表列报净损益	135 900	27 300	133 900	(25 700)
更正后的净损益	89 300	(16 700)	84 400	(27 300)

这次财务报告重新编报的主要原因是施乐公司在费用和收入确认方面违反了 GAAP 的会计处理规定。

根据 SEC 的调查结果,1997 年至 2000 年间,施乐公司利用违规会计处理隐瞒和歪曲了真实的经营状况,使其会计利润达到并超过华尔街的盈利预测。这一系列的会计操纵是公司高层管理人员一手导演的。

调查结果表明,施乐公司的主要会计违规方式有:

(1) 提前确认租赁收入。施乐公司不断改变其租赁收入的会计处理方法,却不披露相关会计收益的增加仅仅是来自会计处理的变更。除了不进行相关披露外,施乐公司多数会计处理是明显违反公认会计准则的。例如,在提高收取出租设备的租赁费时,施乐公司在当期确认了由于提高收费带来的收入的增加。而根据公认会计准则的规定,这些收入在提高收费当期是没有实现的,要递延到剩余出租期才能进行确认。

(2) 任意提高出租设备余值。施乐公司在租赁期开始后,任意调整出租设备的余值(即在出租期结束后的设备价值),公司通过调高设备余值来减少相应的成本项目,从而使季度报告的盈利水平达到公司内部和资本市场的盈利预期。

(3) 提前确认出租资产组合收益合约的收入。施乐公司将各项出租资产进行组合,将来自于这些资产组合的未来租赁收入卖给投资者,这在实质上是一种远期合约。公认会计准则规定,这类收入必须在租赁收入真正取得时才能确认相应的合约收入,而施乐公司在签订合约的当期就确认了所有收入并且没有披露相关内容。

(4) 操纵各项准备金。施乐公司通过减少原先为了其他目的设立的准备金余额来增加当期利润,这明显违反了公认会计准则的规定。另外,在 1995 年和 1996 年 2

年内,施乐公司由于在与美国国税局(Internal Revenue Service,IRS)的法律纠纷中胜诉而获得一笔利得。根据公认会计准则的规定,公司应该在1995年和1996年确认相关法律费用时就全部确认这笔利得。而施乐公司将这项利得递延到1997年至2000年之间进行确认,这种违背公认会计准则规定会计处理的目的是为了随意操纵各年利润,以达到盈利预测。

(5)未披露应收账款贴现业务。证券分析师预测施乐公司1999年的流动性会提高,并且年末现金账户有大量余额。为了达到这一预测,公司管理层让其最大的业务部门与当地银行进行了大量的应收账款贴现。这些交易对施乐公司1999年的经营现金流有重大影响,但公司却没有在财务报告中作出相关披露。有些贴现业务是有回购协议的,即施乐公司要在1999年年末以后的一段时间内再买回该应收账款。公司不仅将其作为应收账款出售进行会计处理,而且第二年也不做应收账款回购时的会计处理。

(三)审计主体基本情况及主要审计问题

毕马威是一家网络遍布全球的专业服务机构,专门提供审计、税务和咨询等服务。毕马威在全球150个国家拥有138 000名员工。毕马威国际合作组织("毕马威国际")瑞士实体由各地独立成员组成,但各成员在法律上均属分立和不同的个体。毕马威中国在北京、上海、沈阳、南京、杭州、福州、厦门、青岛、广州、深圳、成都、香港特别行政区和澳门特别行政区共设有机构[包括毕马威企业咨询(中国)有限公司],专业人员约9 000名。

1. 事后诸葛亮:毕马威备受关注

毕马威与施乐的高级管理人员及董事在会上发生了争执,并拒绝审计通过施乐的年度报告。毕马威的外部律师迈克尔说,施乐当时的董事长阿莱尔威胁说,毕马威拒绝审计通过施乐年度报告可能导致施乐发生债务违约,并将本来就有经营困难的施乐推向破产法庭,但毕马威仍坚持自己的意见。SEC则表示了不同的看法。SEC的工作人员认为,毕马威所做的太少,且做得太迟。SEC在一份诉状中指控施乐公司采用了大量做假账的方法,在1997年至2000年期间不适当记录的税前利润达15亿美元,而在此期间的每一年,毕马威都在施乐的财务报告上加盖了审计通过的印章。

毕马威与施乐的密切关系至少可以追溯至30年以前,施乐曾是毕马威最大、最有声望的客户之一。根据毕马威提交给监管机构的文件,在1997年至2000年期间,施乐向毕马威支付的费用共计6 200万美元,但50%以上是税务和咨询费用,而不是审计费用。毕马威参与施乐的从审计到税务计划的所有项目。20世纪90年代末期,毕马威帮助施乐设计了旨在降低实际税率的计划。

毕马威坚持认为,自己在这些案件中没有过错。被施乐解聘后毕马威还表示,他们对施乐的审计工作很尽职。事实上,毕马威说,它们反对施乐的一些有问题的会计调整做法和一个将营运亏损转入资产负债表外工具的会计调整计划。

2. 存在的审计问题

毕马威存在的审计问题主要有:

(1) 融资权益回报率的审计问题。

(2) 毛利规范化的审计问题。

(3) 租赁设备提价和展期的审计问题。

(4) 不恰当调增残值的审计问题。

(5) 不恰当计提和转回准备金的审计问题。

(6) 资产组合策略交易的审计问题。

SEC 在其诉状中列举了施乐公司的一些不适当或误导性的会计方法,而毕马威的审计人员涉嫌对这些做假行为知情。另外,在近几年的一些引人瞩目的会计丑闻中,SEC 作为监督机构却对问题一言不发。毕马威还是另外两起股东诉讼案的被告,其一是连锁药店 Rite Aid,该公司承认,在 2 年内多报了超过 10 亿美元的收入,其二是曾经红极一时的比利时软件公司 Lernout & Hauspie Speech Products NV,该公司在承认大量做假账后破产,其做假行为包括它最大的子公司捏造了 70% 的销售收入。

(四) 案件结果

施乐公司将为一场长达 8 年的诉讼,支付 6.7 亿美元的和解费。其前外部审计师毕马威,也将为此案支付 8 000 万美元。令人遗憾的是施乐公司和毕马威并未承认自己犯了错。

二、问题梳理

(一) 会计师事务所的独立性

美国注册会计师协会指出审计人员独立性表现在三个方面:一是审计人员的自主性,即不受委托人的任何影响;二是精神上的独立性,即审计人员必须公正无私,不带任何偏见;三是审计人员地位的独立性,这种独立性应受到公认,为社会所接受。这些要求归根结底是强调审计人员在人事上的独立性和在经济上的独立性。显然毕马威在三个方面都有所欠缺。

注册会计师作为一种职业,还有其承担的社会责任,即在执行受托业务的过程中应尽的义务和职责以及因为没有履行好职责而应承担的责任,包括遵守法律的责任、按照委托人的要求提供高质量服务的责任、遵守职业道德规范的责任、遵守审计准则的责任等。

在我国已经明确注册会计师有责任揭露和报告对财务报表内容有直接影响的重大会计舞弊。《注册会计师法》将注册会计师职业责任定位于：维护社会公共利益和投资者的合法权益，促进社会主义市场经济的健康发展。

（二）造假动因分析

1. 市场预期

从上述施乐公司会计操纵手段来看，有通过改变会计处理方法来调节账面利润的，有违规提前或延后确认利润的，有为了提高流动性而进行交易安排的。这些手段的一个直接目的就是要达到或超过证券分析师的盈利预测以及公司内部制定的盈利目标。这些会计操纵手段虚增和平滑了公司的盈余数字，达到并超过了市场的预期，使公司股价一直保持较好走势。

2. 经理人报酬

美国众多上市公司，包括施乐公司在内，为何要利用会计操纵手段来使公司业绩达到公司内部和市场的预期呢？因为这关系到公司管理层的切身利益，包括报酬和职位。SEC 指称，1997 年至 2000 年间，施乐高级管理人士领取了 500 多万美元的业绩补贴，并通过出售所持股票获取了 3 000 多万美元的利润。可见，正是依赖于公司经营业绩的酬金以及与股价直接相关的股票收入，促使公司管理层不惜使用违法的会计处理来谋取高额的回报。除了报酬之外，职位的保全也是动机之一。因为市场竞争使没有创造出色业绩的管理层面临被辞退的风险，而会计利润又是评价管理层业绩的重要指标，管理层有动机为了保全职位去操纵会计利润。

（三）毕马威在获取审计证据方面的失败

根据 SEC 的诉状，在 1999 年以前，施乐主要依靠不适当或大胆的会计手法来达到收益目标。SEC 说，2001 年第四季度，施乐公司 34％的收益来自"一次性的会计操作"，许多操作不符合会计规则或未向投资者披露。SEC 怀疑正是毕马威默认了他们的行为并将他们的报表通过了审核，导致众多的投资者受到损害。

毕马威也严重地违背了《审计准则》中很多方面，下面我们也将其中的一点进行说明，那就是审计证据。

审计证据是注册会计师在执行审计业务中为证明审计事项，形成审计意见而获取的凭据。而在施乐公司财务混乱，严重违背会计准则，其在审计证据风险重大的情况下通过财务报表审核。其审计证据的质量是值得令人研究的。

（1）上市公司中,常规业务的收入和费用的会计准则是比较完善和成熟的,明显违反公认会计准则的收入和费用的会计处理仍然是虚构会计利润的主要手段。所以审计证据取得相对而言也是较容易的,无怪乎 SEC 指出毕马威和施乐公司串通起来欺诈投资者。

（2）施乐公司向客户租赁出复印机后,公司在每月收取租金时会把其他费用捆绑在内,包括设备附件使用费、融资费和服务费等。施乐公司的内部人员透露,施乐通过预测上述每一种项目不同的租金,可以不用等到收取真正的利润,就能一次性估算出更高的盈利数字。毕马威在审计的时候没有向施乐公司客户进行函证或是索取必要的凭证来查得上述情况的真伪。

（3）审计证据的可靠性也依赖企业的内控情况,对于内控较差的企业来讲,其审计证据的范围越大,面临的风险也越小,在这样的情况下,在如此多的会计差错面前,审计证据显然不能依赖企业内控。

（4）审计程序混乱,没进行风险评估、控制测试和实质性程序。

毕马威在获取有效的审计证据方面显得如此的不专业,这是资本市场功利化的一个缩影。一个人在金钱面前是先有理想再谈赚钱呢,还是在赚钱的时候再谈理想,现在统计学告诉我们是前者,而后者注定是会被淘汰,即使是"现实",但从人类的文明进程来看,后者将注定会被淘汰。

三、案例分析

（一）注册会计师应怎样判断审计证据是否充分

注册会计师在判断审计证据充分性时应考虑如下方面:

(1) 审计风险是由重大错报风险和检查风险两部分组成的。

(2) 具体审计项目的重要性。

(3) 注册会计师及其业务助理人员的审计经验。

(4) 审计过程中是否发现错误或舞弊。

(5) 审计证据的类型与获取途径。

（二）哪一类的审计证据最具证明力

一般而言,外部的审计证据具有最强的证明力,但如果内部证据在外部流转,并获得其他单位或个人的承认(如销货发票、付款支票等),则具有较强的可靠性。

（三）审计证据是不是越多越好(充分性)

通常,审计证据越多越好。但考虑到成本等因素,审计证据的范围应控制在一定的可接受范围之内。

（四）审计证据充分性和适当性之间的关系

充分性和适当性是审计证据的两个重要特性，两者缺一不可，只有充分且适当的审计证据才是有证明力的。审计证据的充分性和适当性密切相关、审计证据的适当性会影响其充分性。一般而言，审计证据的相关与可靠程度越高，则所需审计证据的数量就可相应减少；反之，审计证据的数量就要相应增加。

（五）应该如何防止上市公司利润操纵行为

为了使我国的资本市场更加健康地发展，必须加大对上市公司披露虚假会计信息的治理力度。那么如何治理利润操纵行为呢？我们认为，治理上市公司的利润操纵行为是一项系统工程，应该对上市公司及其他市场主体进行综合治理；治理的手段要行政管制、道德教化、法律管制并举，以法律管制为主；治理的方式应从事后查处为主转向事前预防和事后查处相结合，并逐步过渡到以事前预防为主。

1. 对上市公司的治理

虚假会计信息从生成到向社会公告要涉及多个市场主体，仿佛是一个链条，环环相接，而上市公司是产生虚假信息的源头，应该是治理的重点。在对上市公司的治理中，要从公司负责人和财务负责人这两个源头抓起。首先，要对他们经常进行法制教育和职业道德教育，加强《会计法》《公司法》《企业会计制度》《证券法》等法律、法规的宣传和普及，使他们牢固树立对单位会计责任负责的风险意识，建立依法理财的思想观念。这是一种以道德教化为手段，突出事前预防的治理方法，如果能够长期坚持并富有成效地工作，使他们建立起诚信为本、依法经营的理念，便能从根本上治理披露虚假会计信息的行为。其次，要从制度安排上减少虚假信息的产生途径。一是要完善公司治理结构。目前，我国上市公司治理结构中存在制约机制不够健全的问题，主要表现为"一股独大"，控股股东与上市公司在人员、资产、财务方面分离不彻底、上市公司决策权过多集中于控股股东，容易发生内幕交易、操纵股市、转移资产等问题，以及为了自身利益，制造虚假信息，损害中小投资者的利益的行为。因此，要通过持股结构的调整，分散大股东的股权，解决"一股独大"的问题，增强不同持股者之间的相互制衡。同时，建立健全独立董事制度，增强董事会内部的制约机制。二是要完善公司内部会计控制体系，对公司的各项经济活动实施严格的控制，规范公司的财务行为，以此保证会计信息的真实与完整。

2. 加强对中介机构的外部监管

目前我国的会计师事务所及相关的中介机构普遍存在着责任心不强、风险意识淡薄、执业工作粗糙等问题,因此,要想保证中介机构对上市公司的监督质量,首先,中介机构自身要本着对广大投资者负责的态度,不断提高自己的职业道德素质和执业水平;其次,作为中介机构的主管部门(如财政部门、证券管理部门、行业协会等)要真正担负起约束中介机构行为的责任;最后,一旦中介机构出现有违职业道德或失职的行为,作为管理部门,绝不能姑息迁就,应加大处罚力度。

对于公司的上市,在上市申请的过程中,包括上市前的辅导、上市相关材料的准备以及最后上市发行,证券公司起着总策划、总负责、总把关的作用。证券公司的职业道德素质和执业水平在很大程度上决定着公司上市过程中的信息质量。因此,对证券公司的承销项目要实行跟踪检查制度,凡是骗取上市资格,或上市后与原来的公告信息出现重大差异的,证券公司必须承担相应责任。

3. 加强信息披露监管

持续的信息公开制度有利于消除证券市场信息的不完全和不对称,抑制内幕交易和欺诈行为,实现证券市场的透明和规范。但是,目前在上市公司和即将上市的公司缺乏自律的情况下,信息披露的真实性只有在监管部门的严格监管下才能保证实现。对公司业绩信息和关联交易信息一定要进行严格审查,发现有欺诈行为者,要依法进行严惩。尽早引入民事赔偿制度,对发布虚假信息给投资者造成的损失应由上市公司予以经济补偿。为了提高上市公司信息披露的及时性,要从制度上规定它们加大信息披露的频率。例如,采取季报披露制度等。

4. 进一步明确利润操纵行为的相关法律责任

为了提高会计信息质量,我国政府有关管理部门先后制定并发布了数十项相关的法规和制度,如《会计法》《企业财务会计报告条例》《企业会计准则》《股份有限公司会计制度》《会计基础工作规范》《上市公司财务报表披露细则》等,因此法规和制度尽管还有待进一步完善,但是只要认真执行,基本能够保证会计信息的质量,更不会出现蓄意造假的现象。然而,目前最大的问题并不是现有的法规和制度某些方面不完善,而是贯彻执行的情况很差,很多单位是知法犯法,阳奉阴违。因此,加大相关法规、制度执行情况的检查力度是我们首先需要解决的问题。否则,法规和制度再完善也是枉然。目前我们对蓄意造假者的惩罚力度太弱,只伤其皮毛,不动其筋骨,致使某些单位和个人仍然敢于铤而走险。因此,对于藐视法律,恶意造假并产生严重后果者,一定要加大处罚力度,警示后来者不要再重蹈覆辙。

在发达国家,因出具虚假的财务报告而给广大投资者或债权人造成损失的,要负民事赔偿责任。因此,我们再次呼吁:我国应尽快与国际惯例接轨,引入民事赔偿机制和相应的民事诉讼机制。这样,既可以使蒙受损失的投资者得到补偿,又能给造假者形成实实在在的经济压力,从而抑制其违法造假的冲动。

目前,证监会针对我国股市存在的现状,酝酿并提出了新的举措,如将允许更多民营和外资企业上市,减少国有股的比例,实施退出机制,以改善公司治理;提升会计和信息披露标准及公司及会计师事务所的操守,以提高上市公司财务信息的质量,等等。

我们期望上市公司及从事证券中介业务的广大从业人员"诚信为本,操守为重,坚持准则,不做假账",遵守本行业公认的业务标准和道德规范,为证券市场提供更加优质的服务。各级监管部门继续贯彻"法制、监管、自律、规范"的八字方针,努力提高监管水平,把防范证券市场利润操纵及市场风险的各项措施贯穿到监管工作和市场运行的每个环节,保障证券市场的健康、规范发展。

四、阅读文献

[1] 美国国会审计总署.财务报表重述趋势、市场影响、制度对策和存在的挑战[R].2002.

[2] 陶萍,吕晓平,周晓静.审计证据质量控制及审计取证风险的防范[A].中国会计学会高等工科院校分会 2006 年学术年会暨第十三届年会论文集,2006.

[3] 王志毅.我国企业内部欺诈行为分析与治理对策[D].天津大学,2011.

第二节　环境证据审计

对比阅读案例

 案例8　万达收购 DCP 失败始末

一、案例介绍

(一)案例背景

2017 年 2 月,据路透社援引美国媒体 The wrap 的报道称,大连万达集团股份有限公司(简称万达)拟斥资 10 亿美元收购 Dick Clark Productions, Inc.(简称 DCP 集团)全部股权的交易已经破裂。交易失败的原因是收购资金以及中国监管层的审批问题。

2017 年 3 月 10 日,DCP 集团发布了一份声明,确认交易终止,并称"万达没有履行合同规定的义务,所以合法地要求万达方面支付 2 500 万美元的解约费",而此前,由于单方面要求将交易推迟到 2 月底,万达方面已经支付了 2 500 万美元。

2017年6月,网传银监会要求部分银行排查包括万达在内的5家公司境外融资支持情况及进行风险分析,并重点关注所涉及的并购贷款、内保外贷等跨境业务风险情况。当月22日早间,被称为A股市场"第一院线股"的万达电影(002739.SZ)开盘后便震荡下行,午间收盘前突然快速下跌,成交量持续放大,逼近跌停。午间收盘后,万达电影通过深交所发布临时停牌公告,宣布从13时起开始停牌。22日晚间19时06分左右,万达电影发布澄清并复牌公告,称目前公司财务状况良好,日常运营一切正常,公司股票自6月23日开市起复牌。除了股票之外,万达发行的债券也遭"血洗"。同日,万达在交易所发行的公司债纷纷大跌。其中16万达04(136474)一度大跌9.9%,万达系遭遇"股债双杀",股价大跌。

7月份,银监会要求对万达在海外的6个项目严格管控。7月19日,董事长王健林宣布以637.5亿元卖掉13个万达文旅城和77家酒店,尽管王健林表示这是万达转型轻资产的战略之一,但外界依旧认为这是万达集团为了偿还银行贷款而不得不做出的举措。

(二)被审计单位的基本情况及主要问题

1. 基本情况

万达创立于1988年,2014年12月23日,万达商业地产在港交所挂牌上市。经过40多年发展,万达已成为大型跨国企业集团。万达商业持有物业面积几千万平方米,已开业北京CBD、上海五角场、成都金牛、昆明西山等多座万达广场。万达网络科技集团是实业+互联网大型开放型平台公司,拥有飞凡信息、快钱支付、征信、网络信贷、大数据等子公司,运用大数据、云计算、人工智能、场景应用等技术为实体产业实现数字化升级,为消费者提供生活圈的全新消费服务。万达金融集团旗下拥有投资、资管、保险等公司。

2. 主要问题

2017年以来,房地产、酒店、娱乐业等境外投资受到国家严格监管。在重重阻力之下,万达曾单方面要求推迟的DCP集团收购交易以破裂告终。其后万达董事长王健林宣布以637.5亿元卖掉13个万达文旅城和77家酒店。2018年,万达在一个月间以74.8亿元出售了2016年购买的悉尼Circular Quay公寓酒店项目、黄金海岸(Gold Coast)的Jewel度假村项目以及位于英国伦敦的One Nine Elms摩天大楼三个项目以面对资金困境。

二、问题梳理

1992年9月,COSO发布了著名的《内部控制——整合框架》,对于内部控制给出了迄今为止最为权威的定义，"内部控制是由企业的董事会、管理层和其他员工实施的，旨在为经营效率和有效性、财务报告的可靠性、遵循适用的法律法规等目标实现提供合理保证的过程。内部控制由控制环境、风险评估、控制活动、监控和信息与沟通5个部分组成"。

控制环境是指主体内部的文化、价值观、组织结构、管理理念和经营风格等。

（一）投资环境分析

首先先来分析万达做出收购DCP集团这一决策的原因。2012年，万达集团以26亿美元的价格收购美国第二大院线AMC，使万达一跃成为全球规模最大的电影院线营运商，同时也是世界电影史上首个跨国院线集团。并购后，AMC在短时间内扭亏、上市等表现，使万达在一年半时间内投资收益翻番。

此后，AMC接连并购3家海外院线。2016年7月，AMC宣布以9.21亿英镑并购欧洲Odeon & UCI院线；同年12月，AMC以12亿美元收购美国卡迈克电影院线公司。2017年1月，AMC再次宣布斥资9.3亿美元收购北欧最大院线Nordic。到这一步为止，万达在海外的项目收购一直很顺利，收购项目的经营状况良好，2017年度万达电影在会计期间内仅处置2个子公司，无对其他收购项目的处置情况。万达电影2017年年报显示海外营业收入达到3 081 283 378.22元，毛利率为34.99%，可以认为万达在电影院线方面的投资是较为成功的。

收购事件中的另一方DCP集团成立于1957年，旗下拥有20多档电视节目，制作了众多颁奖典礼，包括"全美音乐奖"（American Music Awards），"金球奖"（Golden Globes）以及"好莱坞电影奖"（Hollywood Film Awards）等，在电视制作领域有一定地位。综合万达海外电影院线投资已达成的成果和DCP集团本身的条件，可以认为收购DCP集团是万达从电影院线迈向电视制作领域的最初一步，也是万达直接进军好莱坞的重要一步。有自2012年以来的收购和运营经验，万达此次的收购计划应该不是一时冲动的结果。

但是与往常不同，2017年中国政府制定了新的监管政策，也是减缓资本外流、降低资本储备减少速率的举措。加之中国资本的疯狂涌入，试图收购好莱坞公司或与它们建立合作的行为引起了美国方面的注意，担心中国公司控制美国文化产业的华盛顿国会议员开始质疑中国公司，特别是万达的真实目的。因而中美两国政治层面的把控对万达以及有类似战略的企业的海外收购计划的执行都是不利的，在这个时间节点推进对DCP集团的收购甚至支付2 500万美元用以单方面推迟交易时间是不明智的选择。

（二）内部控制的重要环节——风险评估

风险评估是指识别和分析与现实目标相关的风险，并采取相应的措施加以控制。风险识别是对企业面临的各种潜在事项进行确认。风险识别的内容分为内部风险和外部风险，这里主要对万达的内部风险进行分析。

1. DCP 收购事件的风险识别

万达在 2016 年 11 月份宣布要以 10 亿美元收购 DCP，且不论 DCP 集团本身价值，万达的出价对于万达电影海外资产乃至万达影业整体都不是一个小数目。在 2017 年年报中，万达电影国内外的营业收入相较上年有 14%～19% 的增长，毛利总和约为 52 亿元人民币，除去筹资费用以及其他经营成本后，再以当年汇率换算，远不及出价的 10 亿美元。参考万达电影 2017 年度第一季度财务报表，报告期末公司总资产为 196 亿元，10 亿美元出资在其当时总资产 1/3 以上。

表 3-2　万达电影 2017 年第一季度财务状况

	本报告期	上年同期	本报告期比上年同期增减
营业收入（元）	3 331 385 155.06	3 028 331 253.71	10.01%
归属于上市公司股东的净利润（元）	473 912 458.78	463 420 265.53	2.26%
归属于上市公司股东的扣除非经常性损益的净利润（元）	448 695 045.89	454 818 992.75	−1.35%
经营活动产生的现金流量净额（元）	726 690 936.53	664 552 297.25	9.35%
基本每股收益（元/股）	0.403 6	0.394 6	2.28%
稀释每股收益（元/股）	0.403 6	0.394 6	2.28%
加权平均净资产收益率	4.43%	4.93%	−0.50%
	本报告期末	上年度末	本报告期末比上年度末增减
总资产（元）	19 657 738 331.10	19 091 837 917.00	2.96%
归属于上市公司股东的净资产（元）	10 992 697 146.20	10 386 770 419.71	5.83%

同时，万达电影在 2017 年年报中也提到，万达电影在 2017 年的筹资活动现金流由于同比贷款增加，由净流入变为净流出，难以指望筹资活动对收购 DCP 项目提供资金支持。

在不考虑中美两国政策影响的情况下，获取收购 DCP 的资金需要考虑万达集团对其他项目作出调整，要与万达集团整体其他投资结合考虑的话，意味着要对万达其他投资项目进行风险评估。

2. 万达同期其他投资的风险识别

在收购 DCP 集团的计划进行期间,万达同时进行的、关乎万达集团未来发展方向的项目还有万达电商飞凡网。在万达集团 2016 年的年会上,王健林表示,集团批准了飞凡网 2017 年至 2019 年的发展计划,同时批准 5 年资金计划。按照这个计划,飞凡网要力争 2018 年实现整体盈利,2020 年利润过百亿元,并实现整体上市。与目标相对应的是万达集团计划为飞凡网募资 100 亿元,在 2017 年上半年要完成示范项目和估值评估报告,从 2017 年三季度开始私募。

飞凡网的大量资金需求和万达集团领导对飞凡网项目的重视可能导致万达集团其他项目募集资金、调用资金的优先度降低,或者引起资金流转不畅。但从 2016 年腾讯、百度退出万达电商飞凡网的运营公司股东名单以及之后万达集团和飞凡网运营团队对飞凡网自身业务定位不清晰来看,万达集团对飞凡网的资源投入在较长一段时间内获得目标收益的难度较高。

从 2014 年 8 月 29 日万达集团、百度和腾讯签署的战略合作协议内容来看,万达电商计划一期投资 50 亿元。到 2016 年 8 月份,万达集团方面表示,自己与腾讯、百度三方并未实现投资性合作,万达集团可能对旗下的电商飞凡网完全由万达出资,腾讯和百度并未实际投入任何资金。考虑到当时飞凡网发展状况不尽人意的情况,在继续维持同样资金投入的情况下,万达集团其他投资所需资金将得不到满足。

因而结合整体内部环境,万达集团此时收购 DCP 会对资金链进一步造成压力,可能不是一个合适的选择。

3. SWOT 分析

综合万达集团和 DCP 集团以及其他条件,对万达集团进行 SWOT 分析。

(1)优势。在进行收购这个事件中,万达集团相对其他企业,有更多海外收购和经营的经验。同时,万达集团的产业也有相当一部分与电影影视相关,想通过国内审批或者被外界认可会相对容易。

(2)劣势。虽然从财务报表和已知的并购事项来看,万达集团在海外的资产大多经营良好,但实际上这些资产基本为固定资产,有些还需要后续投入资金。在这样的情况下,万达集团的海外投资部分,特别是万达电影,不一定有能力独立承担 10 亿美元的出价,需要万达集团从国内其他项目调拨资金的可能性更高。

(3)机会。由于中国政策的限制,国外众多影视公司难以直接在中国开拓市场。国外电影公司要想到中国发展业务,与中国本土企业建立合作关系成为一种选择。中国市场对于海外公司的巨大吸引力是毋庸置疑的,因此,并购 DCP 至少 DCP 自身不会有很多的反对声音。

（4）威胁。好莱坞已经习惯投资方来来去去，正如他们所说："等这些人手中的钱花完了，他们就会空手而归，然后好莱坞继续等待下一个'金主'。永远记住，好莱坞就像一个赌场，没有人会比庄家更赚钱。"万达集团并不是好莱坞唯一的选择，一旦出现比万达更有竞争力或者能提供更好合作条件的企业，万达集团在海外影视业的投资优势可能就会逐渐削弱或者消失。

（三）控制活动——企业的重要保证

1. 对投资活动的资金控制

投资活动作为企业一种重要的盈利活动，其展开情况对于筹资成本的补偿、企业利润创造与实现以及企业发展战略的实现等具有重要的意义。

拟订投资方案时的主要控制措施包括根据发展战略、投资目标和规划合理安排资金投放结构、科学确定投资项目、合理确定投资规模、权衡投资项目的收益和风险。万达集团在飞凡网这一项目上对资金缺乏控制，导致对其他投资项目资金控制过多，未能做到合理使用资金，没能创造应有的收益。

对于过去大力培植、发展飞凡网等网络项目，万达董事长王健林总结说，"我曾经犯的一个错误，就是给了曲德君太多的钱"。这话印证了万达在飞凡网项目上的资金投入缺乏控制，最终造成产出成果性价比低，又在其他项目投入不足，甚至于在股价一度崩盘时要忍痛割爱打包卖掉诸如文旅城和酒店等产业渡过难关。

2. 对投资环境的控制

在 2017 年之前的几年，中国有许多企业在稳定国内产业基础上尝试走出国门，大量资金流至国外，被投资于与企业原本从事行业有关或无关项目。在当时那样一股投资风潮下，万达集团逐步收购 AMC、Odeon & UCI 院线、Nordic 以及位于美国、英国和澳大利亚的 5 个项目并无不妥，可以看作是万达集团在多方向铺展走出去的道路。到了 2017 年国家开始对海外投资进行监管时，万达集团依然还有完成这笔收购的期望，并最终在违约金之外多付出 2 500 万美元，这比损失的产生是由于万达对于投资环境的了解不到位，从而没能做到很好地控制风险。

同时，万达集团对自身体量的影响估计不足，与其他直接投资或试图收购好莱坞公司的企业不同，万达集团在准备收购 DCP 前已经以 AMC 为开端建立起全球规模最大的电影院线，万达集团在电影产业海外投资方面影响力可见一斑。其在大量收购后发出的收购 DCP 宣言甚至对美国方面敲响警钟，万达集团在国际电影行业的地位相当大程度上影响了其所处环境，使其需要面对的来自环境的阻力进一步增大。

综上所述，万达对于企业未来发展的目标清晰，采取的措施也都积极有效，但在对部分投资项目的资金控制上和对各环境要素的控制上有所欠缺。在这两方面控制上的欠缺是造成收购 DCP 失败的部分原因。

三、案例分析

显而易见,万达集团试图收购 DCP 的计划是一个经过分析规划后对自身未来发展前景的切实计划。但想要在不断变化的国际市场完成一个约定价格高达 10 亿美元的收购,只靠经验是不行的,需要的是对当下环境的精准把握和对资金的科学规划。

(一)万达集团收购 DCP 集团终止原因

收购 DCP 集团的终止大致原因可以归结于两点,这两点也是前文分析过的万达集团在控制活动中有所欠缺导致的。

1. 收购资金不足

万达电影在海内外的业务整体经营稳定,状况良好,能产生持续且有增长趋势的营业收入。但是单纯以万达电影自身的积累以及向外界筹措的资金,想要独立支付声明中的 10 亿美元价格和附加的税金等费用还是非常困难的。在谈判推进收购 DCP 集团的同时,万达集团还在以不加控制的方式对建设中的网商项目飞凡网进行大量资金注入,然而飞凡网定位不清,迟迟无法形成规模产出。结合万达集团在腾讯、百度退出运营名单后所说,飞凡网项目实际上无外部注资,再加上没有稳定且成规模的收益,大致情况等同于是在单方面消耗资金,这个项目给万达整体资金流造成压力。同时,投资者的耐心是有限的,飞凡网经营中存在的投资回报不尽人意的可能性也间接提高了万达集团的融资难度。

更为致命的是,在有内部资金压力且负债明显的情况下,投资者对于万达电影和万达集团本身的预期会降低。较有警示性的例子就是后来六月份在传言的影响之下万达电影短时间发生大量交易,半天内暴跌停牌。该情形会进一步造成万达资金链状况的恶化,在财务状况恶化的情况下要想进行同类型交易,即使是原本被收购企业及相关方认为万达集团有能力调拨的资金数额,在收购协议到期前也无法顺利到位。

2. 来自监管层的审批问题

来自监管层的审批问题主要指 2017 年度中国政府开始对涉及海外投资的企业加强审查,这一年有海外投资项目或者海外投资计划的企业面临着前所未有的监管压力。万达集团有成功收购海外资产并保持运营的实践经验,但也可能就是有经验有底气使万达集团过于自信:收购 DCP 集团倘若顺利达成,就能为万达集团在海外的经营拓展新业务,为了拓展市场的美好前景跨越必要困难是值得的。

然而监管层对此事的重视程度也不同以往,万达集团没能做到有效把控整体环境,在目标前景面前选择放弃规避风险,也就因而做出了错误决定,造成不必要损失。

(二)万达的改进措施

1. 建立风险评估系统,设定目标

企业在已经制定好发展目标之后,应根据经验目标、财务报告目标和合理性目标对企业所指定的切实可行的目标,在此基础上识别与上述目标相关的风险。这种风险既包括企业层面的风险又包括业务活动中的风险。企业层面的风险包括内部和外部两方面。在万达集团收购DCP集团的案例中,万达集团既应该分析内部的财务风险,也应该考虑宏观环境给这次收购带来的风险。

2. 根据风险评估的结果,考虑适当的控制活动

如果在决策之前能根据分析出的不同结果制定出不同的企业应对风险的方法,将会给企业赢得更多的时间和空间。不会像本案例中万达集团那样,当资金不足时错过最迟交易日期被对方宣布交易终止。

3. 加强控制,权衡投资效益。

在已经制定好发展目标后,企业要对如何实现目标有清晰的整体规划,妥善分配资源,争取效益最大化。万达集团在2017年前后的发展过程中对资源配置的控制不足,没能做到最大化投资效益,计划明确的项目得不到资金,又在重要但方向不明确的项目上浪费了大量资源。

四、阅读文献

［1］中国注册会计师协会.审计［M］.北京:中国财政经济出版社,2021.

［2］杨罡.财务报表审计案例分析［M］.2版.上海:立信会计出版社,2018.

［3］宋宝.企业跨国并购融资支付方式分析——以联想、TCL跨国并购案为例［J］.财会通讯,2009,
(20).

风险应对概念及案例分析

 案例9 中原大地传媒案例

一、案例介绍

(一) 案例背景

中原大地传媒股份有限公司(以下简称大地传媒)前身是焦作鑫安科技股份有限公司(简称焦作鑫安),2011 年 7 月 11 日变更工商登记为现有名称,是由原焦作市化工三厂于 1989 年整体改组并向社会公开募集股份而设立的股份有限公司。1997 年 3 月 19 日,经中国证券监督管理委员会(以下简称证监会)批准,公司向社会公众发行 1 477.5 万股公众股于 1997 年 3 月 31 日在深圳证券交易所上市。经2011 年 5 月 27 日中国证监会《关于核准焦作鑫安科技股份有限公司重大资产重组及向中原出版传媒投资控股集团有限公司发行股票购买资产的批复》(证监许可[2011]801 号)文件核准,大地传媒向中原出版传媒投资控股集团有限公司(简称中原传媒)发行 285 262 343 股股份购买相关资产。根据焦作鑫安与中原传媒签署的《关于焦作鑫安科技股份有限公司重大资产重组交割事项之协议书》之约定,双方确定,以 2011 年 5 月 31 日为焦作鑫安重大资产重组资产交割基准日,焦作鑫安与中原传媒进行了相关资产交付。2011 年 6 月 28 日,中勤万信会计师事务所出具了(2011)中勤验字第 06038 号验资报告,对定向发行的 285 262 343 股股份予以验证。根据大地传媒 2011 年 11 月 24 日收到的深圳证券交易所《关于焦作鑫安科技股份有限公司股票恢复上市的决定》（深证上〔2011〕359 号文），大地传媒 A 股股票获准于 2011 年 12 月 2 日起在深圳证券交易所恢复上市交易。大地传媒证券简称变更为"大地传媒"，大地传媒所属行业变更为"出版业"，公司证券代码仍为"000719"。大地传媒法人营业执照注册号为 41000000020374；住所：河南省焦作市民主北路 15 号；法人代表：刘少宇。截至报告日变更后的注册资本为人民币 439 717 878.00 元，股本为 439 717 878.00 元。

经营范围：以图书、期刊、报纸、音像、电子出版物的出版、印制、发行、版权贸易为主业，包括编印发一条龙、产供销一体化、多种传媒出版经营格局。

（二）案件起因

证监会河南监管局于 2012 年 8 月 1 日至 8 月 14 日对大地传媒 2011 年年报审计及披露情况及公司治理进行了专项检查，并于 2012 年 9 月 17 日作出《关于对中原大地传媒股份有限公司采取责令改正措施的决定》，指出大地传媒在公司治理、信息披露、内部控制、财务管理及会计核算等方面存在多项问题。

此前，大地传媒于 2012 年 4 月 6 日披露 2011 年度报告全文及摘要；又于 2012 年 4 月 20 日披露 2011 年度报告信息更正公告，称因计算方式错误及工作人员疏忽，公司 2011 年度报告及财务报告中存在个别错误，对 2011 年年报进行了多处修改。2011 年信息更正公告如表 4-1 所示。

表 4-1　2011 年信息更正公告

主要财务指标	更正前	更正后
加权平均净资产收益率	9.53%	9.84%
扣除非经常性损益后的加权平均净资产收益率	7.69%	7.87%
主营业务按地区分布	单位：万元	
地区	更正前	更正后
河南省内	10 617.04	106 170.42
河南省外	6 828.69	68 286.88
合计	17 445.73	174 457.30
资产负债表	更正前	更正后
其他应付款	484 181 842.05	484 981 327.94
未分配利润	−344 719 182.92	−345 518 668.81

中勤万信会计师事务所审计意见：我们认为，中原大地传媒股份有限公司财务报

表在所有重大方面按照企业会计准则的规定编制,公允反映了中原大地传媒股份有限公司 2011 年 12 月 31 日的财务状况以及 2011 年度的经营成果和现金流量。

（三）存在问题

首先,大地传媒在信息披露方面存在多项违规:2011 年 10 月 25 日,对控股子公司北京汇林印务有限公司增资 2 647.2 万元,未及时履行董事会决策程序及信息披露义务。2011 年 12 月至 2012 年 4 月,河南电子音像出版社有限公司先后开展 5 次委托理财业务,累计交易金额为 4 100 万元,未及时履行董事会决策程序及信息披露义务。2012 年 3 月 23 日,河南科学技术出版社有限公司经中原出版集团批准为集团下属单位先达光碟有限公司垫付土地出让金及滞纳金 354 万元,形成关联方非经营性资金占用。河南科学技术出版社有限公司变更注册资本及营业范围,未及时履行决策程序和信息披露义务。

其次,大地传媒的现行制度还存在多条与《公司法》及《公司章程》等不相符的情形;2012 年 6 月,现任董事长任河南省人大常委会教育科学文化卫生工作委员会副主任,不再适合担任上市公司董事长。此外,控股股东中原出版集团存在越过上市公司董事会直接讨论决定上市公司干部人选事项,且中原出版集团通过控制选题解决河南人民出版社与大地传媒存在的同业竞争问题,但未进一步明确内部监督的部门、人员和方式,建立切实有效的防范机制,存在同业竞争问题。

再次,对子公司控制较弱,特别是财务方面。大地传媒在财务管理方面问题相当之多:上市公司及其下属子公司会计核算方法与财务管理制度不统一;未建立统一的财务信息系统;未形成统一的财务监管;公司采购和销售行为大多缺少经济合同,或者套用以前年度合同使用;部分子公司的坏账核销、固定资产处理未履行审批程序;各子公司往来账款及购销业务与关联企业或者非关联企业核对不相符的情况较多;大地传媒本部会计和出纳、河南美术出版社有限公司采购和验收岗位未做到不相容职务相分离;河南新达彩印有限公司 500 万元的委托理财未经过大地传媒审批。

最后,会计核算方面也存在问题:

（1）会计处理不及时。目前大多子公司账面股东仍然为中原出版集团,未及时进行会计处理。

（2）对部分长期挂账的应付账款未及时处理。如中州古籍出版社应付郑百文纸张分公司期末余额 273 717.35 元,账龄 3 年以上,目前郑百文纸张分公司已经破产。

（3）会计科目使用不当。①河南新华印刷集团有限公司账面上一直将投资性房地产在工程物资科目核算。②海燕出版社有限公司的应付绩效工资和少部分社保在其他应付款科目核算,未通过应付职工薪酬科目核算。

（4）各出版社采用的营业成本结转方法不同,有的采用码洋差异率法、有的采用单书法,财务数据缺乏可比性。

（5）河南新达彩印有限公司委托理财产品500万元,在货币资金中核算,会计处理不当。

（6）各出版社纸张、印装费与供应商结算不及时,导致账面上出现较大的暂估金额。

以上行为不符合《企业会计准则》《企业会计制度》等的相关规定。

二、问题梳理

注册会计师应通过进一步审计程序,来应对审计风险。

（一）进一步审计程序

进一步审计程序是指注册会计师针对评估的各类交易、账户余额、列报认定层次重大错报风险实施的审计程序,包括控制测试和实质性程序。

实施进一步审计程序的目的包括通过实施控制测试以确定内部控制运行的有效性,通过实施实质性程序以发现认定层次的重大错报。

进一步审计程序的类型包括检查、观察、询问、函证、重新计算、重新执行和分析程序。

在确定进一步审计程序的时间时,应当考虑被审计单位的控制环境,如何能够得到相关信息、错报风险的性质、审计证据使用的期间或时点等因素,并根据具体情况来确定实施进一步审计程序的时间。

（二）风险应对的审计程序

在风险应对中,注册会计师针对评估的各类交易、账户余额、列报认定层次重大错报风险实施审计程序,其中包括控制测试和实质性程序。

1. 控制测试

控制测试是对内部控制设计是否合理和运行是否有效而实施的测试。

1）所要解决的问题

（1）被审计单位的内部控制制度和程序是否设计合理、适当,能不能防止或发现和纠正特定财务报表认定的重大错报。

（2）被审计单位的内部控制制度各程序是否实际发挥作用。

2）企业内部控制存在的问题

（1）制度建设需进一步完善,公司现行制度存在与《公司法》及《公司章程》等不相符情形。如《总经理工作细则》第 3 章第 11 条第 4 款规定,总经理可以拟订公司增加或减少注册资本和发行公司债券的建议方案。

（2）未建立统一的财务信息系统,下属各子公司使用的财务软件不统一,河南电子音像社有限公司仍然采用手工记账。

（3）公司虽然组建了资金结算中心但下属公司北京汇林印务有限公司,深圳市托利贸易有限公司资金仍游离于结算中心之外,未形成统一的财务监管。

（4）部分子公司的坏账核销、固定资产处理未履行审批程序。

（5）公司本部会计和出纳、河南美术出版社有限公司采购和验收岗位未做到不相容职务相分离。

会计师事务所未就公司内部控制有效性出具审计报告。

注册会计师应考虑与财务报表编制和公允列报相关的内部控制,以设计恰当的审计程序,但目的并非对内部控制的有效性发表意见。

以上这些内控的情况显然是不合理与不适当的,不仅会影响企业财务报告的准确性;对于内部控制的程序也不能实际发挥作用,控制政策或程序未能一贯地落实与应用,进一步说明控制执行失效,不利于企业防止或发现舞弊或错误,充分说明企业的内控制度是不具有有效性的。

审计人员在执行控制测试时:可以通过检查交易或事项的凭证;询问并实地观察未留下审计轨迹的内部控制的运行情况;重新执行内部控制程序等方法。以此来提高控制测试的效果。

3）提高控制测试的方法

（1）应付款项控制测试。对采购与付款循环进行控制测试时,应从采购与付款循环的关键控制点设计控制测试,并形成不同的审计工作底稿来支持所编制的"采购与付款循环控制测试表"。审核相应的采购合同以及上面的相关内容和审批程序。包括货物质量、结算条件、金额的支付方式等相关的内容。

（2）固定资产项目控制测试。对于固定资产,可以采用固定资产循环测试,来确定固定资产的自建、购置、处置、维护、报关与记录是否根据控制制度进行有效执行。

（3）未入账债务测试。注册会计师审查未入账债务,还可以通过如下途径:对未归档的购货发票的检查;检查客户管理当局的声明书;与上年账户余额相比较;期后对期内相关付款的审核;检查现有契约、合同、议事录、律师的账单和信件往来;检查与主要供货商的信件往来;抽查截止日期的有关账户,如存货、固定资产等。

（4）应收款项控制测试。注册会计师应针对应收账款账龄增长及由此带来的坏账增加的风险进行控制测试,发现公司管理层采取了与账龄逾期 1 年以上的客户签订还款协议的方式,要求客户对归还旧账的实施和金额作出书面承诺。注册会计师应对该项控制进行评估,以确定其设计是否恰当,并得到有效执行。

注册会计师通过控制测试的结果,确定出计划控制风险的估计水平,然后根据固有风险和控制风险的综合水平确定可接受的检查风险。如果可接受的检查风险高,实质性测试应以分析性复核和交易测试为主,测试的样本量较小;如果可接受的检查风险中等,实质性测试应结合分析性复核、交易测试和余额测试进行,测试的样本量适中;如果可接受的检查风险低,实质性测试应以余额测试为主,测试的样本量较大。

2. 实质性程序

实质性程序是指注册会计师针对风险评估中识别出的重大错报风险实施的直接用以发现认定层次重大错报的审计程序。

实质性程序包括:对各类交易、账户余额、列报的细节测试以及实质性分析程序。注册会计师需要从样本量、选样方法的有效性等角度考虑测试范围;对于已记录的金额应当考虑其重要性水平,以此进行重点的抽查。

1) 会计核算存在问题

(1) 对部分长期挂账的应付账款未及时处理。如中州古籍出版社应付郑百文纸张分公司期末余额273 717.35元,账龄3年以上,郑百文纸张分公司已经破产。

(2) 会计科目使用不当。一是河南新华印刷集团有限公司账面上一直将投资性房地产在工程物资科目核算。二是海燕出版社有限公司的应付绩效工资和少部分社保在其他应付款科目核算。

(3) 会计处理不当。河南新达彩印有限公司委托理财产品500万元,在货币资金中核算。从而导致企业货币资金账户虚增资产,同时影响有关财务管理分析中有关货币资金的比率。

(4) 对账制度需进一步完善,各子公司往来账款及购销业务与关联企业或者非关联企业核对不相符的情况较多。

以上这些财务核算中的错误,反映了审计人员在实施实质性程序中存在的不足。对于一家资产重组的企业来说,审计人员更应该扩大抽查范围,从实质性程序的角度出发,对各类交易、账户余额、列报的具体细节测试,目的在于直接识别财务报表认定是否存在错报。而该会计师事务所并未对企业上述存在的会计核算问题予以纠正与公布。

作为审计人员,在获得审计资料后,可以通过多种方式提高其实质性程序的质量:检查、观察、询问、函证、重新计算、重新执行和分析程序。

2) 提高实质性程序的方法

(1) 注册会计师在对报表项目余额进行实质性测试时,通常向被审计单位索取或自行编制明细表,以确定被审计单位报表项目中的数额与其明细表是否相符。

（2）对明细余额进行分析并作必要的重新分类。审计人员应结合以前年度审计情况,调查分析报表项目中明细余额是否存在负数余额;是否应将有关科目进行加总核算。如存在此类问题应作重新分类处理。

（3）函证有关款项金额并对回函的结果进行汇总、分析,查明差异的原因,并作出调整。

（4）为了防止企业高估资产或低估负债,在审查企业有无未入账的有关款项时,注册会计师还可以通过询问被审计单位的会计和采购人员,查阅资金预算、收入、工作通告单和合同来进行。

（5）检查财务报表中的重要项目是否已在财务报表及附注中得到恰当披露。可以通过相关的凭证进行检查,特别是对金额的核对以及会计科目使用是否合理等情况进行审核。

三、案例分析

(一) 注册会计师为何会通过审核并发表审计报告

1. 审计独立性的问题

作为独立的第三方,审计人员应对被审计单位保持不偏不倚的公正性,不受经济利益、自我评价、关联关系和外界压力的影响,从客观公正的角度来发表审计意见。而本案例中,注册会计师并未对内控、财务核算中一些明显的错误予以披露。我们有理由假设,审计人员并非全不知情,特别是其在审计报告中写了"注册会计师考虑与财务报表编制和公允列报相关的内部控制,以设计恰当的审计程序,但目的并非对内部控制的有效性发表意见"这段言论。

2. 进一步审计程序实施的有效性

实施进一步审计程序的目的在于通过控制测试来确定内部控制的有效性。通过实质性程序以发现认定层次的重大错报。其方法有:实地观察或检查、对相关企业进行函证(除了函证余额外,还可以对交易的结算方式、发货条款、退货条款等进行函证)、询问非财务人员、扩大样本量等。

本案例中,审计人员对这两方面的测试都是不完整与不具体的,不论是其对内控方面的评价,还是对实质性方面细节的测试,都未能识别出财务报表的认定存在的重大错报,从而导致其审计意见有失公允。

(二) 审计人员在风险应对与经济效益中该如何取舍

从理论上讲,进一步审计程序的范围越广,获取的审计证据越充分,其审计结论的可靠性越高,因此对风险的应对能力越强。从本案例的角度出发,审计失败一定程度上也是由于审计程序的数量的不充分所引起的。所以在审计过程中就应当最大限度地扩大审计范围。

然而在审计实务中,要求注册会计师从经济效益的总体需要出发,合理地确定测试范围。在确定审计范围时需要考虑的因素:

(1) 确定的重要性水平,重要性水平越低,所需实施的进一步审计程序范围越广。

(2) 评估的重大错报风险,评估的重大错报风险越高,对拟获取审计证据的相关性、可靠性的要求越高,需要实施的进一步审计程序的范围越广。

(3) 计划获取的保证程度。注册会计师通过所实施的审计程序对测试结果可靠性所获取信息。计划获取的保证程度越高,对测试结果的可靠性要求越高,所需实施的进一步审计程序的范围越广。

总体而言,风险应对与经济效益的权衡取舍在于对总体的评价,评价其是否已经获取充分、适当的审计证据,以将审计风险降至可接受的低水平。在审计过程中允许一定程度上的可接受风险,但是必须是在可控范围内的,对于那些重大错报风险是被要求予以规避的。

(三) 对财务报表层次重大的错报风险的应对措施

所谓审计风险,是指被审计单位的财务报表存在重大错报而注册会计师发表不恰当意见的可能性。一般来讲,经营失败和审计失败是导致审计风险产生的最主要原因。

1. 总体应对措施

(1) 向项目组强调在收集和评价审计证据过程中保持职业怀疑态度的必要性。

(2) 分派更有经验或具有特殊技能的注册会计师,或利用专家的工作。

(3) 提供更多的督导。

(4) 在选择进一步审计程序时,应当注意使某些程序不被管理层预见或事先了解。

(5) 对拟实施审计程序的性质、时间和范围作出总体修改。

2. 增加审计程序不可预见性的方法

1) 增加审计程序不可预见性的思路

(1) 对某些以前未测试的低于设定的重要性水平或风险较小的账户余额和认定实施实质性程序。

(2) 调整实施审计程序的时间,使其超出被审计单位的预期。

（3）采取不同的审计抽样方法，使当年抽取的测试样本与以前有所不同。

（4）选取不同的地点实施审计程序，或预先不告知被审计单位所选定的测试地点。

2）增加审计程序不可预见性的实施要点

（1）注册会计师需要与被审计单位的高层管理人员事先沟通，要求实施具有不可预见性的审计程序，但不能告知其具体内容。注册会计师可以在签订审计业务约定书时明确提出这一要求。

（2）虽然对于不可预见性程度没有量化的规定，但审计项目组可根据对舞弊风险的评估等确定具有不可预见性的审计程序。审计项目组可以汇总那些具有不可预见性的审计程序，并记录在审计工作底稿中。

（3）项目组负责人需要安排项目组成员有效地实施具有不可预见性的审计程序，但同时要避免使项目组成员处于困难境地。

四、阅读文献

［1］财政部.关于非上市公司购买上市公司股权实现间接上市会计处理的复函［Z］.2009.

［2］财政部.企业会计准则讲解［S］.2008.

第五章

销售与收款循环审计

第一节　营业收入审计

 案例 10　九好集团案例——销售收入造假

一、案例介绍

（一）案例起因

2017 年 3 月 10 日,证监会披露,证监会组织专门执法力量查办了一起涉嫌以虚增收入、虚构银行资产为手段,企图将有毒资产装进上市公司的重大信息披露违法案。由于稽查执法力量的及时介入,此单"忽悠式"重组被遏止在信息披露违法阶段,没有最终得逞,有效避免了有毒资产流入 A 股市场。这个案件,昭示着证监会对财务造假"零容忍"的决心。利安达会计师事务所,收到 900 万元的罚单,签字注册会计师被处以 10 万元的罚款。现在对中介机构的处罚,越来越严厉。对财务造假,越来越有罚到倾家荡产的趋势。

本次造假案件主角——上市公司鞍重股份被罚 60 万元、借壳方九好集团被顶格处罚,而中介机构亦被狠狠重罚:西南证券,被罚 600 万元(没收 100 万元,罚 500 万元),天元律师事务所,被罚 900 万元(没收 150 万元,罚 750 万元),审计机构利安达会计师事务所,被罚 900 万元(没收 150 万元,罚 750 万元)。鞍重股份和九好集团的"忽悠式重组",是 2017 年最受关注的造假大案。

（二）被审计单位的基本情况及主要会计问题

1. 被审计单位基本情况

九好集团成立于 2007 年,其首创了"办公托管"模式,为客户量身定做行政后勤解决方案,是现代服务业领军企业。在 2010 年,进行了两次股转四次增资,并引入华睿海越、华睿德银、金永信等投资公司,注册资本变更为 6 350.24 万元。2011 年,进行了一次股转,并引入宁波双熙投资公司,注册资本不变。2012 年,进行了一次增资,并引入江阴安益、普思投资两家投资公司,注册资本并更为 6 868.63 万元。2014 年,进行了九次股转、一次再增资,并引入科桥成长、科桥嘉永、大丰匀耀等投资公司,注册资本变更为 7 943.89 万元。2015 年,进行了两次股转,注册资本不变。

鞍山重型矿山机器股份有限公司(鞍重股份)是中国最大的专业生产振动筛的厂家,属于专用设备制造业。鞍重股份成立于 1994 年,2012 年在深交所挂牌上市,并完成首发。2015 年,鞍重股份停牌重组,九好集团拟作价 37 亿元借其壳上市。

2. 主要会计问题

浙江九好办公服务集团有限公司(现已更名为九好网络科技集团有限公司)通过各种手段虚增 2013—2015 年服务费收入 2.6 亿余元,虚增 2015 年贸易收入 57 万余元,虚构银行存款 3 亿元。为掩饰资金缺口,借款购买理财产品或定期存单,并立即为借款方关联公司质押担保。九好集团通过上述种种手段,将自己包装成价值 37.1 亿元的"优良"资产,与鞍山重型矿山机器股份有限公司(以下简称鞍重股份)联手进行"忽悠式"重组,以期达到借壳上市之目的。九好集团及鞍重股份的信息披露存在虚假记载和重大遗漏。

(三) 审计主体基本情况及主要审计问题

1. 审计单位基本情况

REANDA,中文简称利安达,注册名称为利安达会计师事务所(特殊普通合伙)。利安达合伙人出资款为 2 011 万元人民币,累计提取的职业风险金为 2 900 多万元人民币,职业责任保险累计赔偿限额达到一亿元人民币。利安达目前具有财政部和证监会批准的执行证券、期货相关业务审计资格,财政部和中国人民银行批准的从事金融审计相关业务资格,中国注册会计师协会和国务院国资委核准的承担大型及特大型国有企业审计资格,中国银行间市场交易商协会会员资格,北京市司法局批准的司法鉴定资格。利安达已在美国 PCAOB 和加拿大 CPAB 注册,具有为在美国和加拿大等北美国家证券市场上市的公司提供专业服务的资格。

2. 主要审计问题

2016 年 4 月 21 日,利安达出具审计报告,对九好集团 2013—2015 年度财务报表发表了标准无保留意见。利安达合计收取审计服务费 150 万元,签字注册会计师为蒋淑霞和李杰。

利安达对九好集团 2013—2015 年度财务报表审计时,未勤勉尽责,出具的审计报告存在虚假记载。对银行存款审计程序不到位。对函证审计程序不到位。对收入的审计程序不到位。利安达对供应商和客户的现场走访工作存在瑕疵。

（四）案例结果

上述信息披露违法行为涉案金额巨大、手段极其恶劣、违法情节特别严重。证监会已经向当事人送达行政处罚事先告知书，拟对九好集团、鞍重股份及其主要责任人员在《证券法》规定的范围内进行顶格处罚，对本案违法主体罚款合计 439 万元；同时对九好集团造假行为主要责任人员郭丛军、宋荣生、陈恒文等人拟采取终身市场禁入以及 5～10 年不等的证券市场禁入。

二、问题梳理

（一）会计师事务所在审计过程中的问题

利安达在以下方面审计中没有尽到勤勉义务。

1. 对银行存款审计程序不到位

利安达对九好集团在对兴业银行杭州分行 3 亿元定期存款的审计中，实施了函证程序，截至 2016 年 4 月 21 日审计报告出具日未收到回函。在浙江证监局提示过关注 3 亿元定期存单的情况下，利安达未执行有效审计程序，审计结论仍为"未见异常情况"，未能发现虚增 3 亿元银行存款及 3 亿元定期存单质押的事实。2016 年 6 月 2 日收到银行回函，6 月 7 日才对兴业银行杭州分行进行访谈，已晚于审计报告出具日。

2. 对函证审计程序不到位

1）未按拟定的选样标准进行发函

利安达审计项目组对应收账款函证发函的选取标准定为 10 万元以上供应商全部发函，10 万元以下随机抽取。但在实施函证程序的过程中，审计人员未严格执行拟定的发函标准，对部分 10 万元以上的供应商未进行函证。

2）未保持对函证的有效控制

利安达实施函证程序时，在九好集团总部安排九好集团工作人员与审计项目组成员一起填写询证函快递单并寄出，而九好集团各子公司的询证函则由审计人员制好询证函，由九好集团下属子公司在各地自行寄出。审计人员要求九好集团将发函的快递底联全部寄回杭州并由九好集团转交利安达，或由九好集团子公司直接寄回利安达北京总部。此外，还存在九好集团工作人员直接回函的情况。发函工作自始至终均有九好集团人员参与，且在子公司层面失去对函证的控制。从回函情况看,大量回函的快递单存在连号或号码接近、发函与回函快递单号接近的情形。

3)未充分关注函证回函的疑点

询证函回函的供应商确认盖章与供应商名称不符。部分询证函回函供应商确认盖章用印为另一家供应商。数家供应商的回函均留有同样的邮寄信息。不同供应商回函由同一快递员收件。询证函发函与回函地址不是同一个城市。

3. 对收入的审计程序不到位

利安达在审计时,对九好集团提供的与营业收入相关的合同、用印及收入证据不足等疑点,未予以充分关注。部分供应商与客户签订合同的日期或合同履约日期不在九好集团与供应商的托管合同期限内。合同条款自相矛盾或用印错误。同一控制下的两家企业间的异常业务被九好集团确认为收入。九好集团据以确认收入的供应商收入确认函、供应商与客户的合同等资料部分缺失。利安达在未取得充分的供应商与客户实际交易情况确认资料,缺少客户销货合同、发票、发货单、收款凭证等证明供应商收入的相关证据,且取得的部分证据存在明显异常的情况下,未发现九好集团确认收入的真实性存在问题。

4. 利安达对供应商和客户的现场走访工作存在瑕疵和矛盾

利安达在九好集团总部的审计工作底稿内收录了对69家供应商的现场走访记录,大部分由西南证券或中联资产评估公司人员走访并签字,审计项目组人员很少签字,经核对底稿中访谈现场照片发现,利安达对九好集团总部的供应商走访了11家。利安达审计工作底稿收录的部分供应商存在两份不同的访谈记录,违背常理。在接受调查过程中,签字注册会计师表示未关注到该事项。

(二)涉案企业报表不符合会计准则

九好集团及鞍重股份信息披露存在虚假记载、重大遗漏。

1. 九好集团虚增服务费收入

九好集团造假手法的隐蔽之处在于将虚增的服务费收入分散到大量的供应商和客户中,实地走访需要耗费大量的时间和人力、财力、物力,调查难度大。九好集团与125家供应商单位或个人以及84家供应商对应的46家客户通过虚构客户、虚构业务、改变业务性质等方式增加服务费收入2.65亿元。此外,九好集团通过与供应商签订虚假业务合同来确认业务收入,在收到这些服务费后又将服务费从个人银行账户退回到供应商或其他指定银行账户。尽管这些业务收入是真实存在的,但九好集团充当资金掮客的角色帮助19家供应商套取资金的业务模式并不是九好集团的经营模式,不应该计入收入,可见九好集团虚构业务以达到增加收入的目的。

2. 九好集团虚增贸易收入

杭州融康信息技术有限公司(以下简称融康信息)与九好集团之间存在资金循环。经向融康信息公司法定代表人刘志昶核实,双方的业务模式是融康信息向九好集团采购货物。2015年融康信息向九好集团采购的货物未收货,支付的货款已退回。九好集团在财务处理上仍然确认融康信息574 786.32元的销售收入及应收账款收回,涉嫌虚增2015年销售收入574 786.32元。

截至2015年12月31日,九好集团主要资产构成情况如5-1所示。

表5-1 九好集团主要资产构成情况　　　　　　　　单位:万元

项目	金额	占比
货币资金	53 122.67	57.54%
应收账款	22 053.00	23.89%
预付账款	309.47	0.34%
应收利息	—	—
其他应收款	11 122.89	12.05%
流动资产合计	86 608.03	93.81%
投资性房地产	2 602.60	2.82%
固定资产	1 113.75	1.21%
无形资产	11.66	0.01%
长期待摊费用	203.38	0.22%
递延所得税资产	1 786.53	1.94%
非流动资产合计	5 717.92	6.19%
资产总计	92 325.94	100.00%

报表显示,九好集团货币资金和应收账款合计占比80%,非常"亮丽"!

3. 九好集团虚构3亿元银行存款

2015年1月,九好集团在账面虚构收回1.7亿元其他应收款,虚构转入银行存款47 702 412.00元,同时转出1亿元资金不入账,账面形成虚假资金317 702 412.00元(九好集团平安银行西湖支行)。为掩饰上述虚假账面资金,九好集团在账面虚假记载2015年3月31日317 702 412.00元资金从九好集团平安银行账户划转至九好集团上海银行账户。此外,九好集团还在上海银行账户虚构郭丛军3月26日退回购房款1 170万元,虚假账面资金扩大至329 402 412.00元。2015年3月31日,杭州好融实业有限公司(以下简称好融实业)向九好集团上海银行账户转入资金1.6亿元(共两笔,一笔 4495 万元,一笔 1.150 5 亿元)。九好集团在账面虚假记载收到上海九好等单位其他应收款 138 009 025.38 元;经过三次红字冲销后,虚假记载收到上海九好等单位其他应收款 130 597 588.00 元,少计收回 29 402 412.00 元。至此,九好集团在账面仍然存在 3 亿元虚假资金(九好集团上海银行账户)。

同样是为了掩饰账面 3 亿的虚假资金,九好集团首先通过借款购买理财产品或定期存单,然后再用取得的理财产品或定期存单为借款方关联公司质押担保,最后用承兑汇票以贴现的方式获得资金并归还,九好集团通过如此反复银行流水体外循环的方式使其账面一直保持 3 亿元银行存款。截至九好集团公开披露《审计报告》附注及《重大资产重组报告书》时这 3 亿元银行存单仍然处于质押状态,但是九好集团并未披露这一事实。

鞍重股份于 2016 年 4 月 23 日公告《重大资产重组报告书》,披露了重组对象九好集团的主要财务数据,包括资产负债表主要数据、利润表主要数据、现金流量表主要数据以及主要客户销售情况。鞍重股份《重大资产重组报告书(草案)》中披露的九好集团资产负债表、利润表主要数据与调查查实的数据不符,存在虚假记载。

鞍重股份的上述行为涉嫌违反了《证券法》第六十三条"上市公司依法披露的信息,必须真实、准确、完整,不得有虚假记载、误导性陈述或者重大遗漏"的规定,构成了《重组办法》第五十五条第一款所述"上市公司或者其他信息披露义务人未按照规定披露重大资产重组信息,或者所披露的信息存在虚假记载、误导性陈述或者重大遗漏"的行为,以及《证券法》第一百九十三条第一款所述"发行人、上市公司或者其他信息披露义务人未按照规定披露信息,或者披露的信息有虚假记载、误导性陈述或者重大遗漏"的行为。

(三)企业造假动因分析

1. 上市"诱惑",巨额利益驱使

上市公司并购重组交易中最重要的事项就是确定标的资产交易对价,通常情况下,并购重组中的财务造假会通过虚增利润、提高估值的手段获取更多的上市公司权益和巨额利益。财务造假行为如果侥幸过关、后续造假行为将继续上演以"实现业绩",承诺期即使业绩不达标、未来只要付出补偿款即可,在此过程中二级市场股价的上涨将给交易对方带来巨额收益。

九好集团作价 37.1 亿元、三年业绩承诺额 13 亿元,业绩承诺覆盖率为 35％左右,更为惊人的是资产置换差额发行股份的发行价格为 16.23 元/股,鞍重股份自 2015 年 4 月 7 日发布重大事项停盘到 2016 年 5 月 27 日发布公告被立案调查期间股

票成交均价为 56.81 元/股,为发行股份价格的 3.5 倍,即使被立案调查后,至 2017 年 3 月 17 日股票成交均价也达到 30.29 元/股,为发行股份价格的 1.87 倍。巨额利益驱使了此次铤而走险的财务造假。

2. 违法违规成本低

九好集团把 37.1 亿元的有毒资产折腾上市,被查后相关责任人仅被罚款 439 万元。九好集团、鞍重股份则各被罚 60 万元。相对于可能获取的高额收益,违法违规成本较低是造成造假现象涌现的源头,证券法第一百九十三条规定,发行人、上市公司或者其他信息披露义务人未按照规定披露信息,或者所披露的信息有虚假记载、误导性陈述或者重大遗漏的,责令改正,给予警告,并处以 30 万元以上 60 万元以下的罚款。因此,目前 60 万元已经是针对虚假陈述能够开出的最高罚单了。可能正是因为存在这样的上限,逐利者才前赴后继挑战法律底线。

三、案例分析

(一) 企业造假手法识别及审计应对

1. 虚假业务、资产的识别

九好集团的具体情况是:虚构了 1.7 亿元其他应收款收回,虚构转入银行存款 4 700 万元;同时,转出 1 亿元资金不入账,这样,账面形成虚假资金 3.17 亿元。为了补上 3 个亿的资金大窟窿,又通过"借款+质押",虚假编造出了一个 3 亿元的银行存单。通过向 A 借钱买理财产品,拿到一笔 3 亿元的银行存单,然后,再将存单给 A 做担保,让 A 开具银行承兑汇票 3 亿元。之后再将银行承兑汇票贴现,差额的贴息部分,由九好集团通过个人账户支付给 A。这样一来就还清了 A 的钱。只要再等 3 亿元银行存单到期,这笔钱就可以拿去还银行承兑汇票。

2. 历史财务数据

1) 疑点一:营业收入增长与营业成本下降不匹配,且净利润增速远超营业收入增速

2013—2015 年,九好集团的营业收入为 2.5 亿元、3.3 亿元、4.2 亿元;营业成本为 1.3 亿元、9 137 万元、4 656 万元;净利润 3 987 万元、1.15 亿元、1.9 亿元。营业收入,增速分别为 29.22% 和 28.02%。然而,营业成本却在报告期内分别下降了 30% 和 49%。与此同时,净利润的表现更为亮丽,报告期内相应增长了 188% 和 65%。也就是说,净利润的增速远超营业收入增速,且波动幅度很大。对此,九好集团解释为:收入结构的调整。营业成本占比低、毛利率高的"服务类收入"快速增长,营业成本高、毛利率低的"贸易类收入"逐年萎缩。

2）疑点二：毛利率等盈利能力指标飙升远超同行

2013—2015 年，九好集团的毛利率分别为 48.20%、71.98%、88.85%。两年间，毛利率增长幅度超过了 40%，2014 年和 2015 年的毛利增速，分别高达 90.76%、62.67%。不仅如此，报告期内的净资产收益率分别为 16.20%、30.72%、33.24%，销售净利率为 15.80%、35.43%、46.21%。前者两年间翻了 1 倍，后者翻了近 2 倍。这个毛利率、净利率、ROE 水平，已经完胜同行蓝色光标、深赛格、省广股份等上市公司。

（二）证监会处罚力度及相关准则

1. 对九好集团的处罚

对郭丛军、宋荣生、陈恒文给予警告，并分别处以 30 万元罚款；对郭丛军采取终身证券市场禁入措施，对宋荣生采取 10 年证券市场禁入措施，对陈恒文采取 5 年证券市场禁入措施。禁入期内，不得从事证券业务或者担任上市公司、非上市公众公司董事、监事、高级管理人员职务。责令九好集团改正，给予警告，并处以 60 万元罚款；而涉案的郭丛军所持有的上市公司 700 万股股份（公司总股本的 5.15%），也于 2017 年 3 月 3 日，被杭州市西湖区人民法院司法冻结。

2. 对鞍重股份的处罚

对鞍重股份给予警告，并处以 60 万元罚款；对直接负责的主管人员杨永柱给予警告，并处以 30 万元罚款；对直接负责的主管人员张宝田给予警告，并处以 20 万元罚款；对其他直接责任人员温萍、高永春、梁晓东、黄涛、白璐、戴国富、程国彬、王君、韩秀冰、蒋辉、冯微微、杨永伟、封海霞给予警告，并分别处以 3 万元罚款。

3. 对券商西南证券的处罚

责令西南证券改正，没收业务收入 100 万元，并处以 500 万元罚款；对童星、朱正贵给予警告，并分别处以 10 万元罚款。

4. 对律所北京天元的处罚

没收业务收入 150 万元，并处以 750 万元罚款。对史振凯、刘冬、于进进给予警告，并分别处以 10 万元罚款。

5. 对利安达的处罚

没收利安达业务收入 150 万元，并处以 750 万元罚款。对签字注册会计师蒋淑霞、李杰给予警告，并分别处以 10 万元罚款。

6. 相关准则

《中国注册会计师审计准则第 1312 号——函证》

第十二条：注册会计师应当对银行存款（包括零余额账户和在本期内注销的账

户)、借款及与金融机构往来的其他重要信息实施函证程序,除非有充分证据表明某一银行存款、借款及与金融机构往来的其他重要信息对财务报表不重要且与之相关的重大错报风险很低。如果不对这些项目实施函证程序,注册会计师应当在审计工作底稿中说明理由。

《中国注册会计师审计准则第 1312 号——函证》

第十九条:在未回函的情况下,注册会计师应当实施替代程序以获取相关、可靠的审计证据。

《中国注册会计师审计准则第 1301 号——审计证据》

第十条:注册会计师应当根据具体情况设计和实施恰当的审计程序,以获取充分、适当的审计证据。

《中国注册会计师审计准则第 1501 号——对财务报表形成审计意见和出具审计报告》

第十二条:为了形成审计意见,针对财务报表整体是否不存在由于舞弊或错误导致的重大错报,注册会计师应当得出结论,确定是否已就此获取合理保证。在得出结论时,注册会计师应当考虑下列方面:

(1) 按照《中国注册会计师审计准则第 1231 号——针对评估的重大错报风险采取的应对措施》的规定,是否已获取充分、适当的审计证据;

(2) 按照《中国注册会计师审计准则第 1251 号——评价审计过程中识别出的错报》的规定,未更正错报单独或汇总起来是否构成重大错报。

《中国注册会计师审计准则第 1301 号——审计证据》

第十一条:在设计和实施审计程序时,注册会计师应当考虑用作审计证据的信息的相关性和可靠性。

《中国注册会计师审计准则第 1301 号——审计证据》

第十五条:如果存在下列情形之一,注册会计师应当确定需要修改或追加哪些审计程序予以解决,并考虑存在的情形对审计其他方面的影响:

(一) 从某一来源获取的审计证据与从另一来源获取的不一致;

(二) 注册会计师对用作审计证据的信息的可靠性存有疑虑。

(三) 应对策略

1. 充分了解被审计单位及其环境以评估重大错报风险

从案例中我们知道,九好集团是一家后勤托管服务公司,主要业务模式是作为中介服务平台为客户寻找后勤服务供应商,其收入主要是根据成交额收取的一定比例的服务费。作为较新的商业模式,其整个业务往来并没有采购、生产、销售环节,没有具体的实物流。如此一来就不能采用观察企业生产过程、询问企业的销售人员、盘点库存系统等传统的审计手段去评估其重大风险错报。因此我们认为要想了解九好集团的性质及其环境，可以从企业规章制度入手，如是查看企业是否有完整的内部控制制度；查看内部审计人员对内部控制执行有效性的评估报告，企业有关职责分离的相关规定以及企业的整体组织架构。

2. 执行有效的实质性测试

1）调取企业信用报告和已开户清单

通过企业的信用报告可以了解九好集团在银行的开户注销和贷款情况，以及隐藏的九好集团对借款关联方的担保行为。将调取的已开户清单和九好集团账面的银行账户进行双向核对，可以发现以公司名义开户，但是账面没有的账户，如果存在销户，应该向被审计单位取得销户证明。

2）实施有效的银行函证程序并核查银行流水

本案例中，银行询证函的初衷主要是为了核实资产的存在性，但审计机构仅仅对银行存款与借款的抵押品等权属进行了函证，对于非货币资金类票据保证金（如质押票据开具承兑汇票）等未列入函证。对已质押的定期存款，应检查定期存款并与相应的质押合同核对，同时关注定期存款存单对应的质押借款有无入账。对于未质押的定期存款，应检查开户证实书原件，确认该笔定期存款是否被审计单位拥有或控制。在目前的金融环境下，银行流水造假难度大，通过检查银行流水可以发现九好集团通过银行流水体循环的方式虚增存款。

3. 从外部环境制约公司财务造假

本案例中，我们知道九好集团最终被处以60万元的"顶格罚款"，但与"忽悠式重组上市"成功将带来的数十亿元资金收益相比，简直是沧海一粟。我们认为如此低额的违规成本与巨额的利益诱惑助长了企业财务造假的行为不断发生。从证券法来看，应该进一步完善处罚条例，使之更趋合理。从以往发生的财务造假案例看，上市公司通过虚假陈述给证券市场造成的不利影响往往并不亚于甚至比企业通过局部内部交易、市场操作所带来的不利影响更甚。

四、阅读文献

［１］周超.上市公司财务舞弊审计审计失败的原因与对策分析［Ｊ］.西部财会，2013.

［２］母颖琪.财务舞弊、审计失败与事务所发展［Ｊ］.中国管理信息化，2015.

［３］https://baike.baidu.com/item/九好集团/.百度百科，2017.

［４］中国注册会计师协会.审计［Ｍ］.北京：中国财政经济出版社，2021.

案例 11　参仙源案例——新三板财务造假第一例

一、案例介绍

(一) 案例背景

2014 年,参仙源参业股份有限公司(以下简称参仙源)通过国金证券在新三板挂牌交易,2015 年 7 月因涉嫌信息披露违法违规,被证券会立案调查。针对参仙源信息披露违法违规行为,2016 年 6 月 30 日,证监会于官方网站公告对于参仙源的行政处罚决定书,认定参仙源 2013 年通过少计成本的方式虚增利润 55 382 210 元、通过不公允的价格进行关联交易虚增收入从而虚增利润 73 729 327 元,合计虚增利润 129 111 537元。

正是这封来自证监会的行政处罚决定书,坐实了参仙源新三板首个公开的财务造假案例的身份。

(二) 被审计单位的基本情况及主要会计问题

1. 被审计单位的基本情况

1) 公司概况

参仙源位于辽宁省丹东市宽甸满族自治县,成立于 2006 年 12 月,其前身为辽宁碧水林业发展有限公司,2014 年改制后更名为参仙源参业股份有限公司,注册资本 10 040 万元,评估净资产达 70 亿元,是由碧水集团控股的稀缺生物资源型企业。

公司主营野山参,拥有合法林权林地 60 平方公里,历时 10 余年已完成野山参种植面积 4 万余亩,现存苗量约 10 亿株,是全球最大的野山参基地。未来,可产出 15 年生以上野山参等内品约 1 亿株,等外品约 2 亿株,可满足公司规划的 50 年生产需求。公司副业是旅游产业,拥有享誉全国的休闲度假胜地——AAAA 级旅游景区天桥沟森林公园,形成了独具特色的绿色有机产业和旅游产业互为补充、共同发展的战略格局。

参仙源秉承"高效快捷、创造价值"的经营理念,坚持新型集约化、规模化农业产业发展模式,致力于成为国内规模最大、实力最强的野山参产业龙头企业。公司以稀缺资源野山参为核心,将产品定位在保健品、护肤品两大产业,致力于打造集基地、生产、科研、营销一体化的全产业链模式。公司已与国内外多家行业领先的科研机构建立合作关系,专注野山参功效的研究及产品的开发,以"天桥沟"牌野山参为原材料的

"参仙源"牌高科技野山参系列产品已陆续上市。

2）股本状况①

（1）普通股股本结构如表5-2所示。

表5-2　普通股股本结构

股份性质		期初		本期变动	期末	
		数量	比例		数量	比例
无限售条件股份	控股股东,实际控制人	40 000 000	100.00%	40 000 000	—	—
	董事监事及高级管理人员	—	—	—	—	—
	核心人员	—	—	—	—	—
	无限售股份总数	40 000 000	100.00%	39 600 000	400 000	0.40%
有限售条件股份	控股股东,实际控制人	—	—	88 842 100	88 842 100	88.49
	董事、监事及高级管理人员	—	—	53 400	53 400	0.05%
	核心人员	—	—	—	—	—
	有限售股份总数	—	—	10 000 000	10 000 000	99.60%
总股本		400 000 000	—	60 400 000	100 400 000	—
普通股股东人数		1	100.00%	37	38	100.00%

（2）普通股前十名股东情况如表5-3所示。

表5-3　普通股前十名股东情况

序号	股东名称	期初持股数	持股变动	期末持股数	期末持股比例	期末持有限售股份数	期末持有无限售股份数
1	碧水投资集团有限公司	40 000 000	48 842 100	88 842 100	88.49%	88 842 100	—
2	中国农业产业发展基金有限公司	—	9 971 100	9 971 100	9.93%	9 971 100	—
3	王建新	—	250 000	250 000	0.25%		250 000
4	魏虹	—	138 300	138 300	0.14%	138 300	—
5	曹葵	—	108 700	108 700	0.11%	108 700	—
6	李娜	—	98 800	98 800	0.10%	98 800	

---

①　股本结构与股本情况信息是案发时的。

(续表)

序号	股东名称	期初持股数	持股变动	期末持股数	期末持股比例	期末持有限售股份数	期末持有无限售股份数
7	高平	—	98 800	98 800	0.10%	98 800	
8	苑金章	—	98 800	98 800	0.10%	98 800	
9	宗连东	—	79 100	79 100	0.08%	79 100	
10	王华	—	79 100	79 100	0.08%	79 100	
合计	—	—	59 764 800	99 764 800	99.38%	99 514 800	250 000

（3）控股股东情况。公司控股股东是碧水投资集团有限公司。碧水集团的法定代表人是于成波,公司于1994年4月5日成立,注册资本为6 000万元。

3）被审计单位的主要会计问题

（1）通过当期费用资本化少计成本。

（2）通过关联方交易虚构收入和利润。

（三）审计主体基本情况及主要审计问题

1. 审计主体基本情况

2016年2月19日,公司发表了"会计师事务所变更公告":

公司原聘用的会计师事务所为北京兴华会计师事务所(特殊普通合伙),公司与之签订的业务约定书已经到期,经公司与北京兴华会计师事务所(特殊普通合伙)协商一致,北京兴华会计师事务所(特殊普通合伙)不再担任公司的审计机构。公司新聘用瑞华会计师事务所(特殊的普通合伙)担任公司的审计机构。

新任事务所名称:瑞华会计师事务所(特殊普通合伙),注册资本(出资额):10 140万元,执行事务合伙人:杨剑涛(委派杨剑涛为代表),顾仁荣(委派顾仁荣为代表)。主要经营场所:北京市海淀区西四环中路16号院2号楼4层。经营范围:审计企业会计报表,出具审计报告;验证企业资本,出具验资报告;办理企业合并、分立、清算事宜中的审计业务,出具有关报告;基本建设年度财务决算审计;代理记账;会计咨询、税务咨询、管理咨询、会计培训;法律、法规规定的其他业务。(依法须经批准的项目,经相关部门批准后依批准的内容开展经营活动。)瑞华会计师事务所(特殊普通合伙)具备证券、期货相关业务从业资格,拥有专业执业团队和丰富的审计经验,能够胜任公司2015年度财务审计工作。此次更换会计师事务所符合相关法律、法规、规范性文件及《公司章程》的规定。

2. 主要审计问题

关于新三板审计,需重点关注两个方面:一是关联方披露的问题,二是高新技术企业的所得税税率问题。与一般审计报告的要求稍有不同,在新三板审计报告中,这两个问题需反复与相关券商讨论,才能最终定论。

在本案例中,由于参仙源是农业股,需要重点关注的是关联方披露的问题。

新三板审计中,对关联方披露要求相对严格,应对所有关联方予以披露,不论审计期是否有交易发生。其实,在新三板挂牌的审核过程中,就应该关注到关联交易价格的合理性以及结转成本的合理性,只是当时新三板审核的过度宽泛化才导致这个问题在开始就没有被重点关注。

(四) 案例结果

证监会认为,上述事实,通过有相关会议记录、相关协议、情况说明、原始凭证、当事人询问笔录等证据证明,足以认定。

参仙源的上述行为违反了《非上市公众公司监督管理办法》(以下简称《管理办法》)第二十条"公司及其他信息披露义务人应当按照法律、行政法规和中国证监会的规定,真实、准确、完整、及时地披露信息,不得有虚假记载、误导性陈述或者重大遗漏。公司及其他信息披露义务人应当向所有投资者同时公开披露信息"的规定,构成了《管理办法》第六十条"公司及其他信息披露义务人未按照规定披露信息,或者披露的信息有虚假记载、误导性陈述或者重大遗漏的,依照《中华人民共和国证券法》第一百九十三条的规定进行处罚"所述情形。

对于参仙源的上述违法行为,时任公司董事长于成波和时任总经理李殿文是直接负责的主管人员,时任财务总监赵冬颖、董事肖林、吴文莉、蒋群是其他直接责任人员。

根据当事人违法行为的事实、性质、情节与社会危害程度,依照《证券法》第一百九十三条第一款的规定,证监会决定:

(1) 责令参仙源改正,给予警告,并处以 60 万元罚款;

(2) 对于成波、李殿文给予警告,并分别处以 30 万元罚款;

(3) 对赵冬颖给予警告,并处以 10 万元罚款;

(4) 对肖林、吴文莉、蒋群给予警告,并分别处以 5 万元罚款。

二、问题梳理

(一) 会计师事务所的独立性

会计师事务所的收入来源于客户,因此与客户存在着明显的经济依赖关系。虽然名义上是股东们支付注册会计师报酬,但实际支付者却是管理当局,而审计费用的数目也是管理当局与注册会计师商定的,管理当局就可能利用审计费用对注册会计师施加压力,进而影响审计工作的质量。这就导致会计师事务所在激烈的行业竞争中,为了稳定客户,迫于管理当局的压力,从而丧失形式上和实质上的独立性。事实上,参仙源于 2016 年 2 月 19 日,发表的"会计师事务所变更公告"。称公司原聘用的会计师事务所为北京兴华会计师事务所(特殊普通合伙),公司与之签订的业务约定书已经到期,经公司与北京兴华会计师事务所(特殊普通合伙)协商一致,北京兴华会计师事务所(特殊普通合伙)不再担任公司的审计机构。公司新聘用瑞华会计师事务所(特殊的普通合伙)担任公司的审计机构。由此,会计师事务所的行业竞争压力可见一斑。所以,兴华会计师事务所在之前审计过程中很有可能也存在迫于生存现状屈从于管理当局的情况。

(二)采用的审计程序和方法

Wind 数据显示,截至 2016 年 5 月 13 日,北京兴华会计师事务所负责 607 家新三板挂牌公司的审计工作。承担如此多数量挂牌公司的审计工作,出问题的概率则也大幅增加。

主要存在的问题有:

(1) 审计评估程序存在重大缺陷,对交易合同等重要证据收集不充分;

(2) 重要假设不合理、公式设置不正确;

(3) 对挂牌公司存在的财务造假等异常现象未保持合理怀疑;

(4) 审计评估过程中迎合委托人需要,执业程序只是走过场;

(5) 审计评估项目复核流于形式。

(三)企业报表是否符合会计准则

根据《企业会计准则第 36 号——关联方披露》的第三条"两方或两方以上同受一方控制、共同控制或重大影响的,构成关联方"和第四条"(十)该企业主要投资者个人、关键管理人员或与其关系密切的家庭成员控制、共同控制或施加重大影响的其他企业"的规定,2013 年参仙源与参仙源酒业构成关联方,两者之间的交易构成关联交易。参仙源公司通过不公允的内部转移价格,虚增利润。2013 年参仙源向参仙源酒业销售的野山参绝大部分是外购的野山参,参仙源按照整参每支 800 元,碎参每斤 2 000 元的价格确认了对参仙源酒业的销售收入,销售价格高于其从上述独立第三方的采购成本近一倍,销售价格虚高、不公允。根据《企业会计准则第 14 号——收入》第五条第一款"企业应当按照从购货方已收或应收的合同或协议价款确定销售商品收入金额,但已收或应收的合同或协议价款不公允的除外"的规定,参仙源交易价格不公允部分的收入不应被确认为收入。

(四) 企业造假动因

财务舞弊并非空穴来风,而是多个因素共同作用的结果。根据 GONE 理论,企业会计舞弊因素由 G、O、N、E 四个因子组成,它们相互作用,密不可分,决定了企业财务舞弊风险的高低。G 是 greed 的缩写,指的是贪婪因子。O 是 opportunity 的缩写,指的是机会因子。N 是 need 的缩写,指的是需要因子,也被称为动机因子。E 是 exposure 的缩写,指的是暴露因子。

1. 贪婪因子(G):融资

上市(挂牌)应该是企业融资的平台,但却成了大股东们的圈钱手段。一个企业从创立开始,经历了长足的发展,具备了良好的发展前景之后,那么可以选择进行 IPO。而现在很多公司的股东忽视了这一点,虽然公司达不到上市(挂牌)要求,但在功利心的驱使下为达到上市目的不惜触犯法律进行财务舞弊。

参仙源在她的股票发行公告里记载了,发行的价格为每股人民币 62 元,筹资金额达到 3 亿多,其中碧水投资在上市前持股近九成,而于成波夫妇又对碧水投资全资控股,可以说这次融资让他们身家暴涨。

2. 机会因子(O):股权集中

如果股权集中度高,小股东对大股东的制衡度差,因此公司的相关决策只能体现大股东的意愿。

上文提及,碧水投资在上市前持有参仙源九成的股权,股权过于集中导致了大股东碧水投资话语权过重,加上当时参仙源的总经理是于成波,让关联交易成了可能,为参仙源的财务舞弊创造了土壤。

3. 需要因子(N):财务状况不佳

扣除舞弊带来的虚假成分之后我们不难发现,参仙源在 2012 年、2013 年都是亏损的。至于其 2014 年的经营成果,2014 年参仙源对第一大客户参仙源酒业销售金额 9 251.91 万元,占营业收入比例 79.88%。第二大客户参仙源生物工程有限公司、第五大客户参仙源国参销售有限公司,也是于成波控制的关联企业,对这三家关联公司的销售金额合计占参仙源当年营业收入 90%。

4. 暴露因子(E):存货审计难度大

参仙源属于典型的农业企业。而农业企业一直是财务造假的重灾区。

农业企业容易出现财务造假的主要原因为:一是存货不好核实,难以审计;二是大量使用现金导致收入、成本确认困难;三是依据国家税收规定,农业企业部分收入可以免征增值税,利润可以免征、减征企业所得税,造假成本低。"主办券商现场抽查了野山参的种植区域进行查看,但是由于野山参种植面积广泛,主办券商无法进行全部查看。同时,由于野山参在地下生长,主办券商也无法核实野山参的存活率以及数量。"时任主办券商国金证券在参仙源公开转让说明书中提示到。

三、案例分析

(一)案例分析

根据证监会公告的行政处罚决定书,本部分从关联方交易和信息披露违规两个方面分析参仙源财务造假问题。

1. 少计成本,虚构协议

2013年参仙源与仲某同、佳业山货庄达成人参抚育协议,协议价款金额55 382 210元。但是事实上,该协议并不是要通过仲某同和佳业山货庄抚育人参,而是要以他们为借口和幌子外购第三方销售的野山参。参仙源通过仲某同、佳业山货庄合计外购野山参整参126 080支,碎参5 410.37斤,金额55 382 210元。然后,通过虚构协议,参仙源将此项人参抚育协议合同金额支出记入"管理费用",然后又调整至"生产性生物资产"科目。最终销售时,参仙源也忽略此项外购野山参的成本,并没有进行成本结转。至此,参仙源终于实现了将外购野山参变成自产野山参的梦想,并由此达成了少计成本55 382 210元,虚增利润55 382 210元的目的。

2. 通过不公允的内部转移价格,虚增利润

2012年12月份,参仙源与参仙源酒业签订了一份为期3年的购销协议,协议规定:参仙源按照整参每支800元、碎参每斤2 000元的价格长期向参仙源酒业供应野山参,同时合同中也明确了人参的数量。根据合同中的单价和数量等相关内容,参仙源确认了此项业务的销售收入。可是后来的调查显示参仙源2013年向参仙源酒业供应的野山参很大一部分都是参仙源此前外购的野山参,而且这些外购的野山参的销售价格远远高于其从独立第三方的采购成本,两者的价格相差将近一倍,这些事实都表明了参仙源销售价格虚高且相当不公允。

根据《企业会计准则第36号——关联方披露》的第三条"一方控制、共同控制另一方或对另一方施加重大影响,以及两方或两方以上同受一方控制、共同控制或重大影响的,构成关联方"的相关规定和第四条"(十)该企业主要投资者个人、关键管理人员或与其关系密切的家庭成员控制、共同控制或施加重大影响的其他企业"的相关规定,再结合案例中相关事实:在该合同达成前,于成波已经是参仙源和参仙源酒业的实际控制人,参仙源与参仙源酒业实质上构成关联方,两者之间的交易

也构成了不恰当的关联方交易。所以,参仙源按照虚高的价格确认的收入十分不合理。此外,根据《企业会计准则第 14 号——收入》第五条"企业应当按照从购货方已收或应收的合同或协议价款确定销售商品收入金额,但已收或应收的合同或协议价款不公允的除外"的相关规定,参仙源的处理也不符合收入准则。

(二) 应对策略

1. 认定层次

在收入和收款循环中,应重点关注市场行情与企业经营的对等关系,当销售收入、毛利率变动异常,但又没有正当解释理由时,应考虑虚增收入、虚假销货、不正常的关联交易的可能性。例如,本案例中,参仙源 2012 年净亏损 2 329 万元,2013 年盈利 1.11 亿元,就应高度怀疑收入的存在与否。当售价异于同期同类产品时,考虑相关人员获取销售回扣、虚假销货等风险。在本案例中,参仙源以不公允的内部转移价格销售参给关联企业辽宁参仙源酒业有限公司来达到虚增收入的目的。

2. 重大错报风险的应对

1) 被审单位可能存在重大错报风险的事项

关联方交易实质;发生重大并购重组或其他非经常性事项;复杂的联营或合资;运用表外融资和出于特殊目的实体融资;存在未决诉讼和或有负债等。应严格实施审计程序,严把项目质量控制复核关,进一步确定审计范围和程序。

结合本案例,在该合同达成前,于成波已经是参仙源和参仙源酒业的实际控制人,参仙源与参仙源酒业实质上构成关联方关系,参仙源以虚高的价格销售给关联方野山参,两者之间的交易构成了不恰当的关联方交易。

企业还可能利用关联方交易,设计不必要的交易行为、采用非正常交易价格进行利益输送;为获取可观的利润数额,利用时间差在期末进行重大资产交易。近些年,农业上市公司的舞弊手法中,关联关系隐蔽程度提高、关联交易非关联化趋势渐渐明显。

2) 注册会计师的审计工作应对

(1) 行业发展状况和现行扶植政策。农业企业弱质性特征使得其利润率低,竞争加剧导致企业经济效益普遍低下。部分企业效益异常提升,往往存在舞弊风险。注册会计师应注重行业关键指标对比和历史经验数据对比,了解农业上下游供应和相关生产技术创新。考虑农业企业的业务性质,配备具有相关知识和经验的项目组。会计师事务所应充分了解虽然农业企业拥有各种财政税收补贴和扶持专项基金,但其绝对规模较小、资产质量不高、盈利能力不强的问题,相对弱势的地位没能改变。应避免被企业短期偿债能力提升、经营效益转好的假象所蒙蔽,探清企业经营困境。

(2) 充分关注经营、投资和筹资活动中农业企业的特殊性,常见的有:①生物性资产监盘难度大；②客户分散和合同易虚构；③技术指标和财务指标的合理性不易甄别；④预付账款和在建工程真实性。

3）应对策略

（1）建立健全法律制度，加强监管。目前，我国的相关法律、法规并没有要求企业明确地指明其关联交易的性质，也没有指明必须要披露的内容、事先披露的内容、事后披露的内容，正是由于相关法律对于上市公司的交易是否是关联交易，且该交易属于哪一披露级别的交易没有明确的规定，导致了披露信息特别混乱，便利了上市公司进行不恰当的关联方交易。针对此种情况，企业要做到立即公告重要的关联交易，同时还要披露详细，对于无关紧要的关联交易也要简要披露，让投资者能清楚知道自己的投资去向。最后，为了加强对上市公司违法违规关联方信息披露的监督管理，需要设立一些专门的机构进行管理，同时更要对申请上市的公司进行严格的审核管理，从源头制止不恰当的关联交易的产生。

（2）规范关联方交易的定价政策。加快审计评估等市场中介机构的发展，市场中介机构可以对上市公司的关联交易作出公正的评价，对于关联方之间的交易，要保持谨慎客观的态度，严格规范价格和数量等，对于交易中不公允的价格，必须进行调整，使之能符合市场的正常交易，这有利于事前预防公司乱用关联交易，虚增利润，更有利于经济和市场长远的发展。

（3）完善公司内部治理结构，提高管理者素质。首先，要加强董事会建设，聘请具有专业知识的人才管理企业，提高管理层的素质，增强管理层的法律意识，增强自身诚信和道德意识，形成良好的公司治理文化，履行企业的社会责任。其次，要加快国内独立董事制度发展进程，公司章程中要单独列明独立董事的职责和权利并明确相关的惩罚措施，还要完善监事会的建设，不能让监事会成为摆设，使独立董事和监事会互相制衡，充分发挥两者的监督作用。再次，要加强公司内部审计，使内部审计在评价关联交易是否具有公平性和关联交易信息披露是否真实、准确和及时方面发挥重要作用，同时内部审计部门也能在一定程度上限制了大股东只为自己谋求利益的行为，保护中小股东的利益。最后，要建立、健全可以执行的信息披露责任机制，在公司内部治理制度中明确公司相关执行机构需要承担的信息披露责任。

四、阅读文献

［1］邓宏超，毛淑珍.参仙源财务造假案例——基于关联方交易角度[J].财会研究，2016，(9).

［2］李若山，敦牧.企业舞弊与反舞弊的国际理论探析[J].外国经济与管理，1999，(1).

［3］王雪青.新三板公司参仙源被立案调查，或涉财务造假[N].上海证券报，2015-7-23.

［4］北京兴华会计师事务所.辽宁参仙源参业股份有限公司财务报表审计报告2012年1月1日至2014年4月30日［R］.2014-7-18.

［5］中国证监会.中国证监会行政处罚决定书(参仙源参业股份有限公司)［R］.2016-6-30.

第二节　IPO企业报表审计案例

对比阅读案例

 案例12　创业板退市第一股——欣泰电气虚增收入案例

一、案例介绍

(一)案例起因

2015年5月,根据证监会《上市公司现场检查办法》,辽宁证监局对辖区内的丹东欣泰电气股份有限公司(简称欣泰电气)进行现场检查。检查发现,欣泰电气可能存在财务数据不真实等问题。

中国证监会迅即立案,组建由深圳证监局、辽宁证监局两地近30人参加的联合调查组,进公司、跑银行、访客户,历时4个月左右,最终坐实了欣泰电气欺诈发行和重大信息披露遗漏,并对其开出了针对欺诈发行的史上最严罚单。

(二)被审计单位的基本情况

欣泰电气于1999年3月23日在辽宁省丹东市工商局登记注册。作为辽宁省认定的高新技术公司,欣泰电气拥有多项技术专利,有属于自己的知识产权体系,有50多个系列、1 000多种规格的产品。欣泰电气的产品出口朝鲜、埃塞俄比亚、哈萨克斯坦、印度以及孟加拉国等,是一家可为电网系统提供全面的用电设备和全套技术解决方案的电力综合服务提供商。公司通过了ISO9001质量管理体系认证、UKAS国际标准认证和CCC国家强制性产品认证,被国家工商总局评为首批"重合同、守信用企业",并连续多年荣获国家级、省级、市级"先进科技企业""守合同、重信用单位""质量信誉保证单位"等荣誉称号,"欣泰"牌的输变电产品被授予中国驰名品牌。

(三)审计主体基本情况

北京兴华会计师事务所(特殊普通合伙)(简称北京兴华)是中国前20强会计师事务所之一。自1992年成立以来,北京兴华在股票发行与上市、企业重组、公司改制、国企审计及财务咨询等专业服务方面表现出较强的实力,已有上市公司客户几十家。

北京兴华的业绩一直保持高速增长,2014 年业务收入为 6.25 亿元,在全国行业排名第 15 位,北京地区排名第 9 位。2015 年业务收入为 7.6 亿元,在全国行业排名第 16 位,北京地区排名第 12 位。

(四)案例结果

2015 年 11 月,欣泰电气承认造假。证监会通过调查发现,欣泰电气通过财务舞弊进行欺诈上市。此外,在上市之后仍然通过各种手段进行财务舞弊,虚增资产和利润。2016 年 7 月 8 日,证监会对欣泰电气开出了《行政处罚决定书》和《市场禁入决定书》,并启动强制退市程序。针对处罚,欣泰电气提出了行政复议,在被拒绝之后,又提出诉讼,要求撤销行政处罚,但也被拒绝。欣泰电气上市—退市过程详见表 5-4。自此,欣泰电气成为我国创业板市场上第一只因欺诈发行而被强制退市的公司。

表 5-4 欣泰电气上市—退市过程

时间	事项
2009 年 09 月	首次提交上市资料
2011 年 03 月	证监会予以否决
2012 年 06 月	再次提交上市资料
2014 年 01 月	创业板上市
2015 年 05 月	辽宁证监会对其现场检查
2015 年 06 月	辽宁证监会采取性质监管措施
2016 年 07 月	证监会出具处罚决定
2016 年 07 月	启动退市程序
2016 年 09 月	股票暂定上市
2016 年 10 月	终止上市

欣泰电气被罚款 832 万元,包括温德乙在内的 17 名高管遭受了不同的处罚。欣泰电气上市保荐机构兴业证券股份有限公司被处以警告处分,违法所得即保荐业务收入 1 200 万元被没收,被罚款 2 400 万元。

中国证监会作出对北京兴华处以没收业务收入,处以罚款,对负责审计的注册会计师给予警告,并处以罚款的行政处罚决定。

二、问题梳理

(一)欣泰电气的造假手段

1. 虚构收回应收账款

欣泰电气通过自有资金体内循环、向外部借款以及自制银行单据等三种方式虚构收回应收账款。

第一种手法是自有资金体内循环。"欣泰电气—供应商—客户—欣泰电气",先将自有资金支付给供应商,再由供应商支付给客户,客户收到资金后再转给欣泰电气,通过左手倒右手,虚构收回应收账款。

第二种手法是向外部借款。一是向他人借款,二是向外部第三方公司借款。向他人进行借款的,由出纳人员同时办理现金提取和现金交款,但现金交款单的付款人一栏填写客户公司名称,假装客户支付了所欠的账款,收回了应收账款,待报告期过后,再进行冲销,从欣泰电气还给借款人。向外部第三方公司借款的,利用银行汇票的背书进行操纵。先向第三方公司开具银行汇票给客户,涉及客户数量很多,每单金额也不相同。通过伪造客户私章,再由客户背书给欣泰电气,等会计期末之后,再由欣泰电气转给第三方公司。由此,资金实现了原路转回。

第三种手法是自行制造银行进账单和付款单。基于自制的银行单据格式,在上面填入相应的客户名称和金额等信息,再交由出纳带到银行补盖章。由于公司与银行之间往来业务较多,关系较为密切,与银行工作人员比较熟悉,且存在经常遗漏单据的情形,所以银行一般不会进行严格的审查就会配合盖章。

2. 少计材料成本

硅钢片、铜杆和钢材是欣泰电气的主要原材料,占成本的比例达到90%以上,因此,原材料的波动会在很大程度上影响营业成本。从欣泰电气的招股书中可以看到,其2010年对硅钢片的采购单价为14 905元/吨,采购量为6 310吨,占原材料总额33.21%;铜杆的采购单价为48 895元/吨,采购量为1 522吨,占原材料总额26.28%;钢材采购单价为4 188元/吨,采购量为2 782吨,占原材料总额4.12%,详见表5-5。但从中国联合钢铁网的数据调查可知,2010年硅钢片的最低价也高于17 000元/吨,很明显的比欣泰电气在招股说明书中的14 905元/吨高出很多。由此通过少计原材料成本,欣泰电气进行虚增了净利润2 500多万元。

表5-5 欣泰电气2010年相关材料价格表

	硅钢片	铜杆	钢材
平均单价(元)	14 905	48 895	4 188
采购量(吨)	6 310	1 522	2 782
金额(万元)	9 405	7 442	1 165
占原材料比例	33.21%	26.28%	4.12%

3. 利用税收优惠

欣泰电气所获得的税收优惠占其净利润的 1/5。其享受的税收优惠主要有两个方面:一是作为政府扶持的福利企业和高新技术企业,享受各种税收性优惠,如增值税、房产税、土地使用税等,并且欣泰电气是按 15% 的税率缴纳企业所得税。二是欣泰电气中残疾员工人数多,占总人数的 25% 以上。根据相关的增值税规定,残疾人每人每年 3.5 万元的数额,实行即征即退的政策。而企业所得税规定,支付给残疾人的工资可在税前进行据实扣除,实行 100% 加计扣除。基于以上的优惠和政策,在报告期内,公司所享受的税收优惠占历年净利润比例见表 5-6。由表 5-6 我们可以看出,欣泰电气的盈利能力在很大的程度上是受税收优惠的影响,如果剥离税收优惠来看欣泰电气的净利润,实际是比较欠佳的。

表 5-6　欣泰电气享受的税收优惠　　　　　　　　　　单位:万元

	2010	2011	2012	2013 上半年
所得税优惠	634	551	634	249
增值税优惠	595	654	583	256
房产及土地使用税优惠	118	131	80	40
税收优惠合计	1 347	1 336	1 397	545
净利润	5 903	5 606	6 202	2 283
税收优惠占净利润比例	22.82%	23.83%	20.9%	23.87%

4. 少计坏账准备

对应收账款计提坏账准备是谨慎性原则的体现,应收账款发生减值时,需要进行确认。欣泰电气在第一次申请上市被质疑经营能力有问题,减轻了对赊销企业的资信审核力度,放宽了赊销企业的范围。产品销售给无支付能力的客户,无法收回货款,造成公司应收账款大量增加。从欣泰电气的 2014 年的年报中可以看出,前五大客户应收账款合计约为 18 863 万元,占应收账款总额的 45.52%,具体见表 5-7。

表 5-7　欣泰电气 2014 年前五大客户应收账款　　　　　　　单位:元

单位名称	金额	占应收账款比例	坏账准备
大庆中丹风力发电有限公司	75 949 590	18.33%	4 003 430
长春龙源电力设备有限公司	34 940 766	8.43%	1 747 038
许继变压器有限公司	33 923 100	8.19%	2 121 455
国网辽宁省电力有限公司	22 764 070	5.49%	1 483 930
珠海蓝瑞盟电气有限公司	21 054 010	5.08%	1 176 085
合计	188 631 536	45.52%	10 531 938

欣泰电气应收账款中的第一大客户是大庆中丹风力发电有限公司,应收金额为7 594.96万元,占应收账款的比例为18.33%。有调查发现,大庆中丹风力发电有限公司的注册资本为500万元,年营业额大约为250万元,是一个小公司。这样一个经营不善、财务状况欠佳,年营业额只有几百万元的公司却欠下了几千万元的账款,根本没有实力进行偿还。针对此情况,应收账款的坏账准备至少需要计提50%,但是从表5-8中可以看出,欣泰电气只计提了5%,远远低于应计提的水平。前五大客户中,除了长春龙源电力设备有限公司以外,其他几家公司的经营都不善,财务状况也都较差,对货款的支付能力都是存在严重问题的,但欣泰电气对于它们的坏账准备计提比例都只是5%左右。2011年,少计提坏账准备659万元,2012年,少计提坏账准备726万元,2013年,少计提坏账准备1 240万元,2014年少计提坏账准备363万元。欣泰电气在4年中一共少计提坏账准备2 988万元。

欣泰电气采用以上四种手段,在上市前虚减应收账款38 058万元,虚增经营活动现金流净额24 084万元,虚增净利润1 178.56万元,如表5-8所示。

表5-8 欣泰电气上市前虚增项目及金额 单位:万元

主要项目	2011年年报	2012年年报	2013年半年报
虚减应收账款	10 156	12 062	15 840
少计坏账准备	659	726	313
虚减其他应收款		3 384	5 324
虚增经营活动现金流净额	10 156	5 290	8 638
虚增净利润	560.87	617.69	

为了更直观地对比欣泰电气的造假,表5-9列示了财务报表金额与真实金额之间的对比数据。

表5-9 欣泰电气财务报表金额与真实金额对比 单位:万元

造假项目	报表金额	真实金额	差额
2011年年报			
应收账款	13 531	23 687	10 156
坏账准备	833	1 492	659
经营活动现金流净额	5 870	−4 286	10 156
2012年年报			
应收账款	16 883	28 945	12 062
坏账准备	1 081	1 807	726

（续表）

造假项目	报表金额	真实金额	差额
其他应收款	634	4 018	3 384
经营活动现金流净额	5 605	315	5 290
2013 年半年报			
应收账款	23 392	39 232	15 840
坏账准备	1 406	1 719	313
其他应收款	513	5 837	5 324
经营活动现金流净额	−5 482	−14 120	8 638

欣泰电气对财务报表中应收账款、坏账准备和其他应收款进行调整,使经营活动现金流净额有大幅变化,在 IPO 申报中将 2011 年经营活动现金净额从 −4 286 万元虚增到了 5 870 万元。

欣泰电气除采用以上 4 种手段进行舞弊以外,还存在公司实际控制人温德乙侵占公司资金 6 388 万元未进行披露、将公司 4 处房产出售给实际控制人亲属未提交董事会和监事会审议也未对外披露、内部控制混乱的情况。

（二）北京兴华存在的问题

据调查,负责欣泰电气财务报表审计的北京兴华在审计欣泰电气 IPO 期间财务报表和 2013—2014 年度财务报告时没有尽到应尽的责任,所出具的审计报告存在虚假记载。北京兴华将欣泰电气各期的收入均认定为可能存在重大错报风险的领域。应收账款科目为与收入高度相关的会计科目,也被兴华所列为了重大账户。但在具体的审计过程中,北京兴华却无视欣泰电气应收账款明细账中大量的红字冲销,没有对异常红字冲销实施进一步的审计程序。同时,在对应收账款、应付账款、预付账款进行函证的过程中,没有对收到回函中余额不符的情况进行任何调整,也未设计进一步审计程序。对于未回函的情况也未全部采取替代程序来获取充分适当的审计证据。而在北京兴华未予关注的红字冲销中,涉及大量欣泰电气伪造应收账款收回、在下一会计期初冲回应收账款的金额。另外,对于欣泰电气调增应收账款,减少银行存款的异常交易,北京兴华也未保持职业怀疑,未予以关注。

三、案例分析

1. 借鉴境外严惩模式增加公司违规成本

我国上市公司造假事件层出不穷,带来了严重的后果,不仅侵害了中小投资者的权益,也扰乱了正常的经济秩序,更是对社会诚信的破坏。究其原因主要在于造假者的违法成本太低,相关处罚措施没起到应有的威慑作用。以欣泰电气造假事件为例,处罚是对涉事人员做出警告和禁止入市,并根据情节轻重罚款几万元到几百万元不等的数额。这样的处罚和造假者得到的利益相比太轻微,公司违规成本太低。

而从美国安然事件来看,处罚非常严厉。不仅证监会对其作出处罚,司法部也介入调查,对涉事人员实施拘禁,其首席执行官斯基林因拒不认罪,更被处以 24 年零 4 个月徒刑。造假者除被刑事处罚外还要接受巨额罚款,如斯基林则被罚 1 800 万美元。美国政府表示,还将追缴斯基林从安然公司盗取的高达 1.8 亿美元的财富,他名下 6 000 万美元的现金和资产也被冻结。因此,我们国家应该借鉴境外高压模式,完善立法,通过各种手段让上市公司操纵利润的成本增加,并且一旦利润操纵行为被发现,造假者所需付出的代价要高出其造假获得的收益,从而减少上市公司利润操纵的行为。对特别严重的情况还应当实行强制退市处理。

2. 完善上市公司的准入和退出机制

我国公司上市条件比较苛刻,对公司的资产规模、盈利能力、现金流量等方面做出规定,很多公司想上市但是达不到规定要求,所以想出其他不正当的方式上市。欣泰电气公司从 2009 年欲申请上市,但是很多方面达不到要求,于是开始选择欺骗的方式,为后面埋下了炸弹。相关部门应从源头上杜绝公司欺骗上市,在审核上市资料时要认真取证调查,防止数据资料造假,对不符合条件的可以指导,甚至可以根据公司实际情况,给特殊类型企业区别对待。

同时,公司一旦上市便几乎不会退市,阻碍上市公司退市机制运作的两个重要方面是地方政府和证监会行政干预的灵活运用。规范地方行政机关行使其权力,加强证监会有效改善中国上市公司管理机制。中国证监会和地方政府必须坚持公平合理的原则,依法执法行政权力。

3. 提高上市公司管理人员素质

内部会计监督一般是由上市公司会计专业人员对公司会计工作以及经济活动进行监督,以保障披露真实和正确的会计数据。因此,会计人员本身的能力水平在整个会计监督体系中有着举足轻重的作用。会计人员要具有专业判断能力才能满足会计准则对其的高标准、严要求。所以,公司一定要增加力度对会计人员培训,为公司打造出一批高学历、高标准的人才。只有通过层层把关,非常严苛的录取制度以及增强上岗培训,才来提高公司会计人员的职业操守和专业技能。

4. 完善上市公司治理结构

根据信息不对称理论和委托代理理论,经理人掌握了大量的资讯,容易导致"道德风险"和"逆向选择",使公司的权益受损。所以要确保公司治理制度的正常运行,必须建立一个完整的上市公司监督制度。外部监督和内部监督构成一个完整的监督系统。外部监督包含大多数中小投资者以及监管部门对管理人的监督,应该可以分为下面几个部分:①改良上市公司信息披露制度。虽然现在关于信息披露的法律法规有很多,但是司法部门执法的力度不强,所以不仅要打造一个完整的相关法律法规,还需要增强司法部门的执法力度,加强信息披露制度的改良。增大监事委会的威严,要找到一帮知道如何经营、擅长管理并且有一定名气的人才加入监事委会,而且要赋予他们在公司决策中独立使用的权力,增强他们的监督权限。

5. 审计师应当严格实施进一步审计程序

进一步审计程序是指注册会计师针对评估的各类交易、账户余额、列报认定层次重大错报风险实施的审计程序,包括控制测试和实质性程序。

实施进一步审计程序的目的包括通过实施控制测试以确定内部控制运行的有效性,通过实施实质性程序以发现认定层次的重大错报。

1)细节测试方面

(1)被审计单位的内部控制制度和程序设计是否合理、适当,能不能防止或发现和纠正特定财务报表认定层次的重大错报。

(2)被审计单位的内部控制制度各程序是否实际发挥作用。

(3)应收款项控制测试。注册会计师应针对应收账款账龄增长及由此带来的坏账增加的风险进行控制测试,发现公司管理层采取了与账龄逾期1年以上的客户签订还款协议的方式,要求客户对归还旧账的实施和金额作出书面承诺。注册会计师应对该项控制进行评估,以确定其设计是否恰当,并得到有效执行。

(4)注册会计师通过控制测试的结果,确定控制风险的估计水平,然后根据固有风险和控制风险的综合水平确定可接受的检查风险。如果可接受的检查风险高,实质性测试应以分析性复核和交易测试为主,测试的样本量较小;如果可接受的检查风险中等,实质性测试应结合分析性复核交易测试和余额测试进行,测试的样本量适中;如果可接受的检查风险低,实质性测试应以余额测试为主,测试的样本量较大。

2)实质性程序方面

(1)注册会计师在对报表项目余额进行实质性测试时,通常向被审计单位索取或自行编制明细表,以确定被审计单位报表项目中的数额与其明细表是否相符。

(2)对明细余额进行分析并作必要的重新分类。审计人员应结合以前年度审计情况,调查分析报表项目中明细余额是否存在负数余额,是否应将有关科目进行加总核算。如存在此类问题应作重新分类处理。

（3）函证有关款项金额并对回函的结果进行汇总、分析，查明差异的原因，并作出调整。

（4）为了防止企业高估资产或低估负债，在审查企业有无未入账的有关款项时，注册会计师还可以通过询问被审计单位的会计和采购人员，查阅资金预算、收入、工作通告单和合同来进行。

（5）检查财务报表中的重要项目是否已在财务报表及附注中得到恰当披露。可以通过相关的凭证进行检查，特别应核对金额以及会计科目使用是否合理进行审核。

四、阅读文献

［1］刘满丹.上市公司利润操纵研究——以欣泰电气股份有限公司为例［J］.经济纵横,2018(25).

［2］秦鲁.创业板 IPO 审计失败防范体系研究——以欣泰电气案为例［D］.北京交通大学,2018.

［3］刘茂仪.欣泰电气财务舞弊分析［D］.西南交通大学,2018.

第一节　存货计价审计

 案例 13　法尔莫公司案例——水桶账户

一、案例介绍

（一）案例背景

米奇·莫纳斯是法尔莫公司创始人,他在获得位于(美)俄亥俄州阳土敦市的一家药店后,在随后的 10 年中又收购了另外 299 家药店,从而组建了全国连锁的法尔莫公司。

莫纳斯所实施的策略是他所谓的"强力购买",即通过提供大比例折扣来销售商品。莫纳斯首先做的就是把实际上并不盈利且未经审计的药店报表拿来,用自己的笔为其加上并不存在的存货和利润。然后凭着自己空谈的天分及一套夸大了的报表,在 1 年之内骗得了足够的投资用以收购 8 家药店,后来发展到了拥有 300 家连锁店的规模。

（二）案例内容

一次偶然的机会导致这个精心设计的、至少引起 5 亿美元损失的财务舞弊事件浮出水面之时,莫纳斯和他的公司炮制虚假利润已达 10 年之久。他和他的几位下属保持了两套账簿,一套用以应付注册会计师的审计,一套反映糟糕的现实。

他们先将所有的损失归入一个所谓的"水桶账户",然后再将该账户的金额通过虚增存货的方式重新分到公司的数百家成员药店中。他们仿造购货发票、制造增加存货并减少销售成本的虚假记账凭证、确认购货却不同时确认负债、多计或加倍计算存货的数量。

财务部门之所以可以隐瞒存货短缺是因为注册会计师只对 300 家药店中的 4 家进行存货监盘,而且他们会提前数月通知法尔莫公司他们将检查哪些药店。管理人员随之将那 4 家药店堆满实物存货,而把那些虚增的部分分配到其余的 296 家药店。如果不考虑其会计造假,法尔莫公司实际已濒临破产。在最近一次审计中,其现金已紧缺到供应商因其未能及时支付购货款而威胁将取消对其供货的地步。

注册会计师们一直未能发现这起舞弊,他们为此付出了昂贵的代价。这项审计失败使会计师事务所在民事诉讼中损失了 3 亿美元。那位财务总监被判 33 个月的监禁,莫纳斯本人则被判入狱 5 年。

二、问题梳理

回顾整个事件,只要任何人问一下这样一个基本的问题,即"一个以低于成本出售商品的公司怎能赚钱?",注册会计师们或许就能够发现这起舞弊事件。

(一) 存货价值的操纵手法

存货的价值确定涉及两个要素:数量和价格。确定现有存货的数量常常比较困难,因为货物总是在不断地被购入和销售;不断地在不同存放地点间转移以及投入到生产过程之中。存货单位价格的计算同样可能存在问题,因为采用先进先出法、后进先出法、平均成本法以及其他的计价方法所计算出来的存货价值将不可避免地存在较大的差异。正因如此,复杂的存货账户体系往往成为极具吸引力的舞弊对象。

不诚实的企业常常利用以下几种方法的组合来进行存货造假:虚构存货,存货盘点操纵,以及错误的存货资本化。所有这些精心设计的方案有一个共同的目的,即虚增存货的价值。

1. 虚构存货

正如莫纳斯所做的那样,一个极易想到的增加存货资产价值的方法是对实际上并不存在的项目编造各种虚假资料,如没有原始凭证支持的记账凭证、夸大存货盘点表上存货数量、伪造装运和验收报告以及虚假的订购单,从而虚增存货的价值。因为很难对这些伪造的材料进行有效识别,注册会计师往往需要通过其他的途径来证实存货的存在与估价。

2. 存货盘点操纵

注册会计师在很大程度上依赖对客户存货的监盘来获取有关存货的审计证据。因此,对注册会计师来说,执行和记录盘点测试显得非常重要。遗憾的是,在一些存货舞弊案件中,审计客户在数小时之内就改变了注册会计师的工作底稿。因而,注册会计师必须采取足够的措施以确保审计证据的可靠性。

显然,在这种方法下,实物存货将被高估,同时会有相同金额的负债被低估。对于客户来说,采取这种方法的好处是存货高估的金额将会被混入整个销售成本的计算之中。遇到这种情况,注册会计师需要进行比例分析或趋势分析以发现可能的舞弊。另外,也可以检查会计期间结束后一段时间内的款项支出。如果注册会计师发现有未在采购日记账中记录的直接支付给供应商的款项,就应该进行进一步的调查。

3. 错误的存货资本化

虽然任何存货项目都可能存在不恰当资本化的情况,但产成品项目中这方面的问题尤为突出。有关产成品被资本化的部分通常是销售费用和管理费用。为了发现这些问题,注册会计师应当对生产过程中的有关人员进行访谈,以获取归入存货成本的费用归集与分配过程是否适当的信息。审计客户往往可列出很多看似非常充分的理由,用以支持通过对存货项目进行资本化而增加利润的处理。此类舞弊往往是财务总监在总裁的指使下实施的。因此,在对关键人物的正式访谈中,如果怀疑有人指使他们夸大有关存货的信息,注册会计师应采取一种直截了当的方式,以责难的态度迫使其说出真相。

(二) 盘点的局限性

证实存货数量的最有效途径是对其进行整体盘点。注册会计师必须合理、周密地安排盘点程序并谨慎地予以执行。盘点的时间应尽量接近年终结账日。在盘点时应尽可能采取措施以提高盘点的有效性,如对各存放点同时盘点、停止存货流动以及盘点数额达到合理的比例等。不过,即使注册会计师谨慎地执行了该程序,也不能保证发现所有重大的舞弊。这是因为存货的盘点测试存在以下局限性:

(1) 管理当局往往派代表跟随注册会计师,一方面记录下测试的结果,同时也可掌握测试的地点及进程等情况。这样,审计客户就有机会将虚构的存货加计到未被测试的项目中,从而错误地增加存货的总体价值。

(2) 在执行盘点测试程序时,注册会计师一般会事先通知客户测试的时间和地点以便其做好盘点前的准备工作。但是,对于那些有多处存货存放地点的公司,这种事先通知使管理当局有机会将存货短缺隐藏在那些注册会计师没有检查的存放点。

(3) 有时注册会计师并不执行额外的审计程序以进一步检查已经封好的包装箱。这样,为虚报存货数量,管理当局会在仓库里堆满空箱子。

(三) 通过分析程序识别可能的存货舞弊

既然靠监盘并不能发现所有重大舞弊行为,注册会计师必须执行分析程序。

一个不诚实的客户可通过多种途径去操纵存货信息。注册会计师必须从多种思维角度去看待那些数据，以最大可能地发现有关的舞弊行为。不仅要推测舞弊是如何进行的，而且要推测客户为什么要舞弊以及客户为什么要将这种违规做法作为首要的选择。也就是说，注册会计师要对管理当局进行重大存货舞弊的动机和机会进行评估以发现资产造假行为。

1. 管理当局舞弊的动机

客户进行舞弊的动机可谓多种多样，对其进行分析并在执行审计过程中予以考虑将有助于发现可能的舞弊。以下列举了导致管理当局产生存货舞弊冲动的几种常见原因：

（1）公司正面临财务困难。

（2）管理当局面临完成财务计划的压力。

（3）存货为资产负债表中的一个重大项目。

（4）存在合同所限定的供货方面的压力。

（5）客户公司企图得到用存货担保的融资。

（6）管理当局面临来自资本市场的压力，如股价下跌、公司面临退市或被收购的风险等。

2. 管理当局舞弊的机会

并非所有的公司都可以通过存货造假虚增利润并瞒过注册会计师。事实上，对于有些公司，如那些规模很小、业务较简单的公司，要想瞒过注册会计师而在存货上做手脚是非常困难的。但存在以下情况时管理当局进行存货舞弊的可能性会增加：

（1）公司是一个制造企业，或者说其拥有一个确定存货价值的复杂系统。

（2）公司主业涉及高新技术或是其他变化迅速的行业。

（3）公司拥有众多的存货存放地点。

3. 管理当局舞弊的迹象

虚构资产会使公司的账户失去平衡。与以前期间相比，销售成本会显得过低，而存货和利润将显得过高。当然，还可能会有其他的迹象。在评估存货高估风险的时候，注册会计师应回答以下问题，回答"是"越多，存货舞弊的风险就越高。

（1）存货的增长是否快于销售收入的增长？

（2）存货占总资产的百分比是否逐期增加？

（3）存货周转率是否逐期下降？

（4）运输成本占存货成本的比重是否下降？

（5）存货的增长是否快于总资产的增长？

（6）销售成本占销售收入的百分比是否逐期下降？

（7）销售成本的账簿记录是否与税收报告相抵触？

（8）是否存在用于增加存货余额的重大调整分录？

（9）在一个会计期间结束后，是否发现过有存货账户的重要转回分录？

三、案例分析

（一）对注册会计师行业的启示和教训

存货项目由于其自身的复杂性早已成为舞弊者实施舞弊的理想对象，同时也引起了注册会计师的特别关注。自从1938年美国著名的麦克森·罗宾斯药材公司审计案例发生后，美国注册会计师协会就将存货盘点列为公司审计必须实施的重要程序之一。然而，由于审计局限性的存在，注册会计师的疏忽以及客户管理当局舞弊技术的提高，依然有不少会计师事务所在存货审计中吃尽苦头。法尔莫公司案例就是一个很好的证明。所谓"魔高一尺，道高一丈"，注册会计师只要不断地吸取昔日教训，努力完善审计技术，切实提高查处舞弊的能力，就必定能将存货审计失败的风险降至最低。从法尔莫公司案件中注册会计师行业能得以下一些启示和教训。

1. 对舞弊的动机和机会予以充分关注

由于舞弊存在被发现的风险以及道德方面的压力，也就是说舞弊亦有成本，所以在正常情况下，理性的人宁愿尊重客观事实。不过，一旦面临某种压力和诱惑，客户舞弊的冲动会变得强烈。法尔莫公司正是由于亏损的压力以及莫纳斯急欲筹资扩张的欲望才铤而走险，走上了造假的不归之路。可见，注册会计师对舞弊的动机进行分析有助于降低审计风险。

2. 重视分析性程序的应用

鉴于盘点程序具有局限性，注册会计师无法指望通过盘点解决所有的问题。若想发现舞弊的蛛丝马迹，分析性程序不啻为一种十分有效的审计方法。这一程序从整体的角度对客户提供的各种具有内在钩稽关系的数据进行对比分析，有助于发现重大误差。如前文所述，由于存货造假会使有些项目出现异常，因而对存货与销售收入、总资产、运输成本等项目进行比例和趋势分析，并对那些异常的项目进行追查，就很可能揭示出重大的舞弊。

另外，还可以将财务报表与报表附注、财务情况说明书、税务报告以及其他类似的文件相互核对以尽可能降低审计风险。

3. 重要性原则的恰当应用

重要性原则是审计工作中一个重要原则。对于资产负债表中占有重要比例的项目,注册会计师必须予以特别关注,尤其对那些内部控制制度较为薄弱的公司在资产负债表中占有相当比重的项目,就不能采用一般的常规审计程序,而应实施特别的详查方法。对于法尔莫公司这样一个商业企业,存货应是极其重要的项目。注册会计师本应针对存货设计特别的抽查或详查程序,而事实上却只采取了例行的提前数月通知,少量抽样的常规盘点程序,正是这种简单的处理使莫纳斯等人有了可乘之机。

4. 对注册会计师进行专职培训,以提高检查资产舞弊的能力

通过本案例的分析,我们应该看到审计客户的舞弊水平在不断提高,其手段从简单的违纪违规转向了有预谋、有组织的技术造假;从单纯的账簿造假转向了从传票到报表的全面会计资料造假。同时,舞弊人员的反查处意识增强,对审计人员的常用审计方法有所了解和掌握。因而,仅靠以前简单的方法已不能满足当前的需要。为能够胜任专业工作,注册会计师必须不断提高自身检查舞弊的能力。所以,为维护注册会计师行业的健康发展,使会计师事务所减少诉讼的风险,职业团体应对注册会计师进行专职培训,以提高查找资产舞弊的能力。

（二）审计风险及其预防控制

审计风险是指审计人员对存有重大错报和漏报的财务报表,审计后却认为并不存在重大错报和漏报从而发表与事实不符的审计意见的风险,即审计风险由两方面风险构成:一方面是财务报表本身存在重大错报和漏报的风险;另一方面是审计人员审计后表示该财务报表并不存在重大错报和漏报的风险。

另外,传统审计风险是由固有风险、控制风险和检查风险三个要素构成的。固有风险是指在不考虑被审计单位相关的内部控制政策或程序的情况下,其财务报表上某项认定产生重大错报的可能性。控制风险是指被审计单位内部控制未能及时防止或发现其财务报表上某项错报或漏报的可能性。检查风险是指注册会计师通过预定的审计程序未能发现被审计单位财务报表上存在的某项重大错报或漏报的可能性。检查风险是审计风险要素中唯一可以通过注册会计师进行控制和管理的风险要素。

应从以下几个方面预防和控制审计风险:首先,审计机构要健全各项制度,审计人员要提高技能。要建立健全科学、规范、系统的审计工作制度,以确保审计工作质量;严格遵守《注册会计师法》和《注册会计师执业准则》,依法审计;严格按照《中国注册会计师职业道德规范》的要求执业。遵守独立、客观、公正的原则,认真履行自己的职责。增强审计工作人员的政治素质和业务素质,提高审计人员的职业道德水平;强化业务培训,全面普及后续教育;做好审计计划,尤其是审计风险的分析工作;有效运用审计抽样方法,重视审计取证工作;谨慎选择审计单位,并与被审计单位签订业务约定书;提取风险基金或购买责任保险;聘请熟悉注册会计师法律责任的律师。其

次,审计计划要全面,审计程序要抓住重点,受托阶段要进行可行性分析,明确双方的权利、义务。要详细了解委托人的委托目的和业务内容,对可能产生的风险进行预测和分析,只有通过充分了解确认有承办能力,才能签约。要如实向委托人介绍社会审计的规定,以防以后发生误会。在签约时要明确双方的权利和义务,分清各自的职责范围,要写明委托方对提供的资料的完整性和真实性负责等内容。准备阶段要知人善任,确定审计重点。会计师事务所要根据承办项目的要求和任务,以及被审计单位的行业特点和情况复杂与否,确定选派专业性强、能胜任的审计人员组成审计组,制订好审计项目、内容、目标、方法和任务等工作计划。实施阶段要关注证据真实性,经双方签章确认。这一阶段的审计风险防范有三个重要环节:一是审计取证,审计人员取得的证据必须充分、有力、合规合法、客观真实、具有可证性,收集的证据一定要经过审计人员、被审计单位的主管和有关人员共同签章才可生效。二是应规范审计工作底稿,因为,审计工作底稿是审计人员在审计活动中制作的"原始凭证"。三是在实施审计项目时,控制测试与实质性测试要相互配合。对被审计单位的基本情况和内部控制进行问卷调查和进行控制测试,内部控制问卷调查主要评价内部控制的健全性和有效性。只起到初步评价的作用。评价企业内部控制的质量,必须通过控制测试,控制测试主要是通过一定的审计方法,测试被审计单位业务活动的运行与相关内部控制的符合程度,找出弱项、确定实质性测试的重点。四是,审计人员应严格自律,自觉执行执业标准和职业道德规范。报告阶段要复核重点问题。提交报告前,应对审计工作底稿中有关重点问题、重要程序和对审计报告有直接影响的部分进行认真复核,确保准确无误。起草审计报告时,对审计报告中的审计结果及依据和审计评价及建议,要注意符合业务约定书约定的项目、内容和要求,做到事实清楚、客观公正。审计依据要准确,文字简练、措辞恰当、表达清楚。初稿形成后,送交委托方征求意见并要求其限期给予书面反馈意见。要对委托方反馈意见的采纳情况予以说明,作为工作底稿归档。在发送报告的同时,要将各种相关资料整理归档。

根据对内部控制评价以及汇总的弱项,确定实质性测试的性质、时间和范围,实施详尽的实质性测试程序,以便将检查风险以及总体审计风险降至可接受的水平。具体进行实质性测试时应注意:流动资产类,需要经过盘点或必须通过向对方单位询证才能确认它的余额。长期和固定资产类,这类资产类项目的特点是使用期限较长,并在使用中保持原有形态,特别是固定资产、无形资产和递延资产的价值都是分期摊销的,因此,盘存、计价、计算是长期和固定资产类实质性测试常用的方法。负债类,除预提费用外,都是往来结算项目,审计方法主要是函证或计算核实。所有者权益类,审计方法主要是查证有关规定、计算核实。损益类,审计方法主要是查证有关规定,计算核实。在实质性测试阶段需要关注的其他问题,如关联交易、或有损失、期后事项、持续经营能力等,这些事项不是都能从凭证账册中发现的,有的需要被审计单位提供,有的需要通过与管理人员和有关人员交谈来了解,或通过与有关合同、章程联系起来分析才能知道。这些资料的取得,都要通过审计工作底稿记录下来,在审计报告中作恰当的披露。与被审计单位签署一份"被审计单位声明书"。因为,审计是建立在被审计单位提供的会计资料和其他相关资料的基础上的,如果被审计单位提供的资料不完整、不全面、不真实,审计人员据以作出的审计结论可能是错误的,从而会导致对审计成果使用者的误导,即通常所说的"输入的是垃圾,输出的也是垃圾"。因此,要求被审计单位发表声明,以表明其对会计信息的真实性、合法性和完整性承担责任。最后,如果经过实质性测试后,审计人员仍然认为与某一重要账户或交易类别的认定有关的检查风险不能降低至可接受的水平,那么,应当在审计报告中发表保留意见、否定意见或无法表示意见。

针对环境条件的发展变化,审计机构及其人员要积极关注审计会计领域出现的新情况、新问题,探索解决问题的方法,及时总结经验教训,"吃一堑,长一智",同时健全、完善有效的审计控制制度,提高审计人员的执业水平,高度重视审计风险,采取切实有效的审计程序,才能降低审计风险、减轻或免除审计机构和审计人员的审计责任,才能维护财务报表的真实性、合法性、公允性,才能维护广大投资者的利益,才能促进企业的健康、正常发展。

四、阅读文献

[1] 黄世忠.会计数字游戏:美国十大财务舞弊案例剖析[M].北京:中国财政经济出版社,2003.

[2] 中国注册会计师审计体准则第 1311 号——存货监盘[S].2017.

第二节　存货监盘审计

 案例 14　獐子岛案例——扇贝去哪儿了

一、案例介绍

(一)案例起因

2014 年 10 月 30 日,獐子岛集团股份有限公司(以下简称獐子岛)发布第三季度报告称,因海洋牧场遭遇几十年一遇的异常"冷水团",在 2011 年和部分 2012 年播撒的 105.64 万亩虾夷扇贝颗粒无收,决定对大额存货进行核销处理及计提大额存货跌价准备,合计影响净利润约 8 亿元,业绩由原来的预计盈利变为全年预计大幅亏损。

投资者不禁疑惑:扇贝去哪儿了?

(二)被审计单位的基本情况及主要会计问题

獐子岛集团股份有限公司成立于 1958 年,于 2006 年 9 月 28 日在深圳证券交易所上市(股票代码:002069),是农业产业化国家重点龙头企业,并曾是中国农业股第一个百元股。

然而 2014 年 10 月 31 日,獐子岛发布第三季度财务报告,将 2011 年、2012 年度底播虾夷扇贝账面成本合计 7.35 亿元予以核销,并计提 2.83 亿元存货跌价准备,计入资产减值损失。这次巨额亏损的发生绝非偶然,说明了该公司在内部控制制度的制定以及具体的落实方面存在诸多问题。

(三)案例结果

受此次"黑天鹅"事件影响,獐子岛前三季度的业绩"大变脸",由上半年的盈利 4 845 万元转为巨亏。三季报显示,獐子岛巨亏 8.12 亿元,同比下滑了 1 388.60%,此次亏损远远超出该公司前三年业绩总和。

2014 年 12 月 5 日,证监会发布了对獐子岛"巨亏"事件的核查结果及处理情况:通过专项核查,未发现獐子岛 2011 年底播虾夷扇贝苗种采购、底播过程中存在虚假行为;未发现大股东长海县獐子岛投资发展中心存在占用上市公司资金行为;獐子岛存在决策程序、信息披露以及财务核算不规范等问题。

二、问题梳理

(一)案例疑点

10 月 31 日的说明会上,中国科学院海洋所所长助理刘鹰表示,监测显示,今年 1 到 8 月水温波动高于历年平均水平,虾夷扇贝生长期缩短 2 个月。

10 月 30 日,与獐子岛三季报同时发布的还有中国科学院海洋所的一份会议纪要。纪要中,中科院海洋所提供了獐子岛附近海域综合观测浮标及潜标记录的数据,如图 6-1 所示。

蹊跷的是,纪要附件中 31 号潜标(39°06 112°47)2012—2014 年旬平均水温这份统计(见图 6-1)中,并无 2014 年 6 月份以后的数据;同样地,34 号潜标(38°46 122°47)2012—2014 年旬平均水温统计(见图 6-2)中,亦无 2014 年 8 月以后的数据。也就是说,图表中并没有獐子岛所称的"冷水团"的水温数据。此外,就两个潜标已有的数据来看,2014年的平均水温曲线走势与2012年及2013年基本相同且平均水温还要略高于这两年的同期水平。

图 6-1　31 号潜标 2012—2014 年旬平均水温统计

图 6-2　34 号潜标 2012—2014 年旬平均水温统计

　　面对"如此巨大的灾难",大连市海洋与渔业局的官网中,却没有与此相关的任何信息发布。同时,长海县的政府官网,也未见受灾的踪影。不仅如此,2014 年 7 月 20

日，长海县政府官网还刊文称，小长山乡虾夷扇贝的养殖进入收获期，预计年内产量同比去年增产三到四成。

据了解，这份纪要来自中科院海洋所 10 月 21 日召开的围绕獐子岛海洋牧场确权海域的水文监测等情况的研讨会，会上共召集了 14 位海洋专家。由此，獐子岛根据存量抽测结果、中科院近海观测研究网络黄海站监测数据及开放航次调查数据，以及中科院海洋研究所专家讨论的结果，综合判断本次海洋牧场受灾最主要的原因，是所在海域的"北黄海冷水团"发生异常。

（二）审计单位独立性

据了解，受雇于獐子岛的大华会计师事务所也并非历史"清白"。经证监会调查，此前，在新大地一案中，大华会计师事务所及其注册会计师在为新大地 IPO 提供审计鉴证服务过程中，未能勤勉尽责，出具的审计报告、核查意见等文件存在虚假记载。

（三）采用的审计程序和方法

作为个人投资者，股民不可能都到公司实地察看，会计师事务所等中介机构的意见十分关键。在獐子岛事件中，大华会计师事务所 10 月 31 日进行了专项说明。

然而，这样的说明是否可信？会计师是否知晓真相？在采访中，会计师吴厚刚透露，因为受到天气等客观因素的影响，在抽测盘点时，会计师只能选几个点参加。"我们选 90 个点，他只能跟几个点去盘点。""我们 10 月份这次大约花了一个月时间盘点，由于大浪等原因，会计师只有 3 天能下海去监盘。"吴厚刚说。105 万亩，30 天，会计师去了 3 天。这意味着会计师可能只掌握了不到 10% 的情况，基于此，现场监测的会计师的意见难以令人信服。

三、案例分析

（一）风险评估方面存在的缺陷

獐子岛是国内最大综合性海洋产品企业，也曾是国内上市的首个农业"百元股"。如今，獐子岛因 2011 年和 2012 年批次的"虾夷扇贝绝收"而陷入了巨亏的质疑漩涡之中。从报表中可知其 2011 年、2012 年、2013 年的净利润分别为 4.98 亿元、1.06 亿元和 9 694 万元，直至 2014 年前三季度巨亏 8.12 亿元。基于财务状况，对于獐子岛的情况进行以下分析。

（1）现金流量。从獐子岛连续几年的现金流量表中可以看出其现金状况并不健康。经营活动产生的现金流量净额在半年度的时候均为负数，而且这种情况在季报中也是常态，但到年底经营性现金流就出现反转，变为正数。从投资活动产生的现金净额来看,净额持续为负,投资规模不断扩大。公司的现金流基本依赖筹资活动维持,靠借债维持日常经营和生产规模的扩大,财务状况很不稳定,非常危险。

（2）存货。獐子岛的存货主要是消耗性生物资产,也就是播撒在海底的虾夷扇贝、海参等海珍品,生长期为3年。

从上市之后的2007年开始存货总额占獐子岛公司总资产的比重一直保持在50％左右,而与獐子岛同属水产养殖行业且总资产状况最为接近的3家公司:好当家、东方海洋和国联水产,其存货占总资产的比例平均保持在20％～35％。从金额来看自2011年其金额更是超过了20亿,截止到2014年上半年其存货金额高达28.9亿元。

从以上信息可以得出獐子岛的存货比重不仅占据了自己企业的半壁江山,相对于行业水平也是畸高的情况,为其存货的巨额减值形成了铺垫。针对这种不合理的现象,结合獐子岛公司的情况推测可能有以下两点原因:其一,不合理的费用资本化,自2009年起,獐子岛借款费用资本化的金额,仅5年就涨了10倍。2009年至2013年獐子岛计入消耗性生物资产中的借款费用资本化金额,分别为937.99万元、1 710.59万元、3 485.45万元、9 178.37万元、1.21亿元。其二,资金被关联方或大股东占用,为了掩饰,将其放入存货中虚增了存货价值。并且其存货具有难以盘点与核算的特点,可将占用的资金通过存货的跌价准备和资产减值合理抵消。

（3）融资情况。獐子岛的融资活动过分依赖短期债务,近几年獐子岛的负债状况处于借短期借款还短期融资券,再发行短期融资券偿还短期借款的循环中,融资成本高、财务风险大,而没有充分使用长期借款的方式。根据水产养殖投资大、回收期长的特点,重度依赖短期借款是不恰当的融资方式。

从2010年开始研究可知,2010年獐子岛发行5亿元的短期借款,其中3亿元用于归还短期借,短期借款同比减少36.52％;2011年年末短期借款同比增长139.78％,原因系5亿元短期融资券到期需要偿还,公司增加短期借款来补充流动资金;2012年,公司应付债券本期增加9亿元,其中于2012年3月29日发行第一季短期融资券,发行总额5亿元,2012年5月15日发行第二季短期融资券,发行总额4亿元。其他负债项目并没有较大幅度的变动;2013年短期融资债券到期,短期借款融资同比增长13.63％。应付债券本期增加4亿元,系本公司于2013年8月28日发行的第一季短期融资券,发行总额4亿元。

而与短期借款巨大的数额相比,獐子岛长期借款使用并不充分。无论是增长比例还是占总资产的比例都与短期借款有较大差距。从2010年到2013年来看,长期负债占总资产的比例平均维持在6％以下,而短期借款占总资产的比例却平均高达

20%左右,融资结构很不合理。

总的来看,在獐子岛现金流状况却堪忧,在主要靠融资来维持公司的现金运转的情况下,其存货比重仍数年居高不下,占用了大量资金。但獐子岛不仅没有控制其存货成本,而且投资活动金额支出也在不断增加,情况不符合常理。而且獐子岛疯狂进行举债的行为给公司的财务带来了巨大的压力。更进一步地,獐子岛的融资方式过分依赖短期债务,融资结构不合理,给公司的经营带来了高额的财务成本和巨大的风险。

(4)风险预测与提示。在风险预测与提示方面,獐子岛在 2012 年、2013 年年度报告中的风险提示部分均提到公司已在獐子岛海域构建了北黄海冷水团监测潜标网,对底层水温变化实施 24 小时不间断监测,但事实是獐子岛完全没有在冷水团来袭之时作出反应,反而在 2014 年三季度报告中才广而告之。扇贝死亡非一朝一夕之事,獐子岛在收获前才发现扇贝大规模死亡的说法确实难以服众。基于事实我们推测,可能存在以下两种合理解释:一是公司未建立年报中所提到的冷水团监测潜标网,或者未完全对其进行落实;二是监测潜标网确实建立且完善,但其中或另有隐情。然而不论是哪一种原因,在风险预测与提示方面,獐子岛的确存在很大缺陷。

(二)信息与沟通方面的缺陷

10 月 30 日,上市公司獐子岛发布了上百万亩扇贝绝产的公告,并称北黄海冷水团导致了扇贝的绝产。随后,有记者被报社派往了獐子岛上去寻找扇贝绝产的真正原因。当时证监会对獐子岛的调查也正在进行中,但这些信息均未能在第一时间传递给投资者。

此外,发生冷水团之后,獐子岛没有及时地披露信息,给投资者造成极大损失。在对外说明会上,獐子岛海洋牧场业务群执行总裁、技术中心总监梁峻对于冷水团造成的损害进行了说明,但未对具体情况及未披露原因给出合理解释。而对各类专家提出的对冷水团、对其存货等的质疑未进行详细回答,重在呼吁大家冷静思考,处理好眼前利益和长远关系,共同和公司度过短暂的难关。在企业的内部控制中,信息系统与沟通的作用是不可替代的。信息系统必须将其信息提供给相关人员,以使其能够合理地履行相关职责。且一般要求信息在更为广泛的范围内,自上而下、自下而上地在整个企业内外进行沟通。内部沟通是为了使管理当局获得明确的信息、员工了解其职责,更好地为企业发展献力等等。而外部沟通则要求企业加强与客户、审计师、监管者的沟通。獐子岛内部与外部沟通都存在不足。

从年报中可以发现,2011 年獐子岛的董事会会议次数明显突然增加,达到 18 次之多,而监事会次数比例却远远不及其他几年。而 2012 年的投资者管理制度在年报中不甚详细,与 2011 年和 2013 年都有极大差别。根据以上异常现象,结合獐子岛今年本应收获的扇贝的播种时间,可知獐子岛未对投资者进行任何说明,导致投资者的损失,明显存在信息与沟通的缺陷。

(三) 内部监督方面存在的缺陷

獐子岛事件暴露出了水产养殖业公司的软肋。目前,在不少农业企业审计当中,审计程序流于形式,存货盘点有困难时就不按照标准程序实施;另外,目前企业年度审计集中在 4 月底之前,但对部分农业企业来说,会在冬天和春天盘点存货,使得审计程序不一定能较好地实施。而由于会计师在方圆几百亩的海域,只能通过抽样的方法来实现审计,这也就造成了审计的不准确。所以许多农业股本身存在的行业特点,导致其在生产流程或存货等方面难以审计,给财务造假带来便利。以獐子岛为例,像鱼虾扇贝这些水下的东西,审计在程序上不可能准确地核实真实数据,审计人员不可能潜水检查,也不可能将海水抽干检查。因此对于獐子岛这类难以核实的农业类公司的存货情况,审计机构可以考虑出具有保留意见的审计报告,有保留意见并不代表财务造假,只是客观说明审计机构"搞不清楚"。在獐子岛 2013 年年报和 2014 年半年报中,审计机构都出具了标准无保留意见的审计报告。

(四) 控制活动方面存在的缺陷

在公司的控制活动方面,我们发现,獐子岛董事会日常会议活动的披露中关于内部控制的安排很少;虽然公司建立了内部控制管理体系,但年报中内部控制部分的披露内容不多,这从侧面反映出公司对于内部控制活动不够重视。而且我们发现,在扇贝采购上,虽然采购和记录人员不同,但实际上并未做到职责分离,而是以采购人员为主导。

四、案例反思

(一) 塑造良好的内部控制环境

内部环境是各项内部控制制度运行的条件或环境,是实施内部控制的基础,更是内部控制有效性的重要保证。针对獐子岛在控制环境方面出现的股权结构、两职合一和频繁变更总经理的问题,我们有以下建议:

(1) 合理安排股权,规范公司治理结构。不同的股权结构决定了不同的企业组织结构,从而决定了不同的企业治理结构,最终决定了企业的行为和绩效。股权结构与公司治理中的内部监督机制直接发生作用。股权结构过度集中,易造成公司管理层的"内部人控制"现象,使得公司控制权市场和职业经理人市场的外部市场治理机制无法发挥作用。而且由于"内部人控制"现象,公司的经营者常常为了个人的私利而"花钱买意见",这就会造成注册会计师在收益和风险的夹缝中进退维谷,使得外部社会治理机制也会被扭曲。所以对于上市公司来讲,股权结构应适合公司的发展,并能配合企业内部控制机制。相对分散的股权结构能在一定程度上抑制"大股东控制",对形成良好内控环境有积极作用。

(2)割裂董事会和经理层脐带。董事长和总经理,两者往往肩负着不同甚至相互冲突的职责或使命。而且董事长与总经理两职合一不利于对经理层机会主义行为的监督和控制,会导致制衡机制的失效。而且权利的过分集中,容易导致个人专断。同时董事长兼任总经理,事务繁杂,难以集中精力考虑公司长远发展战略,还可能会影响董事决策和经理组织管理应有的倾向。因而,两职分离,保持董事会独立性,采用内部监督机制并利用董事会对经理人行为进行监督,同时配合相应的股权激励计划,既能避免因经理人自利性带来的弊端,又能规避两职合一对公司治理带来的问题。

(3)保持经理层职位的稳定性,减少经理人变更率。在股份公司中,总经理的主要职责是负责公司日常业务的经营管理,组织经营管理班子,定期向董事会报告业务情况等。频繁更换总经理不仅会导致公司经营发展落后,而且也在一定程度上影射了控制环境状况的好坏。企业要想保持稳健持续发展,应该形成良好的内部控制环境,提供给职业经理人稳定的工作环境和健康有序的内部管理机制,进而减少主动离职率;通过建立绩效与薪酬体系,辅以合理的激励计划,留住经理人。

(二)完善健全风险评估

面对不断变化的环境,任何组织都会面临各种各样的风险,必须对所面临的风险进行有效了解和估计。我们根据对公司风险提示和对策、内部控制自我评估报告、应收账款占总资产比率、近三年主营业务收入、经营活动现金流量占总资产的比率和担保总额占总资产比例几个方面的分析,针对存在问题的方面,给出以下几个建议:

(1)做好风险预测与控制。风险的损害发生与否,损害的程度取决于人类主观认识和客观存在之间的差异性。合理有效的风险预测能够减少或避免公司损失,提高企业应对风险和其他不确定性环境因素的弹性,因而管理层的风险意识对企业生产经营的作用至关重要。企业应设置相关的管理部门,进行统一领导,认真执行各项风险控制措施;企业在面对未来经营可能发生的风险时,应该及早采取风险控制手段,努力将损失降到最低;对于不可避免的天灾,应建立健全的预警和反应机制,及早行动,及时应对。

(2)提高注册会计师职业道德,改进对具有行业特殊性的项目的审计方法。獐子岛存货的巨额亏损,体现了水产养殖乃至整个农业类上市公司存货难盘点难度大、审计人员难以进行监督的问题。这种情况不仅为农业上市公司财务舞弊留下可乘之机,而且以自然灾害解释巨额亏损也会严重侵害投资者利益,打消投资者对农业投资的信心。对此作为上市公司与投资者之间的第三方,注册会计师要不断提高其职业道德,严格遵守行业法规,拥有高度的责任感,强烈的正义之心,依法廉洁从审。在对具有特殊性的项目进行审查时要结合公司实际情况确定审计程序的性质、时间安排和范围,周密安排审前准备工作,要做到科学、合理,全面考虑,不能带有随意性;审计方案的内容要周全、详细,分工要明确、合理;审前培训工作要到位,要让审计人员全面了解审计目的、内容和相应的法律法规以及被审计单位的基本情况。并且审计工作中要充分结合专家的意见,但也要考虑专家的胜任能力,最后得出客观可靠的结论。

(3)改善融资结构,降低财务风险。融资结构揭示了企业资产的产权归属和债权约束程度,反映了融资风险的大小。上市公司具有良好的融资结构不仅能为公司的发展提供充足的资金来源,提高公司的竞争能力,更能为公司降低大量的融资成本,降低财务风险。对于农业上市公司来说,首先,融资结构要与公司基本状况及其行业特点相匹配,如一般的农业项目回收期较长,若频繁采用短期融资可能会给公司还款付息带来巨大压力。其次,融资渠道要多元化,一般来说农业上市公司的融资渠道越多元化其抗风险能力越强,资金来源就越有保证,公司的发展就越稳定。而且因为每一种融资方式都意味着不同的权利、责任以及利益的重新分配,所以企业应该随着经济环境以及自身发展需要的不断变化来改善融资结构,提高融资的有效性。

(三)加强信息与沟通

企业需要及时感受内外部环境变化、了解财务内部控制体系执行状况。因此,信息传递的畅通性对于保障内部控制实施极其重要。内部控制系统犹如人类的神经系统,如果神经系统产生问题,导致信号中断,整个机体都会紊乱。

因此,獐子岛要使企业能获得可持续发展,需要加强各部门的沟通,从内部信息传递与处理以及外部信息的收集与传递处理两个方面来对原有的信息系统进行改造。在内部信息系统建设方面,确保公司内部信息在高层和基层以及部门与部门之间的有效传递。在投资者管理制度方面进一步透明化,及时对公司整体情况进行报告,给投资者准确披露信息,通过减少信息不对称,有效降低企业风险,降低投资者损失。

(四)改善内部监督

完善监事会职能,加强监事会和内部审计委员会的沟通与协作,充分发挥监事会的监督作用,对监事会参与董事会次数的最低限额进行规定。提高监事会成员的整体素质,确保其职能的发挥。

由于水产养殖企业的特殊性,獐子岛的内部审计难度更不同于一般农业类企业。因此应发挥獐子岛内部审计人员熟悉企业基本情况、了解内部控制薄弱点的优势,重点关注难以审计的业务,不断探索审计的新方法,切实加强其在内部控制环节中的制约职能,加大内部审计人员对企业集团内部控制的监督检查力度,审查交易记录及相关账户的真实性、合规合法性、准确性,及时地发现重大错误、舞弊及违法行为并查明原因,监督企业朝着合理、合法的良性方向发展。

(五) 重视控制活动

控制活动主要包括业绩评价、实物控制和职责分离等。企业必须制定控制的政策及程序,并予以执行,以帮助管理层为确保其控制目标的实现,其用以识别并处理风险所必须采取的行动业已有效落实。

(1) 完善绩效评价和激励制度,并落实到公司管理中。绩效评价所提供的信息有助于企业判断应当作出何种晋升或工资方面的决策。企业应建立完善的绩效评价制度,并严格执行,切勿敷衍了事;在员工激励、升职、加薪上应有切实指标要求可循,切忌任人唯亲、暗箱操作等不公正现象出现。

(2) 规范业务流程,做好实物控制。规范公司各业务流程,有利于降低企业的运营成本,提高对市场需求的响应速度,争取企业利润的最大化,同时也可避免公司内部人员以职务之便谋私、渎职等现象的发生。企业应该细化、明确公司业务流程,建立完备的档案保管制度,严格办理出入库手续或记录。企业应对财产物资及时盘存,对有关财产管理方面的记录资料编造清册,定期清查,妥善保管。

(3) 重视职责分离,合理进行组织分工。企业中某些相互关联的职务,如果集中于一个人身上,就会增加产生差错和舞弊的可能性,或者增加了产生差错或舞弊以后进行掩饰的可能性。这就要求企业做到,授权、签发、核准、执行、记录工作,不应该由一个人担任。

五、阅读文献

[1] 证监会.正在核查獐子岛"绝收"事件[N].新华网,2014-11-07.

[2] 獐子岛涉嫌造假有惊无险 董事长自掏巨款补损失[N].新浪网,2014-12-09.

[3] 李平.上市公司会计舞弊与审计失败的相关性分析[J].财会月刊,2011(8):59-60.

[4] 李芸达.企业财务舞弊识别及审计对策[J].财会月刊,2011(5):68-69.

[5] 中国注册会计师审计准则1311号——存货监盘[S].2017.

第七章

筹资与投资循环审计

第一节　股东权益相关项目审计

 案例 15　大股东资金占用风险——亚星化学案例

一、案例介绍——亚星化学股东情况介绍

潍坊亚星化学股份有限公司（以下简称亚星化学）于 2001 年 3 月 26 日在上海证券交易所挂牌上市，股票交易代码为 600319。亚星化学的注册资本为 31 559.4 万元，属于化学原料及化学制品制造业。

上市公司有着不同的股权属性，例如，民营控股或者国有控股，大股东具有不同属性的上市公司，其所追求的目标不尽相同。相比追求经济目标的民营控股的上市公司而言，作为大股东为国有属性的亚星化学，其追求的目标更具有综合性的特征，不同的股权属性在资金占用方面会带来不同影响，亚星化学的股权结构也具有大多数上市公司的共同特点，其大股东为国有企业。

亚星化学自上市后，经历了 10 多年的发展，其股东也不断发生着变化，股权结构比上市初期显得更为复杂，然而亚星集团却始终如一地保持了第一大股东的地位。根据亚星化学 2006—2010 年报数据，亚星集团一直是亚星化学的最大股东，嘉耀国际投资持股比例次之，大约为其一半，第一、第二大股东多年来没有变过，与此同时，尽管亚星化学的第三、第四、第五大等股东会有变化，但根据年报数据，亚星化学第三至第五大股东持股比例却很低，基本上在 1% 左右，最大的也不超过 5%，其股权制衡度指标则远小于 1，（股权制衡度＝第三至第五大股东持股比例之和÷第一至第二大

股东持股比例之和)具体股权状况如表 7-1 所示。

表 7-1　2006—2010 年亚星化学股权结构

年份	前五大股东持股比例					第三至第五大股东持股比例合计	股权制衡度
	第1大股东	第2大股东	第3大股东	第4大股东	第5大股东		
2006	36.94%	25.90%	3.31%	0.87%	0.46%	4.64%	0.073 8
2007	36.94%	25.90%	0.41%	0.36%	0.34%	1.11%	0.017 7
2008	39.84%	18.26%	0.41%	0.35%	0.23%	0.99%	0.017 0
2009	39.84%	18.26%	0.42%	0.20%	0.17%	0.79%	0.013 6
2010	36.86%	18.26%	0.42%	0.40%	0.28%	1.1%	0.020 0

上述股权结构表明,作为亚星化学的第一大股东,虽然持股比例由上市初的 60.1% 变化为不到 40%,但是根据实质重于形式的原则,从 2006—2010 年大股东对亚星化学有绝对控股权,且其他前十大股东由于持股太少,基本上都没有足够的积极性去通过股东大会等形式参与决策。即便是有了参与权,其意见也很难起到决定性作用,不能影响最终决议,这样,也就难以对控股股东施加压力,难以起到约束的作用。只有上市公司同时存在多个较大股东时,才可能起到相互牵制的作用。

二、问题梳理

(一)大股东资金占用渠道

大股东资金占用是指上市公司的资金被其控股股东及控股股东的附属企业通过一系列的手段而占为己用。大股东资金占用由经营性资金占用和非经营性资金占用两部分组成。经营性资金占用是指控股股东利用关联交易,如采购、销售等交易,在生产经营环节中,公司以不合理的价格、不合理的付款期安排、不合理的预付款比例向关联方支付款项,或关联方以不合理的价格、不合理的付款期安排、不合理的付款比例向公司支付款项,导致的资金占用。非经营性资金占用是指上市公司为控股股东及其附属企业垫付广告、保险、工资与福利等费用和其他支出、为其有偿或无偿、直接或间接拆借资金、代偿债务以及给控股股东及其附属企业使用资金而没有收取商品和劳务的对价等行为。

大股东亚星集团对上市公司的占款行为可以通过预付货款、关联交易、拖欠账款等方式来实现,一般在预付账款、应收账款、其他应收款等账户得以体现,尤其以关联交易为重点。因此我们需先分析亚星化学的关联方情况,表 7-2 列示了亚星化学的主要关联方。

大股东资金占用主要通过应收账款、其他应收款、预付账款账户体现，因此我们利用2010年半年报的数据，收集了这三个账户中与关联方相关的余额，结果列示在表7-3中。

表7-2　亚星化学关联方

序号	企业名称	企业与上市公司的关系
1	潍坊亚星集团	母公司
2	潍坊第二热电	母公司的控股子公司
3	潍坊亚星大一橡塑	母公司的控股子公司
4	潍坊威朋化工	母公司的控股子公司
5	潍坊亚星经贸发展	母公司的控股子公司
6	潍坊亚星置业	母公司的全资子公司
7	潍坊欧莱化学	母公司的全资子公司
8	潍坊廊桥物业管理	母公司的全资子公司
9	潍坊未来化工工程技术	母公司的全资子公司
10	潍坊亚星湖石化工	子公司
11	潍坊奥林置业	子公司
12	潍坊亚星投资	其他
13	潍坊星兴联合化工	其他

表7-3　亚星化学大股东资金占用情况　　　　　　　　　　　单位：元

项目/占用方性质	被控股股东占用	被控股股东的控股子公司占用	被控股股东的全资子公司占用	合计
被占用金额	39 796 096.20	123 641 239.40	36 000.00	163 473 335.60
其中:应收账款			36 000.00	36 000.00
其他应收款	842 567.54	47 160 584.29		48 003 151.83
应收票据	35 000 000.00	72 700 000.00		107 700 000.00
预付账款	3 953 528.66	3 780 655.10		7 734 183.76

通过半年报附注资料，可以发现亚星化学应收账款前五名单位中，有一家上海廊桥国际贸易有限公司，应收金额为10 049 959.77元，据披露这家上海廊桥国际贸易公司为亚星集团实际控制的公司。至于其他应收款，亚星化学其他应收款前五名单位中，亚星集团也列入榜单，在前五名中取相关信息，具体如表7-4所示。

表 7-4　与亚星集团关联的其他应收款　　　　　　单位:元

单位名称	与上市公司关系	金额	年限	占其他应收款的比重(%)
潍坊亚星集团	控股股东	842 567.54	1 年以内	1.36
潍坊第二热电	母公司的控股的子公司	47 160 584.29	1 年以内	76.24

同样地,预收账款的情况如表 7-5 所示。

表 7-5　与亚星集团关联的预收账款　　　　　　单位:元

单位名称	与上市公司关系	金额	年限	占预付账款总额的比重(%)
潍坊亚星集团	控股股东	3 953 528.66	1~2 年	1.54
上海廊桥国际贸易	控股股东实际控制	152 577 407.8	1 年以内	59.62

可以看出亚星化学大股东占用资金的蛛丝马迹。大股东利用会计处理的隐蔽性和便利性的特点,把其他应收款、预付账款作为自己占用上市公司资金的主要渠道,同时也可能利用了应收账款的方式。

(二) 大股东资金占用成因及后果分析

大股东占用上市公司的资金的现象极其普遍,引起此现象的成因的确有很多。其主要原因除了体制方面的、前文讲的股权结构方面的,还有法律约束力不够。关于股权结构和法律方面原因不再展开。此处结合前文关联交易部分,谈谈注册会计师审计中信息发现能力这一潜在却又起关键作用的因素。

注册会计师对大股东占款的信息关注。如果注册会计师在审计过程中能够及时发现大股东非经营性资金占用问题并做好充分披露,无疑会抑制大股东占用资金的猖狂行为。虽然,相关文件规定注册会计师要对上市公司的财务报表提供鉴证服务,也规定对大股东及关联方资金占用情况出具专项说明,但是,注册会计师在信息披露中往往更加重视对关联方资金往来,关联方关系及交易的信息披露,对非经营性资金占用问题没有进行深入追究。由于过分关注期末资金占用余额,一些有用的信息就难以有效披露。例如,对于期间占用,期末归还的部分,就没有深究其资金占用的过程与目的,以及这种把戏出现的频率与将带来的隐患。

三、案例分析——防范大股东资金占用的措施

第一,上市前严格把关,上市后补偿激励。要明辨国有企业改制包装上市的现象,对其上市前的审核要做到严格把关。可以通过税收或政策上的优惠,鼓励劣势国

有企业与效益好的非国有企业兼并。例如,可以根据被兼并国有企业的实际情况,给予免收原欠银行的贷款利息等优惠。鼓励效益好的非国有企业,通过兼并劣势国有企业后申请上市。对于大股东为了让国有企业脱胎上市,自身陷入经营困难的情况,上市公司应该主动向大股东提供资金作为补偿,并且在还款方式、期间、利息上给予优惠。日后,针对大股东监督管理层而发生的成本及按持股比例分配剩余收益使大股东付出与收益不成比例的情况,在分配剩余收益时可以弥补大股东的代理成本,与中小股东协商一致后,可以调节分配政策,实施相同的持股数给予不同股利,适当实行大股东与中小股东之间的差别对待,作为主动对大股东的补偿。

第二,建立股权制衡机制,改善股权结构。针对股权过分集中,大股东具有绝对控制权的现象,如何形成互相制衡的机制,从而适度分散股权,成了不少学者津津乐道的话题。韩志英把股权制衡定义为由少数几个大股东分享控制权,通过内部牵制,使得任何一个大股东都无法单独控制企业的决策,达到互相监督、抑制内部人侵占的股权安排模式①。股权制衡度的提高,有助于我们更好地进行公司治理,我们应该加强外部大股东的注入,向西方国家借鉴这方面的治理方法,结合我国的发展特点,弥补自身的不足,找到合适的股权结构,发挥控股股东的监督和制衡作用。股权制衡度的提高,可以逐渐减弱大股东夺权、资金占用等相关行为的动机。黄渝祥、孙艳、邵颖红通过研究发现,在股权制衡的局面下,其他股东有能力抑制大股东的资金占用行为,从而起到相互监督的作用。研究发现不存在股权制衡的上市公司里,控股股东占用资金侵害中小股东利益的情况比存在股权制衡的公司更显而易见②。

股权过分集中或过分分散,都是不利于上市公司的健康发展和良性循环的,因此,只有不断优化股权结构,充分发挥其他股东的参与、监督能力,才能维护上市公司的利益,保护投资者们的切实利益。

第三,加强监管力度。政府有责任加强监管。证监会及下属各证监局应该定期或不定期对上市公司进行审查,一旦发现资金占用,实施惩罚金额必须要大于其资金占用所带来的额外收益。要加强法律对投资者的保护,确保对大股东的监督及确保证监会的执行力。另外,要利用高质量的注册会计师提高监督力度,完善对上市公司的信息披露,注重披露资金占用的过程、用途及准确金额。完善监督管理涉及几个方面,首先要补充修订监管政策,在监管政策中要明确清偿占资的处理方案。其次要加大监管的频率,监管的频率越高,在一定程度上反映出监管方对资金占用问题越重

---

① 韩志英:关于我国上市公司关联方交易相关问题的探讨,财会研究,2003(12)。
② 黄渝祥,孙艳,邵颖红:股权制衡与公司治理研究,同济大学学报,2003(9)。

视。再次要在政策中明确监管的权限和被监管的对象,使得政策更容易落实,加强政策的执行力。最后将处罚形式、处罚力度与被处罚事件的严重度相匹配。通过完善监管体制、加强监管力度提高上市公司的整体质量,促进上市公司的健康发展和良性循环。

四、阅读文献

[1] 韩志英.关于我国上市公司关联方交易相关问题的探讨[J].财会研究,2003,(12).

[2] 黄渝祥,孙艳,邵颖红.股权制衡与公司治理研究[J].同济大学学报,2003(9):1102-1116.

[3] 王砚书,董丽英.审计案例[M].大连:东北财经大学出版社,2012.

[4] 饶斌,喻小明.会计与审计案例分析——基于资本市场的案例[M].南昌:江西人民出版社,2011.

第二节　投资活动相关项目审计

对比阅读案例

案例 16　贵州茅台酒股份有限公司投资价值分析

一、案例介绍

(一) 白酒行业龙头企业比较

1. 业务和产品分类

酱香型:贵州茅台、四川郎酒。

浓香型白酒:五粮液、洋河股份、水井坊、舍得、剑南春。

清香型白酒:山西汾酒、红星二锅头、牛栏山二锅头(顺鑫农业)。

浓酱兼香型:口子窖、湖北白云山。

老白干香型白酒:老白干酒。

馥郁香型:酒鬼酒。

2. 企业规模比较

(1) 市值规模。18 家上市白酒企业的市值如表 7-6 所示。

表 7-6 显示截至 2019 年 2 月 18 日 15:00:00 收盘,18 家上市白酒企业的市值情况。市值超过千亿的企业有 3 家,分别是贵州茅台、五粮液和洋河股份;市值在 100 亿至 700 亿元之间的有 8 家;市值在 20 亿至 100 亿元之间的有 6 家;市值在 10 亿元以下有 * ST 皇台。

表 7-6 白酒上市企业市值

序号	证券简称	总市值(亿元)
1	贵州茅台	9 105
2	五粮液	2 577
3	洋河股份	1 595
4	泸州老窖	699
5	山西汾酒	385
6	古井贡酒	361
7	口子窖	253
8	顺鑫农业	229
9	今世缘	235
10	水井坊	168
11	迎驾贡酒	122
12	老白干酒	98.98
13	舍得酒业	88.31
14	伊力特	69.46
15	酒鬼酒	59.49
16	金徽酒	42.84
17	金种子酒	28.23
18	*ST 皇台	7.24

其中,贵州茅台的市值比其他 17 家企业市值之和还要多。

(2) 收入规模。表 7-7 是 18 家上市白酒企业的营业总收入情况。

表 7-7 是 18 家白酒上市企业截至 2018 年第三季度营业总收入情况。可以看出,贵州茅台的营业总收入又是一枝独秀。

表 7-7 白酒上市企业营业总收入

序号	证券简称	营业总收入(亿元)
1	贵州茅台	549.69
2	五粮液	292.5
3	洋河股份	209.66
4	泸州老窖	92.63
5	山西汾酒	69.15
6	古井贡酒	67.62
7	口子窖	32.07

（续表）

序号	证券简称	营业总收入（亿元）
8	顺鑫农业	92.03
9	今世缘	31.63
10	水井坊	21.39
11	迎驾贡酒	24.37
12	老白干酒	24.31
13	舍得酒业	15.89
14	伊力特	14.98
15	酒鬼酒	7.60
16	金徽酒	9.65
17	金种子酒	7.98
18	*ST 皇台	0.10

（3）利润规模。表 7-8 是截至 2018 年度第三季度，18 家白酒上市企业的净利润情况。其中，贵州茅台达到了 265 亿元。而*ST 皇台是亏损。

表 7-8　白酒上市企业净利润

序号	证券简称	净利润（亿元）
1	贵州茅台	265.71
2	五粮液	99.63
3	洋河股份	70.40
4	泸州老窖	28.18
5	山西汾酒	13.55
6	古井贡酒	12.89
7	口子窖	11.41
8	顺鑫农业	5.20
9	今世缘	10.29
10	水井坊	4.63
11	迎驾贡酒	4.98
12	老白干酒	2.44
13	舍得酒业	2.96
14	伊力特	2.90
15	酒鬼酒	1.61
16	金徽酒	1.60
17	金种子酒	0.02
18	*ST 皇台	0.42

（4）资产规模。表7-9是白酒上市企业总资产情况。

表7-9是截至2018年第三季度,18家白酒上市企业的总资产情况,其中,贵州茅台突破了千亿元。

表7-9　白酒上市企业总资产情况

序号	证券简称	总资产（亿元）
1	贵州茅台	1 471.40
2	五粮液	761.24
3	洋河股份	451.78
4	泸州老窖	197.59
5	山西汾酒	102.65
6	古井贡酒	124.99
7	口子窖	75.88
8	顺鑫农业	178.05
9	今世缘	77.40
10	水井坊	29.64
11	迎驾贡酒	54.92
12	老白干酒	57.49
13	舍得酒业	44.96
14	伊力特	29.91
15	酒鬼酒	25.78
16	金徽酒	27.47
17	金种子酒	30.01
18	*ST 皇台	2.35

（5）盈利能力。表7-10显示了白酒上市企业的盈利能力。

表7-10　白酒上市企业盈利能力分析

序号	证券简称	净利率	净资产收益率
1	贵州茅台	47.50%	33.74%
2	五粮液	33.41%	19.61%
3	洋河股份	33.23%	23.84%
4	泸州老窖	25.03%	19.70%
5	山西汾酒	16.63%	19.74%
6	古井贡酒	17.01%	18.55%

（续表）

序号	证券简称	净利率	净资产收益率
7	口子窖	30.91%	23.88%
8	顺鑫农业	3.77%	6.34%
9	今世缘	30.27%	18.09%
10	水井坊	16.38%	22.00%
11	迎驾贡酒	21.26%	16.55%
12	老白干酒	6.45%	9.86%
13	舍得酒业	8.67%	5.71%
14	伊力特	18.60%	17.11%
15	酒鬼酒	19.83%	9.02%
16	金徽酒	18.98%	14.58%
17	金种子酒	0.71%	0.41%
18	*ST皇台	−394.14%	−383.84%

从表7-10可知,贵州茅台的净利率最高,净资产收益率最高。

（二）贵州茅台战略分析

1. 贵州茅台SWOT分析

1) 优势（strength）

（1）品牌影响力。茅台的品牌价值,既得益于几十年形成的国酒象征,又源于伟人酒故事背景、军队酒情节、高档酒形象,品牌价值力量十分强大。

（2）分销体系。在销售渠道建设上,改变过去产品销售的省级总代理层层分销制,建立县级特约销售制,从而构筑终端网络,产品能迅速与消费者见面,实现有效的市场扩张。经销和直销相结合,经销商遍布国内外,渠道多,有利于扩大销售量;直销可以很好地控制价格,减少假冒伪劣产品。

（3）独特的原料和生产工艺。茅台酒基于独特的地域位置,以特殊的"小红梁"为原料,经过漫长的酿造和窖藏时间,在特殊的气候条件的作用下制造出。地域、气候、有机原料、制作工艺、四者缺一不可。

（4）生产技术不断完善。茅台集团对技术研发投入巨大,生产技术比起传统技术有了很大的进步与完善,扩大了茅台酒的生产能力,提高了茅台酒的年产量,对扩大茅台市场,规避现有生产能力上的缺点有很大作用。

2) 劣势（weakness）

（1）大众形象存在误解。正宗、嫡传、历史、传统、厚重、权利、尊重这些是"国酒"

与生俱来的联想词,茅台在传播却不去坚持和挖掘,最终使"茅台"止位于"国酒"的定位。茅台酒一部分都是由官方购买,这令消费者产生了"贪污""腐败"的联想,对品牌与销售有一定的负影响。

(2)白酒行业竞争激烈,产品制造周期长。白酒业竞争非常激烈,而茅台酒的制造周期为5年,明显长于其他酒类,虽然保障了茅台酒的质量,但是却减少了茅台酒的产量,这不利于扩大市场、降低产品价格和扩大消费群体,限制了销售量,妨碍了优势的发挥。

3)机会(opportunity)

(1)注重代表的文化内涵。一个企业能够在国际上享有盛名,与它自身的文化内涵是不可分割的。茅台酒的生产可以追溯到距今2 000余年前的汉代,一直以来被称为中国的"国酒"。

(2)消费群体对于健康理念关注增加。现在消费者不仅仅注重商品的口味、包装以及其他方面的品质,也更关注商品的健康理念以及保障功能。时间与科学证明茅台酒的保障功能无可非议,生产技术也在不断完善,使茅台酒的生产更加安全、卫生、健康,人们对茅台酒的信任依赖度有所提升,对销量是一个良好的竞争优势。

(3)居民消费水平、消费档次逐年提升。如今中国经济发展势态良好,居民消费水平也随之提高,可支配收入增加,在满足日常的必须消费之外,也会有部分收入用于追求更高档次的商品,而茅台也正处于此消费档次,正好使茅台的销量提升,无疑是一个大好机会。

4)威胁(threat)

(1)各地地方保护主义依然存在。各地区有自产的白酒,并在当地市场上仍然享有在渠道、价格、消费习惯及感情等方面的特殊待遇。这种对地域产品特有的消费方式不易改变,对贵州茅台大范围打入中国市场也是一种障碍。

(2)替代品。国外名酒进入国内后,消费者消费习惯随之转移,新生代们对白酒的需求并没有表现出很大兴趣,酒类消费呈现多元化趋势。

2. 公司战略及选择

(1)竞争战略。茅台运用了其独特的历史文化,以及地域优势将其品牌定位为国酒、绿色食品、世界上最好的蒸馏酒。这个定位包含三个层次:国酒与历史相连,国酒是对茅台品牌的形象定位和价值定位;"绿色"代表消费趋势,绿色意味着对健康有利;"健康的酒"是茅台酒的消费定位,是以消费者为导向的一种价值定位策略。

(2)营销战略。茅台2009年7月成立了"茅台俱乐部",为会员提供最低会员价,会员享有消费积分,享受最好国酒服务。茅台还免费提供真伪茅台酒辨别咨询。而会员的义务就是把茅台的产品通过口碑宣传给亲朋好友。在此策略下,茅台等于变相增加了其原本的广告支出成本来推广其产品,增加其品牌知名度。

茅台还推出了个性化的营销策略,对于不同的产品,分别采用了不同的营销策略。例如,商务用酒的飞天特供、中王龙系列,以及喜庆用酒的福缘酒系列酒都采用了专门为企业和个人量身定制的策略。茅台此策略的目的主要是在一些重要的场合如,周年庆典、发布会上,向贵宾宣传茅台酒,所以一瓶量身定制的好酒,哪怕一个不一般的酒瓶都会受到留意。这种个性化的策略能很好地起到"对症下药"的效果,即对不同的消费者进行不同的形象设计,有利于显示产品的高档次与差异化。

(3)生产战略。在中国白酒行业,如果从规模产量和生产周期方面比较,贵州茅台并不占据优势地位;但是它却凭借科技创新架构的企业核心竞争力,创造了持续8年跨越式发展的显著业绩。茅台酒的酿造工艺之所以显得格外独特和富有创意,正是因为茅台长期以来辩证地解决好了继承与创新的关系,形成了业内无可复制的核心技术。茅台在过去几十年间的科技创新实践,不管是实施两期茅台科技试点工作、进行茅台酒易地生产试验,还是从事茅台酒香气香味物质研究、茅台酒制曲和制酒主要微生物研究或年份酒开发,以及开展茅台酒与人体健康的科学研究等重大课题,都充分地体现出了一种在继承中依靠科技创新求发展的科学求是精神。

茅台的独特性主要体现在5年陈酿工艺上,即用纯净小麦制成的高温大曲和高粱作酿酒原料,经二次投料、九次蒸煮蒸馏、八次摊凉、加曲、堆积、八次发酵、七次取酒、分型贮存、勾兑出厂。独特地理环境、微生物环境造就了产品稀缺性和不可复制性;科学检测分析表明,茅台酒富含有益人体健康的物质组分1 200多种,其中叫得出名的有800多种。

(三) 财务分析

1. 审计报告

2018年贵州茅台酒股份有限公司的年报由天职国际会计师事务所审计。会计师事务所出具了无保留意见的审计报告。整个审计报告有4页,措辞简洁明晰。

审计意见如下:

我们审计了后附的贵州茅台酒股份有限公司(以下简称"贵州茅台")财务报表,包括2018年12月31日的合并及母公司资产负债表,2018年度的合并及母公司利润表、合并及母公司现金流量表、合并及母公司股权权益变动表,以及财务报表附注。

我们认为,后附的财务报表在所有重大方面按照企业会计准则的规则编制,公允反映了贵州茅台2018年12月31日的合并及母公司财务状况以及2018年度的合并及其母公司经营成果和现金流量。

2. 资产负债表分析

1) 资产总体结构及变化分析

如图 7-1、图 7-2 所示:总资产呈现稳步增长趋势,符合公司不断发展壮大的战略构想。在资产负债表中,流动资产和固定资产是最主要的组成部分,所占份额最大,其中流动资产增长速度较为明显,而固定资产略有下降的趋势。

图 7-1 总资产规模变化

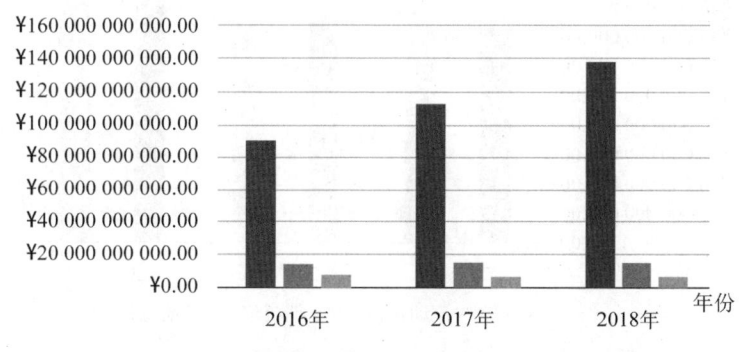

■ 流动资产 ■ 固定资产 ■ 无形资产及其他资产合计

图 7-2 资产结构

如图 7-3 所示,总体上,从 2016—2018 年存货一直逐年递增。存货包括原材料、自制半成品、库存商品、周转材料等,并不包括渠道库存。而存货的连年上升即代表库存周转次数与出货量的下降,会对企业现金流形成考验。值得注意的是,由于白酒企业与经销商的交易关系通常是先付款再发货,所以以上存货中,有可能含有部分已经付款但尚未发货的货品。

自 2013 年以来,白酒行业进入深度调整期,整个行业呈现出严重的产能过剩,供大于求,在此情况下,所有酒企都遭遇了挤压式增长、产品竞争加剧、渠道流通不畅,直接导致了酒企出现高库存的现象。2016 年我国白酒行业进入复苏回暖期,白酒行业需去产能、去库存,根据市场销售情况及产品供需关系合理地制定经营目标,提高生产计划准确率,并合理管控物流系统,以降低企业库存。

图 7-3　存货构成

如图 7-4 所示,2016—2018 年 3 年,负债总体呈现稳步增加的趋势,没有长期负债,流动负债的增加是导致总负债增加的主要原因。

图 7-4　负债构成

如图 7-5 所示,流动负债由应付账款、预收账款、应付职工薪酬、应交税费和其他应付款构成。其中,预收账款是占份额最大的部分,但是 2018 年比前两年有明显下降。应交税费的增幅较为明显,说明企业下游经销商的谈判能力与收现能力有所下降。其主要原因应与国家所处政策有关,也说明预定茅台酒产品的客户减少了。应付账款数额很小,说明企业自身的现金拥有量较为充足,能及时支付相关款项。

如图 7-6 所示,2016—2018 年 3 年,资产呈现增加趋势,负债虽也在增加,但总体幅度变动不大,所以所有者权益有较为明显的增加。从构成资产的结构上看,贵州茅台主要通过权益方式筹资,而非负债方式筹资,说明公司崇尚低财务风险的筹资模式,筹资政策较为稳健。

图 7-5　流动负债构成

　　从负债的构成上看,从流动负债中,除了企业经营产生的自发性负债,如应付账款、应交税费等项目,没有借入短期金融负债,而长期负债一直为 0。也说明企业无论日常经营还是规模扩建,都可以利用自有资金,而不用过分依赖外部负债。

图 7-6　资本结构及筹资政策

　　2)利润超预期

　　(1)利润超预期增长。如表 7-11 所示,公司全年实现营业收入 736.39 亿元,同比增长 26.49%;归属上市公司股东净利润 352.04 亿元,同比增长 30.00%。公司拟每 10 股派发现金红利 145.39 亿元(含税),共分配利润 182.63 亿元。

　　(2)毛利率提升,销售管理费用率降幅较大。如图 7-7 所示,2018 年全年销售毛利率达 91.6%,同比增长 1.34%,主要是由于系列酒毛利率同比猛增 8.3% 所致。期间费用率 10.75%(研发费用全口径),同比下降 2.39%,其中销售费用率 3.49%,下降 1.64%,超预期,也给 2019 年文化茅台建设,以及经销商的改革留出了费用空间;管理费用率为 7.23%,下降 0.88%;财务费用上升 0.52 亿元。

表 7-11 贵州茅台 2018 年主要会计数据

主要会计数据	2018 年	2017 年	本期比上年同期增减
营业收入	73 638 872 388.03	58 217 861 314.17	26.49%
归属于上市公司股东的净利润	35 203 625 263.22	27 079 360 255.74	30.00%
归属于上市公司股东的扣除非经常性损益的净利润	35 585 443 648.60	27 224 083 628.17	30.71%
经营活动产生的现金流量净额	41 385 234 406.72	22 153 036 084.13	86.82%
归属于上市公司股东的净资产	112 838 564 332.05	91 451 522 828.96	23.39%
总资产	159 846 674 736.01	134 610 116 875.08	18.75%
期末总股本	1 256 197 800.00	1 256 197 800.00	—

数据来源：Wind、国泰君安证券研究　　　　数据来源：Wind、国泰君安证券研究

图 7-7 贵州茅台 2018 年毛利率与费用率情况

（3）现金流强劲。表 7-12 显示,贵州茅台 2018 年现金流依然强劲,但因贵州茅台财务公司的存在,吸收存款和相关同业存款,使公司现金流受影响,公司经营现金流净额变动较大。比如,2018 年年报显示,公司经营活动中现金流同比增长 86.82%。实际上,将干扰项排除,仅仅考虑主营业务的现金流,公司 2018 年经营活动净现金流为 380 亿元,增长率增加 32.8%,与净利润增长幅度就基本一致了。

表 7-12 贵州茅台 2018 年现金流量情况　　　　　　　　　　　　　　　单位:元

项　　目	本期发生额	上期发生额	本期比上年同期增减
销售商品、提供劳务收到的现金	84 268 696 732.62	64 421 479 343.02	30.81%
客户存款和同业存放款项净增加额	1 010 398 131.22	−316 204 577.99	—
客户贷款及垫款净增加额	3 000 000.00	−28 393 350.80	—

（续表）

项　　目	本期发生额	上期发生额	本期比上年同期增减
存放中央银行和同业款项净增加额	920 713 967.76	8 727 170 068.53	−69.45％
支付的各项税费	32 032 178 125.92	23 065 648 503.05	38.87％
经营活动产生的现金流量净额	41 385 234 406.72	22 153 036 084.13	86.82％
处置固定资产、无形资产和其他长期资产收回的现金净额		16 450.00	−100.00％
收到其他与投资活动有关的现金	11 244 181.30	21 430 672.95	−47.53％
购建固定资产、无形资产和其他长期资产支付的现金	1 606 750 226.28	1 126 017 192.46	42.82％
支付其他与投资活动有关的现金	33 456 659.58	17 075 146.10	95.94％
投资活动产生的现金流量净额	−1 628 962 704.56	−1 120 645 214.60	—
吸收投资收到的现金		6 000 000.00	−100.00％
分配股利、利润或偿付利息支付的现金	16 441 093 160.06	8 905 177 880.80	84.62％
筹资活动产生的现金流量净额	−16 441 093 160.06	−8 899 177 880.80	—
汇率变动对现金及现金等价物的影响	29 006.86	72 948.86	−60.24％
现金及现金等价物净增加额	23 315 207 548.96	12 133 285 937.59	92.16％

（4）赚钱持久度分析。什么样的企业才算好企业？不仅要有创造现金流的能力，同时还需要长期、稳定创造高的收益。ROE才是反映了一家企业内在价值的关键。

$$ROE＝净利润／净资产＝每股净利润／每股净资产＝归属于母公司股东净利润$$
$$／（期初归属于母公司股东权益＋期末归属于母公司股东权益)/2$$

市值＝PE×净利润＝PE×ROE×净资产，其中PE是市盈率。

由上述公式可知，一家企业市值的增长，从根本上是由 ROE 决定的，因为 ROE 的不同，净资产增加值是不同的，只要那些 ROE 长期、稳定且高增长的企业，其市值也会不断增长。

如何体现长期、稳定、高的 ROE？"长期"指的上市的 A 股公司具备最近 7—10 年完整的 ROE 数据；"稳定"指的是最近 7—10 年 ROE 均值在10％以上；"高"指的是最近 7—10 年 ROE 均值排名前 30％。

贵州茅台 10 年的归属于母公司 ROE 情况如图 7-8 所示。

图 7-8　贵州茅台归属于母公司普通股股东的加权 ROE

由图 7-8 可知,近 9 年来贵州茅台归属于母公司 ROE,最高值为 2012 年的 45％,从 2012 年到 2016 年出现下降趋势,2017 年反弹上升至今。

下面通过杜邦分析拆解归母 ROE 指标,详细分析贵州的成长性。

$$ROE = 净利率 × 总资产周转率 × 权益乘数$$

图 7-9 展示了贵州茅台酒净利润率变化情况。从图 7-9 可知,贵州茅台的净利率近 9 年来保持在 44％ 以上,净利率超过 20％,就算优秀,最低值为 2016 年的 44.65％,最高值为 2012 年的 52.95％。

2018 年净利率为 49％,2018 年全年的净利率超过 2017 年全年的净利率,可以看出利润在递增趋势。

图 7-9　贵州茅台净利率变化情况

图 7-10 展示了贵州茅台的总资产周转率变化情况。

贵州茅台的总资产周转率多年来在 50％ 附近浮动。2018 年全年的总资产周转率高于 2017 年全年的总资产周转率。

图 7-10　贵州茅台总资产周转率变化

图 7-11 展示了贵州茅台的权益乘数变化情况。

贵州茅台权益乘数最高值为 2016 年的 1.49,也就是说负债从来没有超过净资产的一半,资产状况很健康。

图 7-11　贵州茅台权益乘数变化

由图 7-11 可知,2018 年的权益乘数为 1.36,从 2016 年起一直呈逐年递减的趋势。

可以看出,权益乘数近 3 年持续走低,总资产周转率、净利率双双升高。

ROE 的提高,实际上不可能三个指标都提升,最好的方式是其中两个提升,一个下降,而杠杆系数下降、资产周转率,净利率提升是最好的,也就是说东西卖得快、利润还高了同时还借别人的钱也越来越少了。

（5）成长分析。图 7-12 展示了贵州茅台营业总收入变化情况。

图 7-12　贵州茅台营业总收入变化

从图 7-12 可知，2018 年营业收入为 771.99 亿，同比增加 26.43%，增速低于 2017 年。

图 7-13 显示，股东权益，也就是净资产，2018 年为 1 128.39 亿，增速为 23.39%。

图 7-13　贵州茅台股东权益变化情况

二、问题梳理

前文的数据分析中表明，贵州茅台的偿债能力、营运能力、盈利能力三项指标都非常强，企业的财务风险和经营风险均较低。同时品牌力以及渠道利润的丰厚为公司业绩增长提供了可靠的基础，其未来几年业绩增长仍能得到较好保障，是能够确保长期经营的。茅台公司的盈利能力很好，并且能够保持相当的稳定性。

茅台的战略应该是集中把茅台酒做大做强。不轻易把茅台的品牌向外延伸，而是就锁定茅台品牌,因为它代表着最高敬意,代表着中国文化,代表着至尊。凡是使茅台这一属性降低的投资方向和经营内容应该全部停止或修正,推广那些能够让茅台延续保持至尊的经营项目。茅台未来的战略发展空间非常大,而把战略重心放到全面提高茅台酒及系列酒的产量和质量上,提高茅台酒在国际市场上的销售份额更具有战略意义。这个战略方向之外的其他战略选择都是高风险与高不确定性,而且有的是有害的。某些小的成功在短期看是赚了些小钱但其实长期对茅台公司是有害的,所以绝不能进行错误的战略扩张。

三、案例分析

就贵州茅台的现金状态而言,企业的现金流转顺畅,这种顺畅主要是由于企业的经营活动对现金流转做出了较大的贡献。但应注意利用拓宽融资渠道来加强对投资活动的投入,保证企业的良性发展。此外,公司 2019 年及 2020 年第一季度利润增速有所下滑,这点必须引起警惕。

四、阅读文献

［1］中国注册会计师协会.审计［M］.北京:经济科学出版社,2019.

［2］贵州茅台 2016 年、2017 年和 2018 年财务报告.

［3］茅台酒股份有限公司网站 https://www.moutaichina.com/.

第八章

财务报表审计中对舞弊的责任

第一节 国内上市公司舞弊案例
及注册会计师责任

 案例 17 主动纳税之达尔曼财务舞弊

一、案例介绍

西安达尔曼实业股份有限公司(以下简称达尔曼)于 1993 年以定向募集方式设立,主要从事珠宝、玉器的加工和销售。曾有"中华珠宝第一股"美誉,1996 年 12 月,公司在上交所挂牌上市,并于 1998 年、2001 年两次配股,在股市募集资金共计 7.17亿元。

从公司报表数据看:1997—2003 年,达尔曼销售收入合计 18 亿元,净利润合计 4.12 亿元,资产总额比上市时增长 5 倍,达到 22 亿元,净资产增长 4 倍,达到 12 亿元。在 2003 年之前,公司各项财务数据呈现均衡增长。然而,2003 年公司首次出现亏损,亏损达 1.4 亿元,每股收益为 −0.49 元;同时,公司的重大违规担保事项浮出水面,涉及人民币 3.45 亿元、美元 133.5 万元;还有重大质押事项,涉及人民币 5.18 亿元。

2004 年 5 月 10 日,达尔曼被上交所实行特别处理,变更为"ST 达尔曼"。同时,证监会对公司涉嫌虚假陈述行为立案调查。2004 年 9 月,公司公告显示,截至 2004年 6 月 30 日,公司总资产锐减为 13 亿元,净资产为 −3.46 亿元,仅半年时间亏损高达14 亿元,不仅抵销了上市以来大部分业绩,而且濒临退市破产。此后,达尔曼股价一路狂跌，2004 年 12 月 30 日跌破 1 元面值。2005 年 3 月 25 日，达尔曼被终止上市。

2005 年 5 月 17 日，证监会公布了对达尔曼及相关人员的行政处罚决定书：

经查明，1996—2004 年期间，许宗林等人以支付货款、虚构工程项目和对外投资等多种手段，将十几亿元的上市公司资金腾挪转移，其中有将近 6 亿元的资金被转移至国外隐匿。监守自盗了大量公司资产后，许宗林携妻儿等移民加拿大。

达尔曼兴衰路：

1996 年 12 月，发行上市募集资金 1.47 亿元；

1998 年，第一次配股 2.98 亿元；

2001 年，第二次配股 2.71 亿元；

2003 年，被誉为中华珠宝第一股；

2004 年 3 月 6 日，最具价值的"黑马"；

2004 年 4 月 30 日，保留意见年度报告披露；

2004 年 5 月 10 日，股票被 ST 处理；

2004 年 6 月 4 日，被立案稽查；

2004 年 8 月 3 日，全面停产；

2004 年 9 月 1 日，暂停交易；

2004 年 12 月 31 日，成为 A 股市场首只仙股；

2005 年 3 月 25 日，终止上市。

二、问题梳理——主要存在问题

（一）达尔曼造假的主要手法

1. 虚增销售收入，虚构公司经营业绩和生产记录

达尔曼所有的采购、生产、销售基本上都是在一种虚拟的状态下进行的。每年，公司都会制订一些所谓的经营计划，然后组织有关部门和一些核心人员根据"指标"，按照生产、销售的各个环节，制作虚假的原料入库单、生产进度报表和销售合同等，为了做得天衣无缝，对相关销售发票、增值税发票的税款也照章缴纳，还因此被评为当地的先进纳税户。

1997—2000 年度主要通过与大股东翠宝集团及下属子公司之间的关联交易虚构业绩，2001 年，由于关联交易受阻，公司开始向其他公司借用账户，通过自有资金的转入转出，假作租金或其他收入及相关费用，虚构经营业绩。2002—2003 年，公司开始利用自行设立的大批"壳公司"进行"自我交易"，达到虚增业绩的目的。经查明，这些公司均是许宗林设立的"壳公司"，通过这种手法两年共虚构销售收入 4.06 亿

元,占这两年全部收入的 70% 以上,虚增利润 1.52 亿元。

2. 虚假采购、虚增存货

虚假采购,一方面是为了配合公司虚构业绩需要;另一方面是为达到转移资金的目的。达尔曼虚假采购主要是通过关联公司和形式上无关联的"壳公司"来实现的。

例如,2003 年从"壳公司"购入的非常低廉的锆石。锆石在形态上与钻石几乎相同,非专业人士难以分辨。而这批锆石被假做钻石购入后,达尔曼不但对其做了完整的出入库记录,而且还严格按照领用出库记录对实物进行了剔除,保证了两年的实物盘点记录与账册的完全一致,甚至保持了装盛器皿的一致。

3. 虚构往来款项,虚增在建工程、固定资产和对外投资

为了伪造公司盈利假象,公司销售收入大大高于销售成本与费用,对这部分差额,除了虚构往来,公司大量采用虚增在建工程和固定资产、伪造对外投资等手法来转出资金,使公司造假现金得以循环使用。此外,还通过这种手段掩盖公司资金真实流向,将上市公司资金转匿到个人账户,占为己有。

4. 伪造与公司业绩相关的资金流,并大量融资

为了使公司虚构业绩看起来更真实,达尔曼还配合虚构业务,伪造相应的资金流。为此,达尔曼设立大量"壳公司",并通过大量融资来支持造假所需资金。在虚假业绩支撑下,达尔曼得以在 1998 年、2001 年两次配股融资。

(二) 达尔曼造假点分析

1. 造假过程和手法系统严密,属一条龙造假工程,具有较强隐蔽性

达尔曼高薪聘请专家,对造假行为进行全程精心策划和严密伪装,形成造假工程一条龙。达尔曼的造假具有系统性和欺骗性,公司的虚假业绩规划有明确的流程,并有配套的货币资金流转规划,编制了充分的原始资料和单据,并且按照账面收入真实缴纳税款。为了融资、资金周转和购销交易,许宗林等人设立了大量关联公司或壳公司。据透露,与达尔曼发生业务往来的关联方,基本都是由许宗林控制的账户公司、影子公司,这类公司大致分为以托普森、海尔森为代表的森字系和以达福工贸为代表的达字系,总数达到 30 多个。通过精心策划,达尔曼的资金往往在不同公司多个账户进行倒账,以掩盖真相,加上相关的协议、单据和银行记录等都完整齐备,因此从形式上很难发现其造假行为。

2. 以"圈钱"为目的,并通过复杂的"洗钱"交易谋取私利

达尔曼上市具有明显的圈钱目的,公司从证券市场和银行融入大量资金,并不是用于投资项目,扩大生产,而是为了个人控制使用。陕西某证券分析师在接受记者采访时说:"许宗林从一开始,就是要造一个泡沫。他从来没有任何扎实的实业。"许宗

林以采购各种设备和投资为名,将总数高达四五亿元的巨额资金,通过设立的影子公司完成洗钱,并转往国外。

3. 银行介入造假过程,起到一定程度的配合作用

近几年一些重大财务舞弊案,如欧洲帕玛拉特,台湾博达等的财务造假案,都有银行等金融机构的影子,银行协助企业安排复杂的融资交易,转移资金,甚至虚构存款等。在达尔曼案例中,虽然没有证据表明银行直接参与造假,但在长达 8 年时间里,对于达尔曼大量贷款,违规担保,未及时披露担保信息,转移资金等情况,如果银行能够更尽职谨慎一些,达尔曼很难持续、大规模地这样造假。

4. 造假成本巨大,社会后果严重

为了使造假活动达到以假乱真的目的,达尔曼不但对虚假收入全额纳税,而且还多次对虚假收益实施分配,同时支付巨额利息维持资金运转,使造假过程形成了一个巨大的资金黑洞。据粗略测算,达尔曼用于造假的成本,包括利息、税款等达数亿元,正是由于造假资金成本过大,导致资金在循环过程中不断消耗,最后难以为继。为此,除股市融资外,达尔曼还通过不断增加银行借款维持公司繁荣假象,造成贷款规模剧增,债务危机日趋严重。在被立案稽查前,达尔曼直接间接银行债务已高达成 23 亿元,大量贷款逾期,资金链断裂,银行争相讨债,最终财务风险爆发,给投资者和债权人造成了巨大损失。

(三) 财务舞弊的识别

(1) 从盈利能力指标看,进行财务舞弊的公司出于虚构利润需要,财务报表上通常会显示不寻常的高盈利能力。达尔曼 1996—2002 年的平均主营业务毛利率高达 45％,平均主营业务净利率达 38％,对于这种持续的畸高利润率,报表使用者应当予以高度警惕。

(2) 从现金指标看,现金为王。现金流量信息一直被认为比利润更可靠、更真实,投资者比较关注的是经营活动净现金流量,但对现金流也造假的公司,这一招就失灵了,达尔曼伪造了与经营业务相对应的现金流,并通过壳公司大量融资,使达尔曼的现金流量看起来非常充足,对报表使用者造成误导。对造假公司来说,为了维持造假资金循环,会采用各种办法将资金转出去或虚列账面现金。因此,投资者除关注经营活动现金流量外,还应当关注其他现金指标的合理性。

首先,要警惕经营活动净现金流量大额为正,同时伴随大额为负的投资活动净现金流量的情况。达尔曼的经营活动现金流量绝大多数年度为正数,但其投资活动净现金流量持续为负。

其次,要分析公司货币资金余额的合理性。从达尔曼的合并报表看,公司 2001

年以前的货币资金余额一直在 2 亿元左右。2001 年及以后的货币资金余额都超过 6.5 亿元,而公司的平均年主营业务收入约为 2.5 亿元,现金存量规模明显超过业务所需周转资金。而公司账面有大量现金,却又向银行高额举债,银行借款规模逐年增长,2002 年和 2003 年的期末银行借款分别达到 5.7 亿元和 6.7 亿元,银行短期贷款利率远高于定期存款利率,逻辑上不合理。

(3) 从营运周转指标看,虚构业绩的公司,往往存在虚构往来和存货的现象,在连续造假时,公司应收款项相应地持续膨胀,导致周转速度显著降低。达尔曼的应收账款周转率和存货周转率从 1999 年开始大幅下降,两者年周转率都已低于 2,意味着公司从货物购进到货款回笼需要 1 年以上时间,营运效率极低,这样的公司却能持续创造经营佳绩实在令人怀疑。

(4) 从销售客户情况、销售集中度和关联交易来看,虚构业绩往往是通过与关联公司进行交易,这样公司的销售集中度会异常得高。2001 年达尔曼对前客户的销售占了公司全部收入的 91.66%,仅前两家就占 67%。此外,达尔曼的客户群在不同年度频繁变动,一般来说,公司正常的经营需要保持稳定的客户群,这种无合理解释的客户群频繁变动则是一种危险信号。

(5) 关注公司其他非财务性的警讯。投资者往往可以从以下一些方面发现公司舞弊的迹象和警讯:公司治理结构完善程度,董事和高管的背景,任职情况,更换情况,遭受监管机构谴责和处罚情况,诉讼和担保情况,财务主管和外部审计师是否频繁变更等。这些都是公司可能存在重大舞弊的警讯。

三、案例分析——思考与建议

(一) 对公司内部审计的思考

内部审计是企业内部管理控制系统的一部分,也是企业内部约束机制的重要内容。一个发挥作用的内部审计机构必然有助于公司的长效经营。从达尔曼案例中我们可以看出内部审计在公司治理中的巨大作用。

(1) 应该赋予内部审计委员会一定的权力,这个权力要与董事会分离,这样才可以保证内部审计机构及人员的独立性。这点是解决内部审计问题的关键。如果不先解决这个问题,即使内部审计委员会想要做好内部审计的工作,但实际操作起来会碰到很多的困难。这些困难是来自方方面面的,包括从管理层、财务部和实际的操作层。在实际工作中,内部审计机构要与董事会的领导脱钩。另外,内部审计人员的福利、职称、待遇及绩效考评也要纳入考虑的范围,尽可能地为内部审计人员提供一个独立的内部审计环境。

（2）在解决内部审计独立性的问题后，就需要提高内部审计人员的相关技术。像达尔曼这样的公司造假手段极其高明，它聘请了专业的专家进行精心策划和严密伪装，它的造假过程具有严密的流程：从编制充分的原始资料和凭证到按照账面收入真实缴纳税款以及最后的分配利润，都做得天衣无缝，因此从形式上很难发现它的造假行为。这就需要内部审计人员的技术。这除了要根据以往一贯使用的财务指标以外，还要根据一些非财务的数据及指标分析。例如，①从营运周转指标来看，虚构业绩的公司，往往存在虚构往来和存货的现象，在连续造假时，公司应收款项相应地持续膨胀，导致周转速度显著降低；②从销售客户情况、销售集中度和关联交易来看。虚构业绩往往是通过与关联公司进行交易，这样公司的销售集中度会异常得高。

另外，公司治理结构完善程度，董事和高管的背景、任职情况、更换情况，遭受监管机构谴责和处罚情况，诉讼和担保情况，财务主管和外部审计师是否频繁变更等也是信息的重要来源。

（3）内部审计机构的审计重点应该进行转换，做到事后审计是远远不够的。一个好的内部审计机构应该做到事前审计防患于未然，事中审计及时应对问题及突发事件的产生，事后审计做到万无一失。同时，还应该积极发展风险管理审计，它是一种最直接的内部审计参与风险管理的方法，但其作用的发挥离不开对风险管理信息的有效收集。因此自我控制评价和管理建议提供的信息可以帮助内部审计人员规划审计工作的重点以及合理分配审计资源。

内部审计在组织治理中有着不可或缺的作用与地位，它是企业内部建立的独立的审计部门，基于内部管理的需要，它以企业内部控制为对象，以日常业务流程为内容，按照董事会的要求，站在管理层的高度，坚持独立、客观、公正的原则，对企业内部管理和其他相关方面做出评价和判断，从而有效地降低内部经营风险，保证企业的良性运转，并促进企业管理的高效与透明，它也是企业管理权限的延伸、管理的重要组成部分、信息监管的手段以及各项工作考核及评价的重要见证人。我们必须与时俱进，以发展的眼光重新认识内部审计的性质和作用。

（二）监管反思

1. 从上市公司生态环境入手

上市公司生态环境是个宽泛的概念，其中能起到协同监管作用的主要包括证监会、工商税务部门、银行、中介机构和股东。上市公司是一个持续经营的实体，如果上述各个环节能够协同配合，上市公司的违法违规行为就无法延续，就可以有效地杜绝上市公司虚假陈述。从上市公司的生态环境入手，是规范上市公司发展、遏制上市公司违法违规行为的一个切实可行的办法。

2. 切实落实辖区责任制

证监会作为上市公司监管的最重要的一个环节,责任重大。事实证明,证监会的辖区责任制是一个非常有效的制度。辖区责任制 2006 年在上市公司清欠、证券公司综合治理、股权分置改革中发挥了重大作用,证明这个制度是非常正确的,今后要持续强化。政令要畅通,要靠制度的约束,健全和完善一套长效机制是提高执行能力的重要保证。

3. 各部门齐抓共管

在上市公司的生态环境中,除了证监会,工商税务部门、银行、中介机构和股东也是重要的组成部分,各部门密切配合、齐抓共管,将是遏制上市公司违法违规行为的重要方面。中介机构始终是证券市场的首道关口,证监会应持续加强对负责公司审计的会计师事务所的监管,提高会计信息质量,督促其严格审计程序,审慎发表意见。

(三) 对审计师的建议

(1) 要高度关注未取得发票的存货,未取得发票存货背后是虚增存货,发票仍是验明存货正身的关键性证据之一,因为取得发票成本很高,如果没有发票,造假成本就大大降低。

(2) 虚增在建工程仍是非常流行的一个手法,审计师要高度关注在建工程的真实性审计,在建工程虚增表现为投入不断增加,建设周期非常长,所取得经济效益不明显,如果一家公司投资于一些过度竞争的行业或投资一些概念性行业,规模与当前生产规模不相适应,这样的在建工程往往有问题,特别是当在建工程的真实性难以核实时,在建工程造假可能性就大大增加。

(3) 要高度关注定期存单审计,证监会指控达尔曼审计师未能勤勉尽责的第一个事实就是未能揭示达尔曼以 4.27 亿元定期存单质押为其他单位贷款提供担保的重大事项,有相当部分定期存单是为质押而开立,审计师在审计时应做到:索取企业定期存单原件(若只提供复印件,则有可能已质押);对于定期存款的审计,要足够重视,控制风险,特别注意以下几个方面:

第一,取得定期存单原件,不能用复印件代替。因为可能存在一些定期存单相关交易,在复印件上是难以发现的。

第二,要根据专业判断,对定期存单进行函证或抽样函证。函证必须由审计人员亲自管理。根据对被审计单位内部控制的判断,决定抽样的比例,如果在进行抽样函证时,出现差异,必须查找原因并全部函证。

第三,要关注定期存单的转存。将存单会计期间内的转存过程与银行存款日记账进行核对,以确认所有的转存已全部入账。对于没有入账的转存业务,要关注其利息是否已经入账。难以逐笔核对的,要进行测算,发现不可接受的差异,要追查原因,还要根据业务约定提出管理建议。

四、结论和启示

达尔曼有目的圈钱、洗钱和系统性财务舞弊给我们留下许多值得深思的启示。

(一)完善公司治理

公司治理结构是防范财务舞弊最基础的一道防线。对一些民营背景的上市公司来说,如果没有适当制约机制,很容易出现实际控制人在董事会的"一言堂"现象,将上市公司作为谋取私利的工具。近年来,监管层采取了一系列措施来完善上市公司治理,包括引进独立董事、成立审计委员会、分类表决等制度,但中国的经济、法律和文化环境与发达国家存在很大差别,如何保证这些制度实施过程的有效性是当前亟待解决的问题。由于财务舞弊通常给债权人也带来巨大损失,作为债权人的银行等机构有意愿且有能力来监督公司,我国可考虑适当借鉴大陆法系国家公司治理模式,加强债权人在公司治理中的作用。

(二)完善银行等金融机构的治理结构和内部控制,加强金融联手监管

达尔曼向银行贷款 20 多亿元能够得逞,并在不同公司之间大量调度资金、向国外转移资金,除了其造假水平高超外,也从一个侧面反映了我国银行的治理结构与内部控制存在缺陷。达尔曼系统性财务舞弊和圈钱、洗钱行为已超越了证券行业的范围,扩展至整个金融领域,涉及证券、银行、外汇等多个领域,因此有必要加强金融领域多部门间的监管协作,建立监管信息的沟通机制。例如,人民银行的征信系统可以查询到上市公司在本地银行贷款及担保记录,如果能将各地贷款信息联网,不同监管部门之间进行沟通,对达尔曼未披露的大量融资和担保就可以尽早发现并及时监管。

(三)加强货币资金审计,提防现金流信息的欺骗性

随着造假手段越来越"高明",现金流信息同样具有很强的欺骗性。达尔曼在伪造业绩的同时,也伪造了相应的现金流,并且采用存单质押担保的贷款方式实现资金的表外实质转移,但从形式上看,企业现金仍然在账上。为此,注册会计师要分析货币资金余额的合理性和真实性,高度重视银行函证,不仅对表内资产负债进行证实,也要注意查询是否存在财务报告未记载的表外负债或担保。另外,银行单证属于在被审计单位内部流转过的外部证据,其可靠性应被审慎评价。为保证函证有效,避免被审计单位利用高科技手段篡改、变造和伪造银行对账单等单证,注册会计师应尽量做到亲自前往银行询证,并注意函证范围的完整性。在现金流量指标上,不能只关注

经营现金流量信息,还要结合考察投资和筹资活动现金流量状况。

(四)关注上市公司实质性风险

系统性财务舞弊往往采取在主体外造假的做法,如果仅仅局限于主体本身财务报表,账账、账实从形式上看都是相符的,很难通过余额的实质性测试发现问题。新的国际审计风险准则特别强调,应警惕仅实施实质性程序无法提供充分、适当审计证据的风险,为此,注册会计师或其他利益相关人应当借鉴风险导向审计的手段,重视风险评估,从战略和系统角度来评估公司可能存在的重大风险,保持应有的职业谨慎,发现公司舞弊。

(五)加强上市公司担保的监管

从我国出现问题的上市公司看,一个显著特点是这类公司很多都存在严重违规担保现象,达尔曼也不例外。监管部门应采取措施完善上市公司对外担保管理,加强对担保信息的及时披露。对注册会计师来说,应当高度关注上市公司的担保情况和可能存在的风险。

五、阅读文献

［1］陈东平.论财务舞弊的三种识别方法[J].财会研究,2008(21).

［2］干红芳.我国上市公司会计舞弊动机及防范[J].商场现代化,2008(3).

［3］张锋.上市公司会计舞弊的危害及控制对策[J].商业会计,2009(7).

 案例 18 绿大地财务舞弊案

一、案例简介——公司概况

云南绿大地生物科技股份有限公司(以下简称绿大地)始建于 1996 年,2001 年完成股份制改造,2007 年 12 月 21 日在深圳证券交易所挂牌上市,注册资本 1.510 9 亿元人民币,主营业务为绿化苗木种植与销售,以及绿化工程设计与施工,是云南省唯一一家具有国家城市园林绿化施工一级资质的企业。然而,绿大地 2009 年度业绩预告和快报五度反复,公司又分别对 2009 年年报和 2010 年第一季度报告进行补充更正,2011 年自行变更会计估计。2010 年 3 月 17 日,绿大地因严重违规披露和不披露重要信息等问题被证监会立案调查;2011 年 3 月 17 日,控股股东、董事长何学葵涉嫌欺诈发行股票罪被云南省公安厅逮捕;同年 4 月 7 日,财务总监李鹏便因涉嫌违规披露、不披露重要信息罪被公安机关采取强制措施。

二、问题梳理——"绿大地门"事件回顾

（一）首次 IPO 申请搁浅

早在 2004 年，绿大地就开始计划实施上市，2006 年冲刺资本市场，只可惜折戟 IPO。数位投行人士认为绿大地在 2006 年首次冲击中小板被否的原因可能来自所得税减免等相关问题。根据绿大地在 2006 年发布的招股书申报稿，其表示公司自 2001 年开始享受"西部大开发"税收优惠政策，所得税减按 15％税率征收；不过作为云南省农业产业化经营省级重点龙头企业，2005 年度起暂免征企业所得税①。事实上，正是通过享受了免征所得税的政策，绿大地才在 2005 年实现了预计的增长。数据显示，绿大地 2004 年和 2005 年分别取得 3 426.97 万元和 3 712.16 万元净利润，而免征所得税一项就为绿大地节省了 505.36 万元税金，这意味着如果不是享受这一政策，绿大地 2005 年的净利润将变为 3 206.79 万元，这较之 2004 年净利润将下滑约 6.5 个百分点。正是因为这一规定，民营控股的绿大地享受了国家税务总局针对国有农业企事业单位的所得税减免的待遇，从而实现了 2005 年度利润的正增长。此外，在绿大地 2006 年招股书申报稿中作为风险提示重点披露的存货减值风险在次年公布的申报稿中已然不见；而公司存货余额在 2003 年至 2005 年小幅增长的基础之上（2003—2005 年年末分别是 8 120.45 万元、9 487.59 万元、11 857.58 万元），2006 年增加至 17 830 万元。2007 年 12 月 21 日，二次闯关终成功，登陆中小板，成为 A 股唯一绿化行业的上市公司。那么为何第一次上市申请没有通过而短短的 1 年后就能够通过？

（二）再度闯关成功之虚增资产

根据证监会对绿大地欺诈发行的事后调查，其上市前处于连续 3 年亏损状态，根本不具备 A 股上市条件，但出于对资本的渴望，在原董事长何学葵、原财务总监蒋凯西、原外聘财务顾问庞明星等人的策划下，公司通过"做账"来达到上市标准。绿大地从 2004—2007 年利用其控制公司，采用阴阳合同等方式虚增资产，通过虚构银行回款方式虚增收入，并以虚增资产、虚假采购方式将资金流出，再通过其控制公司将资金转回方式虚增销售收入，累计虚增营业收入 2.96 亿元，如绿大地招股说明书显示，绿大地另一处固定资产"马鸣基地"围墙的固定资产价值为 686.9 万元，其招股

---

① 昆地税经政字[2006]14 号文。

说明书上显示的该基地 4 块地（原为荒山）共 3 500 亩,如果其围墙只围地块的周长,折算下来,其每米围墙的价格高达 1 268.86 元。此外,马鸣基地的 3 口深水井计入固定资产 216.83 万元,每口深井价值 72.27 万元。而该招股说明书上的另一口深井,金殿基地深水井却只值 8.13 万元,价格相差近 10 倍。

（三）再度闯关成功之关联交易

根据《首次公开发行股票并上市管理办法》第 33 条规定的业绩条件:最近 3 个会计年度净利润均为正数且累计超过人民币 3 000 万元;最近 3 个会计年度经营活动产生的现金流量净额累计超过人民币 5 000 万元,或者最近 3 个会计年度营业收入累计超过人民币 3 亿元。绿大地 2004—2006 年财务指标显示,2004—2006 年以及 2007年 1 月至 6 月,净利润均为正数且累计超过人民币 3 000 万元;经营活动产生的现金流量净额累计 4 356.9 万元(未达到《首次公开发行股票并上市管理办法》的要求);因此营业收入必须累计超过人民币 3 亿元,才满足第 33 条的要求,绿大地做大营业收入是必然选择。接着绿大地利用隐性关联交易来实现了这一目的。昆明鑫景园艺工程有限公司位列绿大地 2007 年上半年苗木采购第一大户,当期采购苗木的金额为 755 万元,占同期绿大地营业收入的 5.69%,其股东晁晓林持有该公司 10% 的股份,该公司在 2005 年和 2006 年都是绿大地的第三大客户。同时晁晓林还担任昆明晓林园艺工程有限公司的法定代表人并持有该公司 80% 的股份,该公司也为绿大地的前 5 大客户之一,2007 年上半年该公司向绿大地采购了超过 300 万元的苗木。根据绿大地 2007 年上市招股说明书,2004 年、2005 年、2006 年及 2007 年上半年,绿大地对历年的前五大销售客户的销售占据绿大地前期销售金额的绝大部分。然而,在绿大地上市之后的 2008 年,其曾经的采购大户陆续消失。绿大地上市后不久,便发生了巨额的销售退回事件。在证监会介入调查后,绿大地 2010 年 4 月 30 日披露,2008 年年度报告存在重大会计差错,未对销售退回进行账务处理,并在 2009 年年报中对前期重大会计差错进行更正:确认 2008 年苗木销售退回 2 348.519 5 万元,并由此追溯调整减少 2008 年度合并及母公司营业收入 2 348.519 5 万元、追溯调整减少 2008 年度合并及母公司营业成本 1 194.736 3 万元、追溯调整增加 2008 年合并及母公司年末应付账款 1 153.783 2 万元,调减合并及母公司 2008 年年末未分配利润 1 038.404 9 万元,调减合并及母公司 2008 年年末盈余公积 115.378 3 万元。对于上述销售退回事件,在 2009 年年度报告中中审亚太会计师事务所会计师对此持"保留意见",导致保留意见的事项之一为"由于受审计手段的限制,我们无法获取充分适当的审计证据对绿大地公司部分交易是否属于关联交易以及交易的真实性、公允性进行判定"。2010 年度财务报告中中准会计师事务所出具无法表示意见,原因之一为"我们无法实施满意的审计程序,获取充分适当的审计证据,以识别绿大地公司的全部关联方,由此,我们无法合理保证绿大地公司关联方和关联方交易的相关信息得到恰当的记录和充分的披露"。采购大户的神秘消失、接踵而至的巨额冲销以及会计师事务所的审计意见都揭示"隐性关联交易的存在"。根据绿大地各年年报,2004—2010 年前五大客户的销售额占营业收入的比重分别为 57.70%、43.56%、27.83%、28.80%、22.32%、23.23% 和 79.86%。

(四)上市之后继续造假

在成功上市后,绿大地继续实施财务报表造假,2008 年虚增收入 8 564.68 万元,2009 虚增收入 6 856.1 万元。而绿大地被查的导火线是 2010 年一季报,这是一份令人大跌眼镜的季度报表:2010 年 4 月 28 日预告基本每股收益为 0.27 元,但 4 月 30 日正式出台的一季报每股收益竟然只有每股 0.1 元,两天之差,营业总收入、净利润、每股收益暴跌;经过分析发现,在该季度报表中,仅合并现金流量项目差错就多达 27 项,其中千万元的差错有 8 项,亿元的差错则多达 12 项。同时,绿大地也涉嫌伪造国家机关公文、有效证明文件和有关单据、凭证,隐匿、销毁会计资料等多项违法犯罪行为,性质极为恶劣。绿大地 2010 年主要财务资料如表 8-1 所示。

表 8-1　绿大地 2010 年主要财务资料

报告期 项　目	2010-9-30	2010-6-30	2010-3-31
每股收益	0.120 0 元	0.060 0 元	0.1 元
每股净资产	3.91 元	3.85 元	3.89 元
每股现金含量	−0.14 元	−0.12 元	0.239 1 元
每股资本公积金	2.01 元	2.01 元	2.010 9 元
净利润	1 861.61 万元	969.12 万元	1 539.46 万元
主营利润收入	27 119.66 万元	19 479.14 万元	16 112.1 万元
财务费用	1 025.18 万元	688 万元	372.27 万元

资料来源:绿大地季报和年报。

三、案例分析

为什么绿大地频频造假却依然能够成功上市呢?其中,公司管理层、监管层应负有什么样的责任？中介机构(保荐机构、会计师事务所和律师事务所)是否有过失，应承担什么样的责任？作为IPO审批的中国证监会，其审批程序和监管措施是否存在漏洞？案例的分析思路如图8-1所示。

图8-1 绿大地案例分析思路图

(一) 公司治理结构不完善

首先我们必须看到绿大地前董事长何学葵拥有公司约30%的股权，公司的控制权完全掌握在其手中，而且缺乏有效的内部监督机制，独立董事、监事会形同虚设。根据资料显示，2009年绿大地共召开过9次董事会，独立董事郑亚光均亲自参加，而2010年共召开过18次董事会，郑亚光出席16次，委托出席2次。但事实上，这位被认为管理经验和专业知识都过硬的独立董事，在绿大地东窗事发前，从未在会议上投过一次反对票或弃权票，而以其专业能力和从业经验看，他不可能看不出公司的财务存在重大问题，最大的可能就是他在其位不谋其职，根本就没关注过公司。而最无法向中小投资者交代的是其对绿大地多年来自设关联公司虚增资产的行为一言不发。同时我们还发现，郑亚光在2009年3月接任公司独立董事后，于2011年3月接替何学葵任董事长一职，独立董事的职责在于监督管理层的日常行为，对特殊事项发表意见，防范公司发生损害投资者利益的行为，而郑亚光就任董事长一职并代行董事会秘书职责显然混淆了公司治理机制的设计理念，使人不得不质疑曾经的独立董事是否为中小股东的利益尽职尽责。除郑亚光外，在2011年之前，其他三位独立董事也从未对公司的决策发表过任何反对意见。5年间，公司账目暗藏近百张伪造的银行单据，控制31家关联公司，几十个公司公章由一人保管。这种"一股独大"的股权分布和无效的内部控制制度显然直接纵容了绿大地的欺诈行为。其造假与否完全取决于董事长的意图。

(二) 中介机构(保荐人、会计师事务所、律师事务所)失职

绿大地造假上市的过程，如果少了保荐机构，会计师事务所或者律师事务所等机构的"配合"，是难以成就的。根据调查，在绿大地上市的时期，保荐代表人资源十分

稀缺,签哪个项目由证券公司安排,签字人往往与实际做项目的人不一致。正如何学葵所说,绿大地公司提供了虚假的材料,"中介机构的责任在于没有深入查证材料的真实性"。一位中金公司投行部的工作人员告诉记者,目前在 IPO 中,保荐机构会进行一个包括财务、业务和法律在内的全面尽职调查。"我们会提一些问题,准备一些书面材料,同时会和企业的管理层以及负责业务、财务和法律相关的人面谈。"他表示,如果(企业)有意隐瞒,保荐人是没有能力查出来的。"更多的是一种诚信,该问的都要问到,该要的材料都要到了,作为中介机构的会计师、律师则各自从专业角度给券商出一个专业意见。"他强调:"业界有一种潜规则,受人之托、纳人之财,就得为人谋事。"资料显示,此次涉嫌欺诈发行的绿大地,其保荐机构是联合证券,2009 年 9 月,联合证券更名为华泰联合证券。在联合证券 2007 年出具的对于绿大地的发行保荐书中,明确表示:"发行人符合现行法律法规有关股票发行和上市规定的各项实质性条件;发行人募集资金全部用于主营业务,投资方向符合国家产业政策和有关规定。"公开资料显示,在这份保荐书上签名的保荐人是李迅冬和黎海祥,两人曾因绿大地信息披露违规和重大会计差错而于 2010 年被证监会通报批评。更可怕的是中介机构还以专业水平指导造假。身为注册会计师的庞明星是绿大地案中的一个关键人物,身份复杂。根据何学葵的说法,四川华源会计师事务所所长庞明星是绿大地外聘的财务顾问。但据知情人透露,庞明星曾在绿大地的上市审计公司——深圳鹏城会计师事务所就职,也是他将鹏城会计师事务所介绍到绿大地的。庞从绿大地项目中的收入一部分来自鹏城会计师事务所,一部分来自何学葵,这些收入都是对庞明星"造假智囊"的报酬。从公开的资料不难看出,绿大地自从上市至 2010 年的 3 年间,一共更换了三次审计机构。其中负责绿大地 IPO 招股说明书财务审计的会计机构为深圳鹏城会计师事务所。根据绿大地招股说明书,2007 年下半年,绿大地上市的审计机构深圳鹏城会计师事务所对绿大地造假之后的 2004 年、2005 年、2006 年和2007 年上半年的财务报表出具了"深鹏所股审字[2007]104 号标准无保留意见审计报告"。此外,绿大地上市的另一个重要中介方就是其法律顾问。其法律顾问为四川天澄门律师事务所,该所负责操办绿大地 IPO 项目的律师为徐平和肖兵。在一路大开绿灯之后,各大中介机构自然从绿大地身上获得了丰厚的回报。数据显示,绿大地成功上市后,联合证券从中收取了 1 200 万元的承销及保荐费用;深圳鹏城会计师事务所也收获了 110 万元的审计费用;四川天澄门律师事务所也从中收取了 80 万元的律师费用。可以肯定的是,在收取了巨额的相关中介费用之后,无论是绿大地的保荐机构、审计机构还是法律顾问,都对绿大地的欺诈上市"浑然不觉"。在发审机关的审核上,曾参加《公司法》《证券法》等商事经济法律研究、起草和修改工作的中国人民大学商法研究所所长刘俊海表示:"目前主要是由拟上市公司、拟发行公司来出面聘请保荐机构、会计师事务所和律师事务所,所以保荐机构、会计师事务所和律师事务所往往就是'谁找我们,我们就对谁负责',而不是对于未来的投资者负责任。另外,即使保荐机构保荐的上市公司出现问题后,保荐机构也是以受到警告和罚款处罚的居多,收费多,罚款少,中介机构违法成本偏低"。

(三)地方政府的过度保护和偏袒

由于企业上市带来大额资金的募集以及地方税收的增加等,使推动企业上市也成为一项重要政绩,地方政府往往为企业上市一路开绿灯。根据资料显示,绿大地2010年一季度的销售额仅为5 989.35万元,而缴纳的税费高达3.02亿元。在绿大地一案中,这道关口不仅没有被守住,相反却随处可见地方保护的影子。尚且不说当年地方部门如何让绿大地带病过关,单就案发之后的各种迹象看,地方为保护企业可谓不遗余力。何学葵被捕前,绿大地曾以公司名义向云南省政府书面求援。其紧急报告中说,如果公司被定性为虚假或欺诈上市,"可能引起农户和股民的大规模上访、投诉等社会恶性事件","不利于鼓励有条件的企业上市发展,进一步做大我省花卉产业","使将来云南企业上市融资难上加难"。云南省花卉产业办公室也曾向绿大地公司风险处置及维稳工作领导小组打报告,请求有关部门在处理绿大地案件方面从轻从宽。在案发前后,有关地方领导也曾多次赴京,与证监会高层会晤,为绿大地说情。调查人员也面临很大阻力,整个调查过程非常艰难,公安部门对何学葵的批捕方案也曾多次被地方驳回。

(四)IPO审核制度缺陷

现有发行审核制度的缺陷也为企业造假上市、欺诈发行提供了可能。绿大地造假案一出,人们的第一反应是:证监会怎么审的? 如此严重造假的企业竟能过会? 理清这一问题需要对新股发行审核的流程进行梳理。根据现有体制,一家企业若要申请上市先要通过地方证监局的辅导备案,然后才能报证监会。证监会发行部对企业的申请材料进行初审之后,向发审委提交初审报告,最终由发审委委员根据材料进行审核并投票决定是否通过。可以说,地方证监局、证监会发行部、发审委是监管层为新股发行设立的三道关口。按理说,地方证监局由于地缘优势容易掌握企业的真实情况,应是监管层了解企业的重要窗口。但身处地方的派出机构往往更有动力推动本地企业上市,且因不对企业进行实质性审核,地方证监局这一关并不严格。"到了证监会层面,审核人员不可能也没有义务去现场,如果企业蓄意造假且凭证齐全,再专业的人单凭材料也很难识破。"一位投行人士说,"若在企业审核中没有受贿等行为则很难推定审核人员的责任。"在很多人看来,新股发行审核重权在握,但与权力相对应的责任却要小得多,A股历史上似乎也还没有哪位审核人员因所审企业出问题而受到处分。深圳大学经济学院国际金融研究所所长国世平认为证监会承担了交易所本应承担的发行审核责任,又缺乏监督机构,无疑增加了其中的寻租空间。如果交易所负责发行审核,证监会负责监督,两者各归其位,加大其中权力制衡力量,就能更好地避免上市造假等事件的发生。

(五)欺诈的成本和收益

纵使我国的IPO制度有诸多的漏洞,但是归根结底,支撑绿大地罔顾法纪、铤而走险的真正动力在于一旦上市成功,其带来的效益将会远远高于其付出的成本。绿大地上市后一次性募资3.46亿元,原董事长何学葵身价过亿,而后随着股价的上涨其更是跻身2009年胡润富豪榜,绿大地也一跃成为A股市场苗木绿化企业的龙头。根据经济学的供求理论,只要边际收益大于边际成本,即当会计造假的收益大于成本时,企业就会采取造假行为。根据资料显示,绿大地先后中标昆明市"宜良县南盘江西岸一期景观工程"和"重庆市酉阳自治县桃花源景区改造、伏羲洞开发建设工程"。2010年上半年,该公司共获得园林工程订单3.03亿元。2010年11月5日,绿大地与四川省南充市住房和城乡建设局签订《合作意向书》,南充市城建同意将西华体育公园、北部新城道路、东湖公园、江东大道南段工程项目整体打包依法履行招标程序后由公司以BT方式整体承担投资建设,项目预计总投资人民币5亿元人民币,而与此形成鲜明对比的是绿大地东窗事发后,5名被告人全部被判缓刑,公司仅被罚款400万元。在海外成熟市场,投资者遭遇欺诈发行情况时,可以集体诉讼,强制上市公司作出赔偿。在我国目前尚无这一制度。因此经济学家华生就此认为,欺诈发行的出现并不能说明现行新股发行制度有什么问题,关键在于提高违法违规成本。

四、结论和建议

那么针对这样一种局面,我们该怎么来应对呢?

(一)引入机构投资者和改变独立董事的任免机制

针对我国民营上市公司内部"一股独大"的问题,应积极推行上市公司持股形式多元化,可以借鉴德国和日本的经验,推行银行法人持股的模式,还可以积极引进机构投资者。由于市场分割,信息通道受阻,单个投资者的信息识别能力较差,因此面对证券市场信息的不完全,其明显处于弱势,无法实现最理想的金融产品投资组合,而机构投资者的产生部分决绝了市场信息不完全的问题。根据WIND资料显示,国外的机构投资者占投资者总体的 90％左右,而我国只有 60％。独立董事充当了中小股东代言人的角色,我国民营上市公司治理的问题在于股权集中模式下股东之间的利益冲突,内部治理机制的目标是解决控股股东与中小股东之间的利益冲突,而不是解决股东与管理层之间的利益冲突。因此,由大股东提名独立董事的机制背离了制度设置的初衷,在一定程度上影响了独立董事独立履行职责。美国著名学者 J.C.Coffee 曾经指出,股权集中模式下的国家仓促引进美国的独立董事制度可能收效甚微,因为这些国家的控股股东掌握着董事的任免权,而任免者恰恰就是独立董事的未来监督对象。因此,未来可以考虑由中国证监会统一选派独立董事,直接对中小股东负责。独立董事的报酬由中国证监会直接发放,以此来隔开独立董事对大股东的依赖。

(二)加大处罚,完善投资索赔制度

当年美国安然公司因财务造假,导致股价从 90 美元暴跌至 30 美分,使其最终走向没落。受其影响,为安然服务的著名五大国际会计师事务所之一的安达信会计师事务所也跟着倒闭关门,并由此引发美国世通公司的丑闻,后者也随之宣告破产。而安然公司、世通公司的丑闻,却促成了美国《萨班斯-奥克斯利法案》的诞生。与之相比,在我国 A 股市场,财务造假或欺诈上市的违规成本却要低得多,这从绿大地一审判决即可看出。虽然我国也启动了投资者保护机制,但效果相当有限。低廉的造假成本,让股市的惩戒机制形同虚设,代价太低成为资本市场造假猖獗的主要原因。业内人士呼吁,应该本着严惩造假者和保投资者利益的原则,妥善处理绿大地事件,同时着眼长远,完善投资者索赔等机制。经济学家华生说:"监管部门与司法部门有必要以绿大地为标本,从重处理欺诈上市事件。全面追究绿大地公司、原公司高管、保荐机构、会计师事务所、律师事务所的责任。"从这个角度看,我们更需要中国版的《萨班斯-奥克斯利法案》。这不仅是保护投资者利益的需要,更是中国股市健康发展的基本诉求。

(三)克服地方保护主义

在绿大地的案子中,随处可见地方保护主义的影子。中国注册会计师协会发布的 2010 年年报审计情况快报显示,已披露年报的 1 570 家上市公司中,有 1 454 家收到政府补贴,所占比率高达 92.61％,涉及的金额高达 464.4 亿元人民币,平均每家上市公司获得补贴 3 187.09 万元,并且,地方政府往往在税收方面大开方便之门,如早期在创业板上市的 117 家公司中就有 16 家公司受益于地方政府越权审批税收优惠,占比 13.68％。

首先，由于目前各级干部的考核主要是以经济指标来衡量的，如果这个地方的经济水平上去了，便一好遮百丑。因此要转变政府官员的考核办法，经济指标虽然是重要的内容之一但所占的比重不能过重，上市不是政绩，不能为了保壳而向各上市公司撒钱。其次，把地方政府的推荐上市等主导权从证券市场中剔除出去，取消发审委，让投资者决定公司的估值，让交易所决定公司能否上市。只有这样，才能彻底消除地方保护主义，维护证券市场的公平性。

从内部来看，真正起到预防、发现和纠正企业造假行为的关键在于有效的内部控制。

（四）重视控制环境建设

在控制环境方面，绿大地自上市以来，董事会成员除被羁押的董事长之外，如今仅剩下两个；监事会的换血显得更为彻底，如今已全是新面孔。从权力制衡的情况来看，2009 年之前，公司一直未实现董事长和总经理的职务分离；从 2010 年 4 月起，董事会秘书一直由董事长兼任；公司的实际控制人——董事长在董事会中处于绝对的主导地位。新上任的董事长在担任公司独立董事期间，他曾多次提出过有关内部控制方面的建议，但受限于公司的决策程序等因素，未能起到作用。更令人担心的是，公司新聘用的高管有的曾在问题公司当过管理者，有的是理论多于实践经验。不仅高管的素质和稳定性难以保证，公司里中专及以下学历的员工占了 62.35%，现有员工的专业教育背景、专业资质和专业结构也难以支撑公司的长远发展。归根结底，内部控制是"人"的问题，因为它既是靠人去设计的，也是靠人去执行的。针对控股股东的不当行为、人员变更和基础管理薄弱的问题，绿大地应加强基础管理，规范会计账务处理和信息披露，并在发展战略、企业文化以及团队建设等方面，做出相应的调整。必须承认，重要职位上的频繁变动，势必会影响公司制度执行的连贯性和有效性，也说明公司没能建立良好的人才储备机制。因此，绿大地的当务之急是建立并完善人力资源储备机制，稳定管理团队与员工队伍，加强企业的向心力和凝聚力，完善培训机制和考核机制，提高经营团队和员工的综合素质，以保障日常生产经营的正常开展。

（五）强化风险评估

在风险评估方面，2010 年绿大地的业务结构发生了较重大的变化，公司的业务重心由原来以绿化苗木生产为主、绿化工程设计和施工为辅，调整为在稳定现有苗木生产经营的基础上，大力拓展绿化工程业务。但这一经营理念的转变似乎来得太迟。旱灾于 2008 年 7 月就开始，12 月明显加重；严重干旱天气又从 2009 年下半年持续至

2010年一季度,对公司的绿化苗木业务产生了不利影响。虽然公司的绿化工程业务发展较为迅速,在一定程度上抵御了异常天气给公司生产经营带来的不利影响,但绿化工程项目在执行过程中,主要依靠资金来推动订单的增长。由于需要公司大量垫付资金,而客户拖延支付货款或付款能力又欠佳,导致应收账款发生坏账损失的风险加大。因此,公司应加大催收应收账款的力度,同时积极盘活资产,拓宽融资渠道,解决流动资金不足的问题,以满足日常经营活动现金流的需要。另外,针对以前苗木种植靠天吃饭的状况,公司应强化苗木基地基础设施建设,降低苗木种植中由于自然因素带来的风险。

(六) 加强控制活动

在控制活动方面,绿大地的有关资料显示,2004—2006年存货金额逐年增加,截至2007年6月底,存货金额占流动资金总额的比例达67.74%。存货积压造成了资金流的短缺,加上农产品自身的质量容易受到天气的影响,需要合理计提减值准备,因此公司在2009年亏损达1.51亿元,说明公司没能对存货进行有效的管理和控制。

(七) 完善信息和沟通

在信息与沟通方面,绿大地上市后三番五次的业绩错报,也让人对其信息与沟通的真实性和有效性产生疑虑。2009年10月至2010年4月,绿大地披露的业绩预告和快报曾几度反复,由预告增长过亿元变更为最后亏损1.51亿元,成为"业绩变脸王"。绿大地应以重视内部控制的新董事长上任为契机,积极改变"业绩变脸王"的不利形象,加强审计委员会领导下的内部审计监督,使内部控制的自我评估落到实处,以确保信息与沟通的准确性与有效性。与此同时,为获取当地政府与相关监管部门的帮助和支持,绿大地需要与当地政府及相关监管部门建立顺畅的沟通渠道,如通过24小时热线,随时与相关部门保持沟通,争取省、市政府及金融部门等相关各方督促欠款单位依法按合同付款,并帮助解决可能面临的问题。

(八) 增强内部监督

在内部监督方面,绿大地在2010年年度报告中,详细阐述了公司在内部控制方面存在的问题,并提出了诸多整改措施和办法。但综观绿大地2008年和2009年的年度报告发现,无论是董事会、监事会还是管理层对内部控制的自我评价虽不是百分之百满意,但大都感觉良好,改进的建议也泛泛而谈,并没有具体指出问题所在或提出实质性的改进建议。由于内部控制制度一经设立,在一定时期内就有一定的持续性和稳定性,可见绿大地在内部控制方面的问题早就存在,只是内部控制的自我评估监督作用甚微。所以,公司应建立重大决策集体审批制度,以杜绝管理者的独断专行。同时建立部门之间的相互牵制制度,以杜绝部门权力过大或集体徇私舞弊的现象。在内部监督的过程中,要加强审计委员会领导下的内部审计监督,赋予内审部门真正的权力,加强其权威性和独立性,使内部审计真正发挥作用,以帮助公司实现长远发展。

五、阅读文献

[1] 冲蒋,章颖,徐建军.人格特征、利益博弈、资本证券化与财务舞弊——基于绿大地舞弊案例的启示[J].会计之友,2012(6).

[2] 林枫,范锰杰.我国保荐人制度:市场的"守夜人"抑或"合谋者"——基于中小板绿大地公司的案例分析[J].财会学习,2011(6).

[3] 齐小亚.由"绿大地财务造假"事件看我国上市公司盈余管理[J].时代金融,2011(18).

[4] 刘婷.透视绿大地财务违规事件[J].财务与会计(理财版),2011(12).

[5] 钟林."绿大地造假门"击中 IPO 软肋[J].股市动态分析,2011(13).

[6] 李秋迪.绿大地事件分析[R].工作论文.

第二节　国外上市公司舞弊案例及启示

 案例 19　集体规避审计之南方保健公司案例

一、案例介绍

(一)案例背景

2003 年 3 月 18 日,美国最大的医疗保健公司——南方保健会计造假丑闻败露。该公司在 1997 年至 2002 年上半年期间,虚构了 24.69 亿美元的利润,虚假利润相当于该期间实际利润(－1 000 万美元)的 247 倍。这是《萨班斯-奥克斯利法案》颁布后,美国上市公司曝光的第一大舞弊案,备受各界瞩目。为其财务报表进行审计,并连续多年签发"干净"审计报告的安永会计师事务所,也将自己置于风口浪尖上。

南方保健使用的最主要造假手段是通过"契约调整"(Constractual Adjustment)这一收入备抵账户进行利润操纵。"契约调整"是营业收入的一个备抵账户,用于估算南方保健向病人投保的医疗保险机构开出的账单与医疗保险机构预计将实际支付的账款之间的差额,营业收入总额减去"契约调整"的借方余额,在南方保健的收益表上反映为营业收入净额。这一账户的数字需要南方保健高管人员进行估计和判断,具有很大的不确定性。南方保健的高管人员恰恰利用这一特点,通过毫无根据地贷记"契约调整"账户,虚增收入,蓄意调节利润。而为了不使虚增的收入露出破绽,南方保健又专门设立了"AP 汇总"这一账户以配合收入的调整。"AP 汇总"作为固定资产和无形资产的次级明细账户存在,用以记录"契约调整"对应的资产增加额。

据《华尔街日报》的报道,安永会计师事务所参与南方保健审计的多位注册会计师明显缺乏应有的职业审慎:

(1)安永的主审合伙人 Miller 证实,在南方保健执行审计时,审计小组需要的资料只能向南方保健指定的两名现已认罪的财务主管 Emery Harris 和 Rebecca 索要。审计小组几乎不与其他会计人员进行交谈、询问或索要资料。对于南方保健这种不合理的限制,安永会计师事务所竟然屈从。稍微有点审计常识的人都知道,被审计单位对注册会计师获取审计证据的限制是不能接受的,通过被审计单位指定渠道是难以获取充分、适当的审计证据的。

(2)SEC 和司法部的调查结果显示,南方保健虚增了 3 亿美元的现金。众所周知,现金是报表科目中最为敏感的一个项目,对现金的审查历来是财务报表审计的重点。一旦现金科目出现错报或漏报,财务报表便存在失实或舞弊的可能。注册会计师也可以此为突破口,追查虚构收入、虚减成本费用等舞弊行为。各国的审计准则普遍要求注册会计师采用函证等标准化程序,核实存放在金融机构的现金余额。

(二)公司背景

斯克鲁西是南方保健的缔造者,被誉为变革美国理疗业的灵魂人物。他创造性地提出将理疗和恢复性治疗等手术辅助环节从医院中独立出来运作的构想,并探索出一套低成本、高疗效的诊所运营模式。从 20 世纪 90 年代开始,斯克鲁西带领南方保健疯狂扩张,终于让南方保健旗下的理疗诊所像麦当劳一样开遍美国的每一个角落。截至 2002 年,南方保健在全球拥有了 1 229 家诊所,203 家外科手术中心和 117 家疗养院,成为全美最大的保健服务商。

斯克鲁西是个开拓进取的创业者,却也是个独断专行、刚愎自用的人。在南方保健,他实行独裁式的强权管理。曾与其共事过的董事和高管人员对他敬畏有加。董事们即便"懂事",也不敢管事,任凭斯克鲁西左右公司的重大决策。此外,斯克鲁西及其同伙还投资了数十家医疗企业,编织成一张以斯克鲁西为中心的复杂的关联交易网,成为他们中饱私囊的"提款机"。

2002 年 8 月,南方保健的 CEO 理查德·斯克鲁西(Richard M. Scrushy)和 CFD 威廉·欧文斯(William T.Owens)按照《萨班斯-奥克斯利法案》的要求,宣誓他们向

SEC 提交的 2002 年第二季度的财务资料真实可靠。宣誓后，欧文斯寝食不安。慑于安然和世界通信造假丑闻曝光后社会公众的反响和压力，2003 年 3 月 18 日，不堪重负的欧文斯终于向司法部门投案自首，供出南方保健的会计造假黑幕。已经披露出的 25 亿美元虚假利润使南方保健成为仅次于世界通信的第二大"会计造假大王"。

二、问题梳理

南方保健至少从 1997 年开始就使用各种会计造假手法对经营利润和资产负债表科目进行操纵，以满足华尔街的盈利预期。

（一）开"家庭会议"，编造虚假分录

在斯克鲁西的领导下，南方保健的高管人员每个季度末都要开会，商讨会计造假事宜，他们亲切地称这种独特的会议为"家庭会议"，与会者被尊称为"家庭成员"。SEC 在起诉状中指出，南方保健使用的最主要造假手段是通过"契约调整"这一收入备抵账户进行利润操纵。

从 1997 年至 2002 年 6 月，南方保健通过凭空贷记"契约调整"的手法，虚构了近 25 亿美元的利润总额，虚构金额为实际利润的 247 倍；虚增资产总额 15 亿美元，其中包括固定资产 10 亿美元，现金 3 亿美元。

其实，早在会计造假曝光前，南方保健就曾因多次诈骗联邦医疗保险金的行为而臭名昭著了。根据美国医保服务中心（CMS）的调查，长期以来，南方保健向 CMS 提交理疗服务成本报告时就存在如下问题：①成本报告中有相当数量的服务种类是其从未对医保病人开放的，将一部分非医保病人发生的支出计到医保病人的头上，以骗取 Medicare（老年人医疗保险计划）和 Medicaid（国民医疗补助计划）的补偿；②在南方保健上报的理疗服务中，有 50％缺乏指定医师的诊疗记录（即虚构莫须有理疗支出）；③南方保健经常将助理医师给多个病人提供的诊疗服务按照执业医师单人诊疗的标准列示，以向 Medicare 和 Medicaid 寻求高额补偿。

（二）处心积虑，规避审计

为掩饰会计造假，南方保健动员了几乎整个高管层，共同对付安永会计师事务所。其别有用心的欺骗行为具体表现在：①为了避免直接调增收入，他们设计了"契约调整"这一收入备抵账户，利用该账户依赖主观判断，且在会计系统中不留交易轨迹的特点，加大虚假收入的审计难度；②编造虚假会计分录时，南方保健利用了许多过渡账户，虚构的利润通过频繁借贷，最终虚增了固定资产、无形资产甚至是现金账户；③南方保健的会计人员对安永会计师事务所审查各个报表科目所用的重要性水

平了如指掌,并千方百计将造假金额化整为零,确保造假金额不超过安永会计师事务所确定的"警戒线"。这样,即使虚假分录被抽样审计所发现,他们也可以"金额较小,达不到重要性水平"为由予以搪塞。

当然,纸总是包不住火的。在 2000 年度的审计中,安永会计师事务所就曾质疑南方保健某家门诊机构固定资产的增加缺乏足够的凭证支持。为此,南方保健的会计人员当即在电脑上篡改了固定资产的采购发票为自己圆谎。更恶劣的是,当安永会计师事务所向南方保健索要固定资产的明细分类账时,南方保健的会计人员居然迅速炮制了一本分类账,将所有由"AP 汇总"捏造出的"新增固定资产"在这本分类账中逐一补上。

三、案例分析——思考与认识

(一)保持高度的职业审慎

保持高度的职业审慎,能够帮助注册会计师敏锐地发现问题、捕捉错弊的蛛丝马迹,提高审计效率,使审计工作事半功倍。相反,如果未能保持应有的职业谨慎,即使按部就班地执行了所有既定的审计程序,审计依然是没有效率甚至是没有效果的,审计质量也无从谈起。在这一点上,安永会计师事务所和已经倒下的安达信会计师事务所都是前车之鉴。在与被审计单位"斗智斗勇"的博弈过程中,职业审慎始终是注册会计师赖以生存的基本法则。

(二)保持独立性

独立性是确保审计质量的关键所在,也是包括"四大"在内的会计师事务所取信于社会公众的砝码。然而,独立性经常受到"逐利性"的威胁和瓦解。在南方保健一案中,安永会计师事务所是否保持实质独立,正受到各方的质疑。南方保健一直是安永会计师事务所伯明翰办事处的最大客户,该公司向 SEC 提交的"征集投票权声明"(Proxy Statement)显示,2000 年和 2001 年,南方保健向安永会计师事务所支付的费用分别为 368 万美元和 367 万美元,其中,"审计相关费用"是"审计费用"的两倍多。耐人寻味的是,2000 年度和 2001 年度的"审计相关费用"合计数 497 万美元中包含了260 万美元的"洁净审计"(Pristine Audit)费用,比审计费用合计数 219 万美元还多41 万美元。所谓"洁净审计",是指南方保健聘请安永会计师事务所对其医疗场所及设施的卫生保洁情况(如卫生间、接待室是否有污迹、灰尘和垃圾等)进行一年一度的检查。卫生检查本来与报表审计毫无关系,但南方保健美其名为"洁净审计",并按照安永会计师事务所的建议将其披露为"审计相关费用",严重误导了投资者。据介绍,

"洁净审计"的主意出自 Scrushy,此举又可暗示着南方保健有向安永会计师事务所"购买审计意见"之嫌,因为卫生保洁检查显然是一种无风险高回报的业务。安永会计师事务所每年只需派 20 多个最初级的审计人员对南方保健 1 800 多个场所的卫生保洁情况进行一次突击检查,就可收取比报表审计更高的费用。接受如此慷慨的"业务馈赠",是否有损于安永会计师事务所的独立性,正引起多方的高度关注。特别是,在 SEC 正审查安永会计师事务所与其审计客户仁科公司(PeopleSoft)联合开发和推销软件是否违反独立性原则并准备给予安永会计师事务所暂停接受新客户半年处罚的关头,安永会计师事务所将"卫生保洁检查"创造性地包装成"审计相关费用"的丑闻,更有可能给安永会计师事务所带来意想不到的伤害。

四、阅读文献

[1] 宋建波.美国证监会审计案例精选[M].北京:中国人民大学出版社,2005.

[2] 黄世忠.会计数字游戏:美国十大财务舞弊案例剖析[M].北京:中国财政经济出版社,2003:311-339.

[3] 王芳.财务舞弊与财务报表的审计方法透视[J].经营管理者,2009(3).

[4] 张景山.审计案例分析[M].北京:中国市场出版社,2011.

 案例20 法国兴业银行舞弊案例

一、案例简介——法国兴业银行简介

法国兴业银行创建于拿破仑时代,历经两次世界大战。有 200 多年骄人业绩的法国兴业银行是世界上最大的银行集团之一,担任着世界最大衍生交易市场的领导角色。法国兴业银行最受业界推崇的是它的金融投资业务,其盈利能力在同业中属于佼佼者。尤其是在风险较高的金融衍生品市场,大约有 50% 的股东和 40% 的业务来自海外。法国兴业银行至今已有 55 000 名雇员为客户提供从传统商业银行业务到投资银行业务的全面、专业的金融服务。

法国兴业银行一直以全球风险监控出色著称,一直被认为是世界上风险控制最出色的银行之一。法国兴业银行凭借严格的风险控制管理能力长时间占据金融衍生产品和结构性融资方面头把交椅。据法国兴业银行公开资料显示,其股票衍生品业务全球排名第一,利率、信贷、汇率和商品衍生产品业务排名全球前五位,出口融资与

商品融资业务排名全球第一,项目融资业务在欧洲排名前五位。

二、问题梳理——舞弊丑闻

2008年1月24日,法国兴业银行曝出有史以来金融业最大的交易员职务舞弊丑闻。现年31岁的交易员 Jerome Kerviel 在未经授权情况下大量购买欧洲股指期货,最终给兴业银行造成49亿欧元(约合71.4亿美元)损失。

Jerome Kerviel 年仅31岁,毕业于法国里昂第二大学,2001年加入法国兴业银行。在前5年,Jerome Kerviel 一直在银行投资部从事后台管理工作,因此,他非常熟悉后台的风险控制流程及内部监控系统。直到2005年,Jerome Kerviel 晋升为交易员,负责欧洲股市指数期货的交易,这也是法国兴业银行最为擅长的衍生品交易,但也是风险最大的品种之一。

由于 Jerome Kerviel 曾从事后台管理工作,对兴业银行的内部监控系统非常熟悉,加上 Jerome Kerviel 对电脑技术的了解,所以 Jerome Kerviel 在真实仓位面临交割前利用大量虚拟交易掩藏其违规投资行为,从而成功地掩盖自己的操作踪迹,2007年3月开始的舞弊交易变得非常激进,Jerome Kerviel 注意到美国次级房贷的问题,而决定用500亿欧元大量放空欧洲股指期货。其中道琼斯欧洲50指数方面有300亿欧元,德国 DAX 指数方面有180亿欧元,英国 FTSEloo 指数上有20亿欧元。2007年6月 Jerome Kerviel 的指数期货空头部位达到280亿欧元,在这段期间,Jerome Kerviel 还同时持有6亿欧元的股票部位。2007年11月 Jerome Kerviel 结清手上的部位后,产生高达15亿欧元的惊人获利。

从2007年底开始,Jermoe Kerviel 反手做多,豪赌市场会出现上涨,Jerome Kerviel 持有指数期货多头部位达到490亿欧元,然而,这次幸运之神没有降临,Jerome Kerviel 看错了方向。欧洲市场2008年年初以来的大跌使他的账户反而出现巨额亏损。为掩盖自己的操作踪迹,Jermoe Kerviel 继续大量创设虚假的对冲头寸,不断以虚拟的买卖为即将到期的合约转仓。在具体操作中,Jerome Kerviel 使用了多种欺骗方法来规避相关交易被查出。①第一个手法是确保所执行违规操作的特征不会引起高概率的控制核查。举例来说,Jerome Kerviel 选择的违规交易中不带有任何包括现金流动、保证金追缴要求和那些需要得到及时确认的操作行为。②第二个手法是盗用操作人员管理的 IT 系统权限,用于取消特定的交易行为。③第三个手法是伪造相关数据,使其能够伪造虚假操作数据的来源。④第四个手法是确保在每次虚假操作中使用另一个不同于他刚刚取消的交易中的金融工具,此举的目的是增加规避相关审查的概率。

2008 年 1 月,因为一封伪造的邮件,风险管理系统发现 Jerome Kerviel 的交易资料出现异常的情况,立刻建立专门团队调查此事,才发现 Jerome Kerviel 舞弊行为。调查团队在 1 月 20 日震惊地发现,这起欺诈案件所涉及的资金总额惊人地达到 500 亿欧元之巨。法国兴业银行在随后短短的 3 天之内紧急解除所有股票衍生品头寸,低价贱卖,进行大规模平仓,到 1 月 24 日平仓结束,最后的亏损额为 49 亿欧元,约合美元 71.4 亿元。

2008 年 7 月 4,法国银行委员会对兴业银行开出接近处罚金额上限的 400 万欧元罚单,原因是兴业银行内部监控机制"严重缺失",导致巨额职务舞弊案的发生。这一处罚再一次强调了内部控制对于预防职务舞弊的重要性。而为了保障内部控制有效运行,预防职务舞弊,建立健全内部审计机制又不可或缺。

三、舞弊成因

Jerome Kerviel 隐藏交易的手段五花八门且其手脚干净利落:谎话、伪造文件、运用不同的金融商品和不同的交易对手捏造假交易、迅速修改及删除异常交易。每次后台同仁有疑问时,Jerome Kerviel 总能实时给予回复,法国兴业银行内审部门在此次调查中,发现七封伪造电子邮件。那么 Jerome Kerviel 为什么能够舞弊成功? 法国兴业银行事件的根本原因是什么呢? 是内部控制制度的缺失吗? 很可能不是。法国兴业银行此前扮演的是全球衍生交易市场领导者的角色,一直被认为是世界上风险控制最出色的银行之一,其经营管理水平及盈利能力在全球居前,应该可以肯定的是,其有着先进的内控制度,并且该行还将内控制度与先进的 IT 技术结合在一起,非常的先进和完善。所以,法国兴业银行内部控制制度不存在缺失。

那么,造成法国兴业银行事件的原因到底是什么呢? 我们认为是法国兴业银行的控制环境发生了问题,从而导致了 Jermoe Kerviel 可以超出自己的授权进行非法交易,而且管理层也不能及时发现或者即使发现了 Jermoe Kerviel 的非法交易并及时纠正,在追求业绩第一的理念驱使下,任其发展,并最终导致巨额亏损。

交易员之所以有机会超出权限进行交易,主要原因有两点:一是因为法国兴业银行对金融衍生品市场的风险熟视无睹,只看到金融衍生品市场的高收益,而忽视了高风险,忽视了对风险的认识与管理。Jermoe Kerviel 以前有得手的违规操作经历,这些经历让他盲目自信,甚至使管理人员对这些交易员持迷信的态度。二是因为内部监管不力。法国兴业银行的 Jermoe Kerviel 实际上自己就是监管者,他利用在安全控制部门的工作经历和获得的知识来逃避监管,用编造的交易掩盖他的非法交易活动。

当然,更为重要的应该是"人性",只要交易者会因为盈利而受到奖励或者赔钱而丢掉工作,那么欺骗风险就会存在。这种风险通常会被制度或高科技所抑制。但Jermoe Kerviel从自己熟悉的后台知识中学会了藏匿自己头寸的方法,从而躲过了计算机系统的监控。正如一名不愿署名的资深交易员所感慨的:"过去10多年,这样的事情都是已经发生过了,大部分的银行对这样的事情在监管规则上应该都很成熟。但很多银行仍然有这样的问题。其实,只要有人的地方就有漏洞,只要人做的事情,就有出错的可能。制度是死的,人是活的,制度都是可以破解的,'道高一尺,魔高一丈',这样的事情永远都有可能发生,只要有人的地方就有可能发生。"

法国兴业银行的控制环境存在以下问题。

1. 只重视利益而忽视风险的经营管理理念

在法国兴业银行,交易员的经营业绩决定其命运(包括升迁及薪水等),这就导致了交易员们只想通过风险投资来提高业绩,并铤而走险。此外,按兴业银行正常的监督机制,后台结算部本应发现交易员异常的交易行为,但由于为了追求高收益而对风险视而不见,即便是有所察觉时也可能忽视。Jermoe Kerviel曾说:"我不相信上级主管没有意识到我的交易金额,小额资金不可能取得那么大的利润,我用的手法根本算不上复杂。不过只要我们赚钱,见好就收,就不会有人说什么。"在这样的氛围中,有效的内控制度因经营理念的因素而失效了。案发以后,Jermoe Kerviel居然公开表示:"如果能完成最后一笔做空法国兴业银行的交易,灾难是可以避免的。"法国兴业银行的内控环境的混乱由此可见一斑。

2. "业绩至上"的企业文化

穆斯蒂埃从2003年开始担任法国兴业银行投行部门主管,在他的领导下,投行业务逐渐成为法国兴业银行增长最快、最赚钱的业务,而其成功的法宝就是大胆参与越来越复杂的金融衍生产品投资,"业绩至上"的企业文化也因此在该银行内部盛行。在这种企业文化的熏陶下,法国兴业银行的员工不顾一切地追求业绩,Jermoe Kerviel为了实现这个目标而不择手段也就不足为奇了。

3. 未建立科学的人力资源管理

如同巴林银行一样,法国兴业银行也没有建立科学的交易员的聘用制度,居然任用Jermoe Kerviel这样一个有过后台管理系统经历和经验的人员来担任交易员。法国兴业银行没有建立起科学的交易员绩效考核制度与薪酬制度。法国兴业银行对交易员的加薪、升迁都只看交易的短期获利情况,并没有考虑收益与风险的平衡,并没有长期的绩效考核目标。其结果就是鼓励交易员进行高风险的交易,而将风险置之度外,或对风险考虑甚少,最终导致Jermoe Kerviel铤而走险,酿成大祸。对于

Jermoe Kerviel 这样的员工来说,不合理的人力资源政策及绩效考核导向,往往把员工引入歧途,并且员工在这个过程中往往会自我合理化,不得已而为之是导致员工舞弊的重要原因。与 Jermoe Kerviel 有过深入交谈的检察官曾经说过:"他并不是为了自己赚钱,他所希望的是成为优秀交易员。"出人头地、获得承认,这恐怕是 Jermoe Kerviel 最强烈的渴望。

4. 内部审计的缺失

在 Jermoe Kerviel 违规操作的这段时间,法国兴业银行的内部监管体系居然毫无察觉,直到最终舞弊大案的发生,由此可见在法国兴业银行内部审计的缺失。法国兴业银行的风险控制曾经是在全球金融界非常有名的,但 Jermoe Kerviel 事件的发生,可以说是对法国兴业银行最大的讽刺,也提醒全球金融界必须加强对风险的控制,必须加强内部监督机制的建设。最为重要的就是加强内部审计的建设,要将内部审计深入到业务的事前、事中及事后的全程控制中。另外,发生这样大的舞弊事件与技术进步也有相当大的关系,监管也需要随着技术进步不断创新。法国兴业银行之所以会陷入泥淖,过分相信电脑系统、放松对员工的监管和对交易流程的管理,也是一大原因。

此外,法国兴业银行在风险评估、控制活动、信息和沟通、控制监督上也存在缺陷,以下我们依次列举。

在风险评估方面:法国兴业银行的风险控制系统监控其经纪、交易、流量、传输、授权、收益数据分析、市场风险等各个流程环节。但是法国兴业银行并没有修改或删除交易的控管措施,没有延后交割交易的控管措施,没有控制管理巨额交易的措施。风险控制部门警报的解除是因为这些风险控制部门负责调查的人员相信了 Jerome Kerviel 的谎言,有些警报甚至在风险控制信息技术系统中转来转去而没有得到最终解决。这说明法国兴业银行的内部控制缺乏部门间横向监督功能,也没有具体规定横向各个部门之间的牵制。法国兴业银行可以采取如下防范措施:加强预警作业程序与作业风险预防系统、暂时缩减"压力测试限额"及"套利交易承做量"、设立独立的安全作业部门,专门独立负责调查警报原因。

在控制活动方面:法国兴业银行信息安全存在漏洞,Jerome Kerviel 盗用同事的密码,侵入银行的计算机系统存取数据。而且兴业银行休假制度不合理,Jerome Kerviel 必须经常删除及重新键入他所假造的交易,以免被他人发现,所以 Jerome Kerviel 基本没有休假。法国兴业银行可以在如下方面采取防范措施:增强信息安全控管、发展生物辨识系统,以避免不当人员侵入系统篡改资料、严格执行强迫休假制度。

在信息和沟通方面：法国兴业银行各部门之间缺乏沟通。不同部门发现的异常信号很难集中并逐级报告到相关部门进行处理。前台部门对舞弊风险缺乏敏感度，对大量信号缺乏关注与反映。后台人员发现异常状况没有向上呈报，也没有告知前台主管，即使该笔交易金额很大。而且银行信息系统更新不及时，过分依赖不完善的人工处理，不能处理猛增的权益证券交易量。此外，法国兴业银行忽略外部信息。2007 年 11 月，欧洲期货与期权交易所给法国兴业银行写了两封信提及 Jerome Kerviel 交易的异常现象，法国兴业银行收到信后并没有深入调查。因此法国兴业银行今后应该采取如下防范措施：确保信息能够适时传递给不同单位及适当的管理层阶、及时更新适合银行业务需求的电子系统及其监控系统、委托外部机构检视其作业规定并提供建议。

在内部监督方面：法国兴业银行的员工监督缺失。采用的虚拟交易大约 15% 是由 Jerome Kerviel 的交易助理来完成的，交易助理为 Jerome Kerviel 规避内部控制提供了有利机会。管理层对于交易活动和职员个人管理方面的监管都缺乏。Jerome Kerviel 的上司和监管者并没有对现存的数据结构进行必要分析，而是选择听信 Jerome Kerviel 的解释。在防范措施上，法国兴业银行应该明确关于舞弊的奖惩条例。如对发现舞弊欺诈行为的员工进行奖励，对有失监督的员工进行责问。管理层要有相应的胜任能力，应具备专业知识以及丰富的实务经验。对员工的监管不能放松，要经过调查分析而不是一面之词。

四、案例分析——教训和启示

法国兴业银行无法防制此类内部诈欺的发生，除了 Jermoe Kerviel 熟悉前、中、后台的作业流程与漏洞外，追根究底，就是在于该行风险控管出了问题。法国兴业银行虽然具有完善的内部控制和风险管理，但由于公司的相关执行者缺乏此种理念，或者说对其没有引起足够的重视，导致在实际实施过程中，出现只有"监督警告"，没有"阻止纠正"的现象，从而最终导致了法国兴业银行的失败。法国兴业银行舞弊案例的启示如下：

第一，企业内部必须建立稳健审慎的控制环境。一般说来，金融衍生工具是市场深化的产物，很大程度上是为了帮助企业和金融机构规避风险、获取收入，如能审慎地加以运用，金融衍生工具可以有效地降低企业风险，并可以降低融资成本、提高特定资产的产出（BCBS，1994）。但衍生工具是一把双刃剑，其本身亦具有相当大的风险，如果控制不当，极可能招致不可估量的损失，甚至导致破产。从当年的巴林银行丑闻，到今天的法国兴业银行悲剧，无不向我们敲响了警钟：对待金融衍生工具，虽然不能因为出了事而因噎废食,但确实应该持"如临深渊,如履薄冰"的态度。

进行金融衍生工具业务的企业内部必须建立起稳健审慎的控制环境:

(1) 加强对金融必须衍生工具的风险认识。由于金融衍生工具的复杂性日益加大,企业管理者必须与时俱进、充分学习;同时要看到衍生工具本身所蕴含的巨大风险,不能过于强调衍生工具的避险作用,万万不可抱有侥幸的投机心理。

(2) 提高企业管理层和操作人员的专业胜任能力。必须掌握复杂的金融衍生工具的专业知识,只有掌握了专业知识才能在关键时刻做出正确的决策、进行正确的操作。

(3) 从公司治理角度建立健全风险管理。健全的风险管理组织对于风险管理至关重要,股东要在企业中要设立风险管理委员会、首席风险官等专门化的机构及高级职位,通过对企业重大风险的量化评估和实时监控,建立重大风险评估、重大事件应对、重大决策制定、重大信息报告和披露以及重大流程内部控制的机制,从根本上避免企业遭受重大损失。实际上,法国兴业银行事件的爆发也加速了我国设立期货首席风险官制度的步伐,根据证监会的规定,从 2008 年 5 月 1 日起《期货公司首席风险官管理规定(试行)》将开始实施,而期货首席风险官也将走马上任。

(4) 客观地对企业自身的风险承受能力进行评价并据以审慎地确定风险偏好、容忍度以及各类风险限额。合理的确定风险限额非常重要,风险限额设定过高,将使限额控制失去其应有的控制意义。

第二,不能片面追求高新技术控制而忽视"人"的因素。本案例中,固然法国兴业银行采用了复杂的黑匣技术来进行风险控制,但仍然被 Jermoe Kerviel 所破解,并最终造成了巨大的损失。其意义在于:金融市场再发达、再现代化,仍然离不开人的操作。因此,企业除了针对衍生工具的特点采用有关复杂、尖端的控制技术对其风险进行衡量、分析、控制以外,还应当建立和完善科学的人力资源管理制度来加强"人"的管理。反观我国金融市场,一些机构的交易也完全寄托于交易员个人的品德操守,而缺少有效的流程控制,这同样蕴含着极大的潜在风险。

第三,彻底改变"业绩至上"的企业文化。我们不能不注意这样一个事实:全球经济在近几年持续增长,促使以股票、债券为主的资本市场和石油等大宗商品市场均出现强劲的投机风潮,全世界的投资者都狂热地忙于从中渔利,当年震惊全球的巴林银行事件已被忘到九霄云外,一些金融机构的风险管理意识明显放松。当全球金融市场出现一波又一波投机风潮时,严控风险往往被视为过于保守、坐失良机,而那些在投机心理驱使下出现的类似赌博的行为却容易受到鼓励,其形成的文化就是"业绩至上"。这种文化带来的经营风险非常大,法国兴业银行案例就是生动体现。这对于正在急速发展和转轨中的中国金融业,有十分重要的警示意义。因此必须改变这种文化,要建立业绩与风险并重的、风险可控的、审慎的、积极向上的、健康的企业文化,在这样的文化氛围中,企业的经营业绩自然会向好的方向发展,必定有利于企业的长期发展。

第四,必须加大内部审计力度。很多企业都有内部控制制度,但在实际业务中很多内部控制制度又往往流于形式,并不遵守这些制度,最终造成企业的损失。因此,加大内部审计的力度显得更为重要,并且对审计过程中发现的问题必须及时堵漏,还要对相关人员严惩不贷,绝不手软。建立标准安全的"越级举报"制度,防止包庇纵容,高层凌驾的现象出现。建立标准的奖惩制度,并对查处事件在全公司内进行公告,以示警诫。同时还要树立典型,进行宣传教育,风险警示之钟要长鸣。

也许就如同墨菲定律所述:"一件事如果有两种以上的做法,而且其中一种会产生灾难,就偏有人会去做。"我们能做的就是透过各种管理机制把这种事件发生的概率降至最低。

五、阅读文献

[1] 何宇.职务舞弊与内部控制、内部审计——兼评法国兴业银行职务舞弊案例[J].审计研究,2009,(2).

[2] 王毅.从法国兴业银行案例看企业内部控制环境的重要性[D].硕士学位论文,2008.

[3] 由法兴案到"首席风险官".http://space.21our.com/html/20/t-1194 420.htm.

[4] 法兴悲剧告诉我们什么[N].中国证券报.

第一节　会计估计审计

 案例 21　*ST 青松会计估计变更案例分析

一、案例介绍

(一) 事件简介

新疆青松建材化工(集团)股份有限公司(以下简称青松建化或*ST 青松)于 2000 年 11 月 17 日在新疆维吾尔自治区工商管理局完成注册登记,其所属行业为水泥制造业,主要产品为水泥建材、化工产品。

虽然*ST 青松在全国水泥行业实在不属于佼佼者,但基于水泥行业受地域的影响较大,由于各个区域经济、通信等差异的存在,单从西北区域来说,*ST 青松称得上新疆乃至整个西北区域的龙头企业。整个新疆上市的水泥公司仅有两家,分别为天山股份与青松建化,可以说青松建化在新疆水泥行业中具有较强的代表性。

随着整个宏观大环境的变化和公司运营状况的恶化,*ST 青松 2015 年和 2016 年连续两个会计年度净利润为负值,根据《上海证券交易所股票上市规则》13.2.1 条第(一)项的规定,该公司股票已于 2017 年 4 月 11 日被警告退市风险。

12 月 13 日,*ST 青松公告了一项会计估计变更。据*ST 青松预计,此项将在 2018 年 1 月 1 日开始实施的会计估计变更将会减少 2018 年的折旧总额约 2.12 亿元。但公告就此戛然而止,并没有进一步披露是哪些子公司要调整以及折旧调整预计将对 2018 年的利润产生多大影响。* ST 青松 2017 年前三季度归母净利润为 240 多万元,2015 年和 2016 年均为巨额亏损。但是,变更前后营业收入的同比增长率变化绝对值为 19.09％,而与之相对应的营业成本以及净利润的同比增长率变化绝对值则分别达到了 43％以及 43.64％。就营业成本一个指标来说,会计估计变更后营业成本就降低了 43％。显然会计变更的效果明显,可见会计变更对于企业利润的影响,2018 年 4 月 21 日,* ST 青松发布了《* ST 青松关于申请撤销公司股票退市风险警示的公告》,自此,该公司实现摘帽,其公司名称由"* ST 青松"又变为"青松建化"。

(二)* ST 青松所处水泥行业介绍

1. 水泥行业现状

* ST 青松隶属于水泥行业,水泥是影响国民经济发展的基础产业,目前它仍然是一种不可替代的基本建筑材料,不能重复使用。水泥产品单位价值低而单位重量大,运费占水泥售价的比例较高,水泥销售一般呈区域性分布。在新疆这样的西北部地区,受当地经济、地理等因素的影响,* ST 青松水泥产品销售价格在华北、华东、西南等区域中排名最靠后,价格最低。2013—2015 年,国家对水泥行业已经形成了严控新增产能等行业政策,到 2016 年明确了建材工业"十三五"期间绿色发展等方面的发展目标,这无疑对水泥行业发展带来了雪上加霜的影响。由图 9-1 可知,2014—2016 年水泥价格呈下降趋势,达到最低谷后开始反弹,继而呈现向上的趋势。2014—2016 年两年,西北水泥价格指数降幅达到 23.32％,下降 23.17 点。

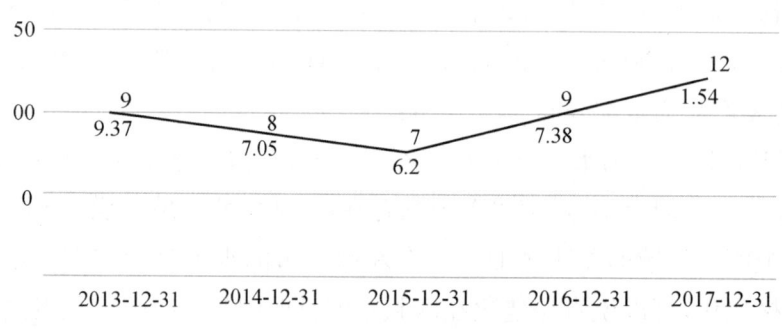

图 9-1 西北水泥价格指数

2. 水泥行业的周期性

新浪财经总结了 2015 年水泥产品吨利润水平最低的 5 个省(自治区、直辖市)依次为山西省、北京市、新疆维吾尔自治区、河北省以及内蒙古自治区。2015 年和 2016 年我国 GDP 年度增长率与水泥行业上市公司季度销售利润率关系如图 9-2 所示。

从图 9-2 可以发现,水泥行业季销售利润率随着宏观经济周期性波动上下波动,但总体呈现基于宏观经济周期的相对稳定状态,可以看出宏观经济的周期性波动的确对微观企业行为产生较为严重的影响。综上,水泥行业遵循周期行业的特点。水泥行业最好成绩出现在 2011 年,而到 2012 年,随着 4 万亿元投资基本完成,与其他诸如钢铁、煤炭等周期性行业情况相似,水泥行业也出现暴跌,这也为自 2014 年开始 *ST 青松开始出现连年亏损埋下伏笔。

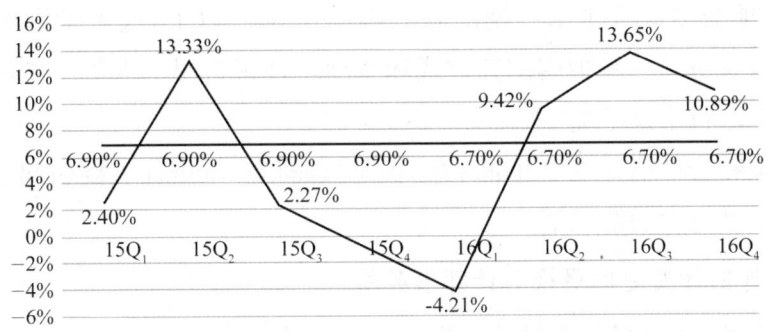

图 9-2　GDP 增长率与水泥行业上市公司季度销售利润率

二、问题梳理——会计变更的疑点

(一) 会计估计变更披露含糊不清

带帽公司在会计政策、估计上的任何动作通常都会引起关注,毕竟时间点十分敏感。*ST 青松在公告中称"为更加客观、公允地反映公司的资产状况和经营成果,公司对所属生产行业子公司房屋、建筑物、机器设备的折旧年限进行了调整"。既然 *ST 青松一直以来的主要经营活动就是生产水泥,那么本次调整的"所属生产行业子公司"具体又指哪些公司? 既然 *ST 青松能够估计出折旧的变动额,那么这些子公司的家数和具体名单应该是已经确定了的吧,既然已经确定了是哪些子公司需要变更,为何不详细披露子公司名单? 就算没有必要披露子公司的详细名单,那么涉及多少家公司,这个数字总可以披露一下。

(二) 会计估计变更对公司利润和权益的影响

公告调整的情况仅披露了将房屋、建筑物的折旧年限从 20—30 年更改为 20—40 年,机器设备从 10—12 年更改为 10—16 年。至于具体的折旧率变化和对利润的影响都没有进行披露。此项会计估计从 2018 年 1 月 1 日才开始实施,且不需要经股东大会审议。

上市公司在变更会计估计时,通常要披露对预计利润或权益造成的影响,以此评估此项变动是否属于重大变动。若实在无法对未来情况进行估计,也可以在历史业绩的基础上进行模拟测算。

*ST青松才刚刚经历过2年多的巨亏,而2017年前三季度的归母净利润不过240万元。尽管从2017年第三季度的利润数据来看,*ST青松单季利润已经过亿,但是外部投资者无法预测接下来的利润走势,如果此项会计估计变更在2018年会减少公司的折旧超过2亿元,难道对于*ST青松的利润真的不会产生重大影响吗?假如,经测算此项变更对于未来一期的利润影响在50%以上,或者是影响重大,难道*ST青松没有义务进一步披露测算方式和专项审计报告吗?更进一步,是否就需要提交股东大会进行审议了呢?

会计政策和会计估计变更并非坏事,但是披露信息不全面就要引起足够警惕,尤其是在影响额度巨大的情况下。

(三)会计估计变更后更换会计师事务所

2018年年中,更名后的青松建化发布公告宣布更换会计师事务所,聘请大信会计师事务所为其2018年财报及其相应审计工作提供服务,对于上市公司,更换会计师事务所有很多种因素,但青松此前的会计师事务所已经为其服务了一段时间,熟悉此公司一切业务以及会计政策,在这个敏感的节点更换会计师事务所,必然会引起大众的猜疑。

三、案例分析

(一)*ST青松会计估计变更动机分析

1. 降低成本,减少亏损

2013年以来,公司营业利润由正转负,从2014年开始,由于各种费用成本的大幅上升,其净利润开始出现负值,并于2015年达到谷底,为-93 136.05万元。为了摆脱困境,公司只能从成本下手,减少亏损,而折旧额这一块必然成为下手对象。

2. 全力摘帽,避免退市

*ST青松由于连年亏损,已经戴上ST帽子,甚至在2018年1月20日,公司发布了股票暂停上市的风险预警公告,公司已经出现重大风险,为了扭亏,优化报表,*ST青松必然要进行一系列自救措施,避免退市。

3. 应对宏观大环境变化

从整个水泥行业周期性角度看,从2015年开始,随着新疆新建水泥产能的释放,新疆水泥建材市场出现严重的供大于求,而加上需求拉动不足、水泥销量以及售价大幅下降,同时公司化工企业开工不足,化工板块处于亏损状态,*ST青松在2015年出现了自上市以来的 最低净利润;2016年开始,基于新疆在全国率先推行实施了行业自律、错峰生产、区域协同等组合措施,新疆整个水泥行业减亏达80%以上,状况仍不容乐观。

4. 适度的盈余管理有利于传递公司内部信息

盈余管理得以实现的一大主要原因是资本市场的信息不对称,经营者常常掌握大量的内部信息,受制于内部信息的复杂性以及专业性,内部信息有时无法以报表形式陈列。对于*ST公司内部管理者来说,报表上呈现过于糟糕的状况难以准确评价公司的盈利能力及其经营业绩,此时他们会选择运用盈余管理来修饰公司的财务状况,从而传达出内部管理者认为的更准确、更有效的价值信息。

(二) 会计估计变更对公司影响

1. 帮助*ST公司度过暂时性危机

因为受行业周期影响,市场不景气时,公司常容易陷入经营低谷,而一旦被冠以"ST"的帽子,公司很可能会面临退市风险。公司就会伺机通过会计估计变更使利润前移或是直接设法增加本年利润,从而实现"摘帽"目的,使企业渡过难关。

2. 提升企业形象,增强投资者的投资信心

公司在持续两年经营亏损的情况下,经营状况本身就不稳定,企业管理人员希望通过利润调节的手段来管理盈余从而向外界传递一种信息,即其生产经营已经转危为安,从而重塑投资者对企业的信心,提升企业形象,吸引更多的投资者。

3. 提高财务指标,拉高股价

对比前几年,公司2018年毛利率、营业净利率、净资产收益率、总资产收益率和主营业务成本率等主要财务指标明显好转,特别是从2017年开始,各项指标均年增长大20%以上,利好的局面增强了投资者的信心,使股价开始回升,为"脱帽"打下坚实基础,同时资金的流入也改善公司财务状况,缓解了公司经营压力。

(三) 案例思考

1. 关于会计估计变更中信息披露对审计的影响

案例中*ST青松对会计估计变更的原因等信息披露程度很低,且其更换了变更后第一年对其年报进行审计的会计师事务所,可想而知新会计师事务所对其变更后年报的审计难度之大。

财政部要求,企业应当根据与固定资产有关的经济利益的预期实现方式等实际情况合理确定固定资产折旧方法、预计净残值和使用寿命,除有确凿证据表明经济利益的预期实现方式发生了重大变化,或者取得了新的信息、积累了更多的经验,能够

更准确地反映企业的财务状况和经营成果,不得随意变更。会计估计变更时,企业对信息进行披露应该包括但不限于一下内容:

(1) 会计估计变更的内容和原因;

(2) 会计估计变更对当期和未来期间的影响数;

(3) 会计估计变更的影响数不能确定的,披露这一事实和原因。

而在类似的会计估计变更案例中,很多企业的变更公告更符合财政部政策要求,如图 9-3 所示,大唐发电于 2017 年 12 月 21 日对固定资产会计估计变更进行披露,从图中我们可以看出来同样是从 2018 年 1 月 1 日开始执行且无需追溯调整,但是大唐发电详细披露了企业家数、预计变更的资产原值、折旧变更前后的具体预计数值以及对利润的影响。重大会计估计的变更对于股价的影响是巨大的,＊ST 青松的做法不仅是对股民的不负责,而且若新的会计师事务所对其进行年报审计时,对于此块审计的难度及审计结果的准确性,可想而知。

> 自 2018 年 1 月 1 日起执行。此次资产预计使用寿命和预计残值率变更属于会计估计变更,按准则规定,采用未来适用法进行处理,无需追溯调整,对公司以前各年度财务状况和经营成果不产生影响。

> 2. 截止目前,公司在运营燃煤发电企业 25 家,预计至 2017 年 12 月 31 日,发电及供热设备固定资产原值约 888.43 亿元("人民币",下同),经测算,会计估计变更前,预计 2018 年应计提折旧约 48.91 亿元,本次会计估计变更后,预计 2018 年应计提折旧预约 40.32 亿元,影响合并报表利润总额增加约 8.59 亿元。

图 9-3 大唐发电会计估计变更公告

2. 会计估计变更的监管

会计估计变更,特别是上市公司的会计估计变更,影响面较大,相关部门对会计变更的监管还不到位,相较于国外,我国此方面相关法规不完善,监管不到位。目前国内会计准则对会计政策变更的规定比较刚性,自愿性会计政策变更导致的累计影响数必须追溯调整,证券市场对会计政策变更的监管也非常严格,因此,国内上市公司除强制性会计政策变更外,自愿进行会计政策变更的很少。在会计政策变更受到严格监管情况下,利用会计估计变更操纵会计信息输出结果成为境内上市公司常用的手法。

相应的部门没有真正站出来指导监督,反而是其他非核心部门更多出面监管。同样是会计估计变更,一心堂(002727.SZ)在 2016 年年初对预付账款、应收账款等多项科目的会计估计变更不够详实遭深交所问询。但是,对于＊ST 青松的会计变更,在其会计变更信息披露如此少且在如此敏感时期变更的情况下,却没有任何相关部门站出来,可见对于这方面的监管,我国有很长一段路要走。

在会计估计变更审计中,主要有潜亏挂账、费用资本化、提前确认未来损失、利用坏账、改变折旧政策等这几个方面作假。对于折旧政策变更,有延长固定资产的折旧年限,降低折旧率,以期收到降低当期成本费用与高估资产价值的双重效应,效益好的时候可以提高折旧率,效益差的时候可以降低折旧率。例如,厂房及建筑物的预计使用年限,鞍钢股份选用 10~20 年;宝钢股份选用 15~35 年;济南钢铁房屋选用 30 年,建筑物一律选 15 年;包钢股份为 10~40 年;新钢钒生产用房选用 35 年,非生产用房选 40 年,建筑物选 20 年。通过几家上市公司对比分析,我们发现,存在效益越好的企业折旧率越高的情况。

可见,对于这一块变更,企业有很大的自主权,监管也相对薄弱不到位,而这无形中增加了审计者的审计难度。那么,审计者该如何提高审计准确性? 我认为应该从变更的缘由入手判断其合理性,根据这一判断基点,指导一系列审计工作展开,而对于此类会计变更审计,会计师应该保持独立性,但企业出资聘请的会计师事务所必然不能完全达到要求。此时监管者,必要建立此类相关的审计制度,确保审计准确性,也能更好减弱企业利用此类方式作假的便利性。更好地保护股民权益,维护股市交易的公正的环境。

四、结论与启示

2018 年 *ST 青松改名之后,由于大环境变好,加上会计估计变更导致成本降低,利润强劲反弹,2018 年第二季度扭亏为盈,实现净利润 6 000 多万元,其结果对于股民来说是件好事,可见会计估计政策并没损害股民利益,也许也是当局没有对其监管的原因之一。对于会计估计变更审计,由于这方面企业操作空间大,自由度高,作为审计者,应该从以下几方面思考入手:

(1) 考虑管理层作出会计估计变更的原因和依据;

(2) 考虑截至审计报告日发生的事项是否提供有关会计估计变更的审计证据;

(3) 考虑会计估计变更的会计处理是否正确以及相关披露是否充分、完整。

而相关的监管制度的建立和法律法规的完善,也需要相关部门和会计师协会等一起合作,才能降低审计的难度,维护审计环境,提高审计的准确性和可信度,避免企业作假,损害股民利益,污染股市投资的环境。

五、阅读文献

［1］赵莲鸿.浅析企业会计核算存在的问题及完善[J].财务与会计,2012,(5).

［2］王舒怡.*ST 青松会计估计变更案例分析[J].经济研究导刊,2018,(18).

第二节　信息披露审计

 案例 22　重庆啤酒案例

一、案例介绍

（一）公司背景

重庆啤酒集团（以下简称重庆啤酒）始建于1958年，是西南地区啤酒业中最早的上市公司，是我国啤酒行业中仅有的4家上市公司之一（证券代码：600132，股票简称：重庆啤酒）。公司以啤酒为主业，致力于啤酒、饮料、生物制药以及相关产品的生产和研发。主要产品山城啤酒、重庆啤酒等在国内具有很高的知名度。公司与重庆大学、第三军医大学等科研机构联手研制开发具有自主知识产权的国家一类新药——乙肝治疗性多肽疫苗，开创啤酒企业进入高科技生物制药领域之先河，有望使该领域成为新的重要经济增长点。

（二）案例内容

乙肝治疗性多肽疫苗，重庆啤酒"童话股"神话的缔造者，在2012年1月10日终于掀开了神一般的面纱，然而揭盲的结果却最终使童话股走到了尽头。究其缘由，还要从20世纪90年代说起。

20世纪90年代，臭名昭著的银广夏事件还未曝光，中国股市流行着编故事、造业绩、炒股价的投机风潮。重庆啤酒公司的乙肝疫苗故事始于1998年。彼时，上市不久的重庆啤酒手握从股市募集的巨额资金，除了用于啤酒主业扩张外，重庆啤酒还在寻找适合的收购项目。当时的申银万国证券公司重庆总部总经理王军把第三军医大学吴玉章教授的乙肝科研成果，介绍给当时的重庆啤酒董事长华正兴。吴玉章从1989年起就在第三军医大学免疫学研究所对"治疗用（多肽）乙肝疫苗"进行研究开发，取得一定成果后他求助于重庆啤酒，主要希望上市公司能提供科研经费，继续进行乙肝新药的研究和开发。这个诉求很快与重庆啤酒一拍即合。这个项目的一个特点也深具吸引力：我国约有乙型肝炎病毒携带者1.3亿（全球有6亿），慢性肝炎患者3 000万，治疗性乙肝多肽疫苗一旦成功，那几乎可以说是震撼人类的世界性的医疗革命。很快，重庆啤酒集团就在1998年9月2日与第三军医大学、重庆大学共同挂牌成立了重庆佳辰生物制药有限公司,研发治疗乙肝的新药。并于同年 12 月 25 日出资 1 435 万收购重庆佳辰生物工程 52%股权。此后 3 年,几经股权转让,重庆啤酒取得佳辰生物 93.1%股权,成为绝对控股方。

这确实是一个美妙的故事,初衷并不像一场骗局。吴玉章也是一名认真的科研工作者。华正兴也看好这个项目未来巨大的市场潜力。但科学研究本身的高风险,为此后的跌宕埋下伏笔。

在以后的 10 年间,重庆啤酒凭借"乙肝疫苗"项目开始了一段"牛股故事会":东方证券、国泰君安、宏源证券、国联证券、富国基金、华夏基金、华安基金等机构都在玩利好消息的时间差,一波波进进出出。与此同时,一系列的好消息也接踵传来:2004年 11 月 25 日,重庆啤酒治疗用乙肝疫苗 I 期临床试验结束,试验结果良好,并表示已经提出 II 期和 III 期的申请。2006 年 3 月,好消息再度传来,重庆啤酒公告称:乙肝疫苗期临床研究试验 II 期 A 阶段开始启动。受此消息刺激,重庆啤酒股价一路走高,并在 2007 年 7 月涨到 51 元。同年,担任重庆啤酒董事长 10 年之久的华正兴退休,黄明贵继任重庆啤酒董事长,并且继续进行"乙肝疫苗"研发的项目工作。2008 年 3 月27 日,重庆啤酒的治疗型乙肝疫苗临床试验 II 期 A 阶段评审会在北京召开,会上高度肯定了临床试验的结果。到了 2009 年 8 月 25 日,佳辰生物公司乙肝疫苗 II 期 B期临床试验研究方案公布,预计 II 期实验时间为 2～3 年,费用约人民币 7 000 万元。大成基金、东北证券等机构也正是在此时进场。此时,一些券商研究报告给乙肝项目的估值甚至高达每股 500 元至 1 000 元。至 2010 年 11 月 24 日之前,重庆啤酒发了 5份研究进度公告,公告显示 II 期临床研究临床试验方案正在各家临床医院正常进行临床试验。2011 年也每月都有发表关于 II 期临床研究的研究进度公告,直至 2011 年11 月。谁都没有想到,1 个月之后,也就是 12 月 3 日这一天,重庆啤酒以无法揭盲乙肝疫苗工作会议相关信息停牌一天,并以相同理由在 6、7 号继续停牌,12 月 8 日重庆啤酒突然发布一则公告,宣布公司正在进行的乙肝疫苗项目临床试验数据不理想。重庆啤酒复牌后出现连续 9 个跌停。2012 年 1 月 10 日,重庆啤酒终于将统计分析结果公布于世,各项结果的"无差异"在医学界大部分专家看来,意味着重庆啤酒"乙肝疫苗"的疗效有限,治疗用(合成肽)乙型肝炎疫苗研发失败,也无疑宣告重庆啤酒的神话故事破灭。此时,重庆啤酒股价已从 81 元跌至 21 元,300 亿市值灰飞烟灭。

二、问题梳理

(一)反映出的问题

1. 信息披露滞后严重,不及时

重庆啤酒乙肝疫苗治疗慢性乙型肝炎二期临床研究已于 2011 年 9 月 30 日完

成。业内人士指出,按照进度,预计在 2012 年年初公布试验结果。

然而,重庆啤酒 2012 年 1 月 7 日的一纸公告,再次让所有对临床试验结果翘首以盼的投资者的期望落空。

1 月 7 日,重庆啤酒公告称,乙肝疫苗二期临床研究统计分析结果终稿仍然在交接过程中,1 月 9 日继续停牌一天,10 日将披露相关信息并复牌。

这并非重庆啤酒第一次推迟公告临床试验结果。早在 2011 年 11 月 24 日,重庆啤酒就公告称,二期临床研究将于 2011 年 11 月 27 日召开揭盲工作会议,12 月 5 日即可公告揭盲工作会相关信息。公告一出,重庆啤酒二级市场股价闻风而动,强势上涨两个交易日。

在连续跌停期间,以大成基金为代表的众多流通股股东对重庆啤酒的信息披露工作提出质疑,但重庆啤酒方面未作理会,直到 2011 年 12 月 23 日,重庆啤酒三度公告,称统计分析结果初稿预计于 12 月 23 日完成,终稿将于 1 月 6 日公布,随后,重庆啤酒再次停牌。

就在各方纷纷猜测最终结果是好是坏之时,1 月 6 日,重庆啤酒却连续发布三则与临床试验结果风马牛不相及的公告,分别针对前期媒体报道内容和市场质疑的两件事进行了澄清说明,并公告一起公司董事违规买卖公司股票的事件。而 1 月 7 日发布的公告内容则又是拖延披露分析结果和复牌时间。

深圳一位基金公司人士对记者表示,按照常理,公司应该非常清楚统计结果出台的每个时间节点。比如 2011 年 12 月 7 日发布一项主要疗效指标初步统计结果时,就应该知道 2011 年 12 月 23 日是一个时间节点,但公司坚持复牌,我们觉得公司可能也有很多矛盾和挣扎,难以顾全各方利益。或者说,内部对统计结果也存在争议,很可能结果不一定很差,否则也不用几次拖延。

而 1 月 6 日重庆啤酒发布三则与统计结果无关的公告,也完全在市场预料之外,公告内容也颇为奇怪。无论是高管违规买卖公司股票的披露,还是对前期媒体和市场质疑的内容的澄清,从时间上来说公告都太晚,反应太慢,也不符合信息披露一般规则。

最终,重庆啤酒在 2012 年 1 月 10 日揭盲,公布所有的试验数据,确定该疫苗试验以失败而告终,历时 13 年的"牛股故事会"才正式宣告结束。

总而言之,虽然重庆啤酒信息披露公告从未不断,但是在揭盲结果、项目终稿等信息的披露上,重庆啤酒却总是在"迟到",其信息滞后问题显而易见。

2. 信息披露的有效性和针对性不足

各种券商给出强烈推荐意见,兴业证券甚至连续 27 次给出推荐或者强烈推荐的意见,导致重庆啤酒的投资者闻风而动,股价也随即飙升。

而超过几十页厚厚的年报到底给谁来看?中小散户认为,这样的年报过于复杂,他们最关注的内容可能只涉及净利润、每股收益等几个指标,对他们而言目前的年报"太厚了";而机构投资者却抱怨披露的信息不够充分,他们关注的要点包括财务成本分析等目前年报中未包含的内容,对他们而言目前的指标还不够。而明显重庆啤酒的年报并未提供这样的年报,其有效性和针对性的问题显露无遗。

3. 信息披露内容真实性完整性存在问题

自 2010 年 6 月起,重庆啤酒连续发布了 7 份疫苗进度公告,开启了后来被广为诟病的"每月一告"信息披露之路。

进入 2011 年,重庆啤酒发布公告节奏并未放缓,1 月至 9 月期间公司对关于疫苗研究进度,一共披露了 9 份公告,仍然保持每月一份的数量。但从披露的信息来看,公告内容主要集中在北京大学人民医院中心实验室、浙江大学医学院附属第一医院中心实验室的临床试验进展。这些疫苗研究进程,并无太大突破。重庆啤酒公告只是不断宣称试验进展顺利,但核心数据从来一字不提。

其实,早在 2007 年,重庆啤酒就爆出试验失败的消息,但依旧进行了下一步试验,到结束之时,重庆啤酒乙肝试验居然出现戏剧性变化。2008 年 3 月 27 日,重庆啤酒的治疗型乙肝疫苗临床试验Ⅱ期 A 阶段评审会在北京召开。令人惊异的是,这次评审会肯定了临床试验的结果。

但充满疑惑的是,评审会并未公布具体试验数据。翻阅重庆啤酒此期间相关公告发现,不管是乙肝疫苗的Ⅰ期临床试验结果数据,还是Ⅱ期临床 A 阶段的试验结果数据,重庆啤酒公告中从未披露过,其公告只是不断宣称试验进展顺利,但核心数据从来一字不提。

在《首席评论》中,有嘉宾认为:"重庆啤酒公告中只是表明其工作已经进展到什么程度,投资者需要注意风险,这样笼统的说法,不能满足大众的需求,而且根据《证券法》和《信息披露管理办法》,凡是能够影响股价的重要信息都需要进行信息披露,但是重庆啤酒始终未将决定其股价变动的临床实验核心数据公布于众。"

虽然,从形式上来看,重庆啤酒对各项信息,都按要求进行了披露,但在内容的真实性、完整性方面,是否给出了一个权威的答复还存在疑问。

(二)上述问题发生的原因

1. 内部:害怕股价下跌

重庆啤酒从 1997 年上市至 2012 年 1 月的股价如图 9-4 所示。

从图 9-4 中不难看出,重庆啤酒自上市后股价一直有浮动,而且几乎每次下跌后就会涨至股价的新纪录,究其时间便可发现,均是重庆啤酒对外公布乙肝疫苗"好消息"的阶段。这也印证了疫苗研发项目多年来一直是重庆啤酒最寄予厚望的增长点,无数投资者蜂拥而入,推动股价不断上涨。但是重庆啤酒方面,不管是乙肝疫苗的Ⅰ期临床试验结果数据,还是Ⅱ期临床A阶段的试验结果数据,重庆啤酒公告中从未披露过,其公告只是不断宣称试验进展顺利,但核心数据从来一字不提。我们站在今日的角度上看,2008年3月27日,重庆啤酒关于治疗型乙肝疫苗临床试验Ⅱ期A阶段评审会的肯定很可能就是其对Ⅱ期A临床的试验数据进行操纵的结果,目的就是为了达到启动Ⅱ期临床后续B阶段,以吸引更多的投资者走进重庆啤酒的股市王国中,继续牛股的神话,防止股价的下跌。

图9-4　重庆啤酒1997年至2012年1月股价走势

2. 外部:证券公司以及金融机构的影响

某些证券公司始终强推该公司,导致其公司股价持续大幅上涨。图9-5中的兴业证券就是这些证券公司中最具代表性的一家。据统计,从2009年8月起,兴业证券研究员王晞一共对重庆啤酒发布了27份研究报告,其中有25份报告明确给予"强烈推荐"。在其发布的一份报告中称,治疗性乙肝疫苗的创新性是前所未有的,其市场价值、经济效益也是空前的,今年完成Ⅱ期临床,并顺利进入Ⅲ期临床的话,该疫苗对母公司的贡献在每股110元以上,并维持"强烈推荐"评级,从未提示过任何风险。但兴业证券的评级报告也于这里止步。乙肝疫苗研发结果揭盲之后,这位曾力推重庆啤酒的证券研究员再也没有发表任何有关重庆啤酒的评估报告。由此我们得知,正是因为有了这些在普通股民心中具有权威性的证券公司的联合强推,使广大投资愿意相信乙肝疫苗项目实施情况良好,给该公司掩藏其真实情况提供了机会和时间,导致信息披露滞后。

三、案例分析——建议和意见

(一)针对现行的法律制度

由于现行制度的缺陷,不能保证上市公司信息披露的真实性。要通过法律保证

重庆啤酒 (600132)研报明细	酿酒行业研报		酿酒行业个股盈利预测		查看该股实时资金流向 控盘程度 千股千评
报告日期	评级类别	评级变动	机构名称	研报	机构影响力
2011-11-24	强烈推荐	维持	兴业证券	治疗性乙肝疫苗 II 期临床即将揭盲	★★★★
2011-11-01	强推	维持	华创证券	市场潜力预期由1.2亿人口向3.5亿人口转变	★★★★
2011-11-01	强烈推荐	维持	兴业证券	展望远大前程	★★★★
2011-08-03	强烈推荐	维持	兴业证券	啤酒增长平稳，疫苗临床顺利	★★★★
2011-03-26	强推	维持	华创证券	主营业务稳定增长治疗用合成肽乙肝疫苗临床试验进展顺	★★★★
2011-03-25	强烈推荐	维持	兴业证券	高增长来自一次性收益，长期还看疫苗	★★★★
2011-03-02	强烈推荐	维持	兴业证券	最新临床进展公告点评	★★★★
2011-02-11	强烈推荐	维持	兴业证券	治疗性乙肝疫苗临床进展公告	★★★★
2011-01-26	强推	维持	华创证券	治疗用合成肽乙肝疫苗临床试验均进展顺利 成功概率加	★★★★
2010-12-03	强烈推荐	维持	兴业证券	商务部批准嘉士伯收购公司股权	★★★★
2010-12-03	强烈推荐	维持	兴业证券	最新临床进展点评	★★★★
2010-11-08	强烈推荐	维持	兴业证券	疫苗进展顺利，前景一片光明	★★★★
2010-11-04	强烈推荐	维持	兴业证券	嘉士伯收购公司股权获得国资委批准	★★★★
2010-11-02	强烈推荐	维持	兴业证券	主业稳定增长，未来还看疫苗	★★★★
2010-10-13	强烈推荐	维持	兴业证券	治疗性乙肝疫苗临床进展公告点评	★★★★
2010-09-07	强推	维持	华创证券	重庆啤酒-治疗用乙肝疫苗临床试验进展顺利、建议继续	★★★★
2010-08-31	增持	无	金元证券	嘉士伯入主利于啤酒傲强，核心价值在治疗性乙肝疫苗	★
2010-08-27	强烈推荐	维持	兴业证券	天气影响啤酒销售，未来关注疫苗进展	★★★★

图 9-5 证券公司对重庆啤酒的态度

其真实性，就要健全相关立法，完善制度，从法律上保证上市公司披露的信息的真实性，防止虚假陈述的泛滥，应当在实体法上明确其义务范畴，并以不履行义务时的责任承担为约束，促使上市公司不作虚假陈述，而能真实、准确、完整、及时地披露相关信息。科学规范虚假陈述带来的一系列法律问题，核心在于对投资者民事救济制度的健全，通过合理的民事责任的设定、具体的实体法的规定，使相关义务主体如实披露信息，有利于监督和制约虚假陈述行为，从而调动广大投资者的积极性，推动证券资本市场的健康发展。

（二）针对上市公司

上市公司要提高公司信息披露的有效性，在信息的真实性和公平性上下功夫。

1. 应避免无效信息披露

重庆啤酒的公告中基本上是形同虚设，无任何实质性的相关内容，让业内各界人士看的是一头雾水。上市公司应避免这种现象。

2. 针对企业特点细化披露要求

对一些重要的信息持续跟踪披露，而不能流于形式，应对相关条款进行细一点的描述和解释。诸如重庆啤酒等上市公司超过几十页厚厚的年报到底给是给谁来看？中小散户认为，这样的年报过于复杂，而机构投资者却抱怨披露的信息不够充分。针对这样的矛盾，要加大信息披露的有效性和针对性，既能让普通小散户看得懂，也能让机构投资者看个明白。

3. 上市公司应建立健全相关内部控制制度

上市公司应按照《企业内部控制基本规范》的要求建立健全与财务报告相关的内部控制制度,提高信息披露质量,建立健全内幕信息知情人登记管理制度,维护信息披露的公平原则。

(三)针对监管部门

(1)对上市公司进行以落实诚信责任为重点的巡回检查和专项核查,督促各有关方面切实履行诚信责任。

(2)利用新技术、新方法丰富监管手段,开辟更加畅通、便捷和高效的资信渠道,充分利用和发挥社会各界的监督力量,进一步加强对上市公司的一线监管,如建立上市公司资信信息网、上市公司失信举报电子信箱等。

(3)建立上市公司诚信评级和公告制度。根据上市公司的信息披露情况,将上市公司分为守信和失信两类,再根据守信和失信的程度划分为若干级别,并定期和不定期地加以公告。

(4)建立诚信档案,实行黑名单制。为上市公司、中介机构、董事、监事建立诚信档案,详细记录他们在信息披露方面的行为,并将失信者列入黑名单。

(四)针对中小投资者

1. 坚持低估选股

只有低估了的个股才有安全边际,才有投资价值。

从短期来看市场是一个报价器,而从长期来看却是一个称重器。在乐观的时候,报价器会报一个过高的价格,在悲观的时候,它又会报一个过低的价格。作为一个价值投资者,就是要发现这种被报低的机会,买入并耐心持有,直到市场对它的错误报价进行修正之后再卖出,实现投资的正收益。

2. 耐心等待

投资本来就是一个不断等待的过程。发现好企业后等待安全边际的出现,买入股票后等待企业价值回归,卖出股票后等待下一次机会的来临,这都需要耐心等待。只有学会了耐心等待,才能在投资市场中获得丰厚的回报。但是要做到这一点很难,因为这不仅需要对企业价值和前景的深刻理解,还需要克服人类固有本性:贪婪和恐惧。而对于那些把目光和主要精力集中在股价变化上而不是企业经营本身的投资者来说,恐怕更是难上加难了。因此有人说,真正投资大师的境界不在股票上,而在于心态。

(五)针对大型的投资基金与证券公司等机构投资者

(1)基金与证券公司等机构投资者在自身投资上市公司时,首先要看清这家公司现实拥有的和未来成长过程中可能具备的分红能力,尽量避免对不切实际的投资标的的追逐。例如,重庆啤酒看似前景无限却虚无缥缈的乙肝疫苗研究项目。

(2)证券评估应该更加理性与公正。重庆啤酒股价一路走高的一个重要原因除了乙肝疫苗自身的话题性之外还有兴业证券对其接连不断的"强烈推荐"。从表面上我们无从得知兴业证券与重庆啤酒之间到底有什么紧密联系促使其不断为重庆啤酒加高声势,最终承受损失的还是不够理性的投资者。

四、阅读文献

[1]王芳.财务舞弊与财务报表的审计方法透视[J].经营管理者,2009(3).

[2]孙惠,张翠燕.析企业财务风险控制[J].合作经济与科技,2009(2):5-10.

 ## 案例 23　酒鬼酒案例

一、案例介绍

(一)公司背景

酒鬼酒股份有限公司(以下简称酒鬼酒)于 1997 年 4 月 28 日经湖南省人民政府批准,由湖南湘泉集团有限公司独家发起,以其所属湘泉酒公司、酒鬼酒公司、陶瓷公司三家公司的净资产折股投入,经中国证券监督管理委员会(证监发字[1997]361号、362 号)批准首次向社会公开发行 5 500 万股人民币普通股股票,并于 1997 年 7月 18 日在深圳证券交易所上市。

公司主营业务为生产、销售酒鬼酒、湘泉酒、内参酒等系列白酒产品,产品畅销全国 30 多个省、自治区、直辖市,远销美国、日本、俄罗斯、韩国、东南亚及中国港澳台等20 多个国家和地区。酒鬼酒为"中国驰名商标"。公司曾先后荣获"全国酒文化优秀企业"全国"五一劳动奖状""全国轻工业系统先进集体""全国先进集体""中国公众形象优秀企业""全国质量效益企业""全国酿酒行业优秀企业""全国酒文化优秀企业""中国公众形象优良企业""全国食品行业质量效益型先进企业""全国食品工业科技进步优秀企业"等多项荣誉。

(二)案例内容

然而这只 2012 年的牛股,因被 21 世纪网报道塑化剂超标 260% ,于当日(2012

年 11 月 19 日)停牌。此消息的杀伤力巨大,其他未停牌白酒上市公司被连坐,股价纷纷跳水。

11 月 19 日,21 世纪网题为"致命危机:酒鬼酒塑化剂超标 260%"的报道称,21 世纪网在酒鬼酒实际控制人中糖集团的子公司北京中糖酒类有限公司购买了 438 元/瓶的酒鬼酒,并送上海天祥质量技术服务有限公司进行检测。检测报告显示,酒鬼酒中共检测出 3 种塑化剂成分,分别为邻苯二甲酸二(2-乙基)己酯(DEHP)、邻苯二甲酸二异丁酯(DIBP)和邻苯二甲酸二丁酯(DBP)。其中,酒鬼酒中邻苯二甲酸二丁酯(DBP)的含量为 1.08 mg/kg。而 2011 年 6 月卫生部签发的 551 号文件《卫生部办公厅官员通报食品及食品添加剂中邻苯二甲酸酯类物质最大残留量的函》,规定 DBP 的最大残留量为 0.3 mg/kg,酒鬼酒中的塑化剂 DBP 明显超标,超标达 260%。此后,湖南省质量技术监督局 11 月 21 日向质检总局报告,经湖南省产商品质量监督检验院对 50 度酒鬼酒(32.65,1.81,5.87%)样品进行检测,检验结果显示,DBP 最高检出值为 1.04 mg/kg,按照 0.3 mg/kg 的标准计算,超标 2.47 倍,即塑化剂含量超出卫生部食品标准 247%。

塑化剂在中国内地俗称增塑剂,是工业上被广泛使用的高分子材料助剂,在塑料加工中添加这种物质,可以使其柔韧性增强,容易加工,可合法用于工业用途。同时,食品在储存过程中也会有微量增塑剂从包装材料中迁移到食品中。塑化剂的物质成分为邻苯二甲酸酯类物质,本身就是化学品,其分子结构决定邻苯二甲酸酯类物质都是对人体有毒的。塑化剂真正让公众认识是在 2011 年 5 月,塑化剂在台湾引起轩然大波,并最终成为重大食品安全事件。台湾食品中先后检出 DEHP、DINP、DNOP、DBP、DMP、DEP 等 6 种邻苯二甲酸酯类塑化剂成分,药品中检出 DIDP。截至 6 月 8 日,台湾被检测出含塑化剂食品已达 961 项。这场塑化剂风波也波及大陆。2011 年 6 月 1 日卫生部紧急发布公告,将邻苯二甲酸酯(也叫酞酸酯)类物质,列入食品中可能违法添加的非食用物质和易滥用的食品添加剂名单。同时,卫生部于 6 月发布了《卫生部办公厅官员通报食品及食品添加剂中邻苯二甲酸酯类物质最大残留量的函》,规定了 DEHP、DINP 和 DBP 的最大残留量。而塑化剂引起如此大的恐慌,主要是因为其对人体危害极大。长期摄取塑化剂会干扰内分泌,造成孩子性别错乱,使女孩性早熟,使男性生殖器变短小、性征不明显、精液量和精子数量减少等。有研究表明,塑化剂还会增加肝肾负担,对免疫系统、消化系统会造成慢性伤害,严重的还会导致肝癌。而"传承湘西悠久的民间传统工艺,独创中国白酒馥郁香型"的酒鬼酒,业绩突飞猛进之时,却把大量带毒的酒不断抛向市场,让信赖其品质的消费者无辜受害。

"塑化剂"事件除却对消费者造成负面影响外,对股市投资者也是一次重大考验。陷入"塑化剂门"后酒鬼酒复牌连续4天跌停。短短一周内,酿酒食品板块整体下跌3.5%。

酒鬼酒塑化剂超标事件在整个白酒行业引发地震,13只白酒类股票中,除当日停牌的酒鬼酒之外,其余12只个股均出现了较大幅度的下跌,短短一个交易日之内,白酒板块就蒸发了324亿元的市值。

而对于事件核心的酒鬼酒来说,停牌也并未能够阻止其股价的下跌。2012年11月23日复牌之后,酒鬼酒就遭遇了4连跌停。截至12月5日收盘,酒鬼酒收报于30.75元/股,较停牌前的47.58元/股的收盘价格已经跌去了35.37%。

二、问题梳理

酒鬼酒一直处于风口浪尖。2005年,酒鬼酒被证监会立案调查,前任董事长刘虹也被依法拘留,这在当时引起了轩然大波。酒鬼酒2005年半年度财务报告披露时账上还有4.36亿元的货币资金,主要是当年收购原控股股东湘泉集团的股权转让款。由于之前湘泉集团占用巨额资金,所以这笔钱就直接注入酒鬼酒。但是,截至2005年9月7日,公司账上4.2亿元资金均被大股东成功集团及其关联方全部转出,存放在银行3个账户内的实际资金余额只有503元。其中18 238.45万元转入成功开发投资,1 600万元转入湖南福莱特,另外约2.2亿元的资金早已不在公司账上,不明去路。

与此同时,终端市场调查显示,酒鬼酒在大众消费市场并不火爆,但其2012年报显示,6个月时间酒鬼酒做到2011年近全年业绩,营业收入9.29亿元,同比上涨超133%,净利润2.61亿元,同比增幅超329%。上半年是传统的销售淡季,酒鬼酒利润却大增3倍。酒鬼酒2012年半年报一经公布,市场人士对比酒鬼酒的母公司报表和合并报表发现,负责省外市场的供销公司截至6月30日的预收账款高达3.44亿元,占酒鬼酒总预收账款的74%;存货仅为1亿元,不到酒鬼酒总存货的20%。有关酒鬼酒可能通过短期在省外大量铺货来迅速提高业绩的猜测一直弥漫。

(一)管理层信息披露的义务

关于酒鬼酒含塑化剂超标一事,根据新浪财经的报道,中国酒业协会早在2011年6月就已获知白酒普遍含有塑化剂,但这一问题却拖延了17个月后才被披露,未将相关情况及时公之于众。而酒鬼酒副总经理范震称,公司早在2012年10月底就拿到了这份报告,并已经和报道这一事件的媒体进行了沟通。酒鬼酒作为一家上市公司,其管理层为何最终通过这样的形式,在相对迟滞的时间以及在事件已经见诸报端的情况下才对消费者及投资者披露早已掌握的情况？

（二）董事会的监督作用

董事会对公司管理层起监督作用。作为公司内部的核心治理机制，董事会监督的有效性对公司管理层决策的成本起到重要影响。酒鬼酒的董事会是否对产销流程进行监督并对产品质量进行检验，对公司的渠道经销商及销售账款明细是否及时验查，以及是否就对投资者决策有重大影响的公司重要信息监督管理层及时进行披露。

（三）审计单位的鉴证职责

作为酒鬼酒的审计单位，国富浩华会计师事务所是否基于现代风险导向审计了解了被审计单位的经营情况及其所处的行业环境，并对被审计单位内部管理体制以及质量控制系统进行了评估，进而对酒鬼酒的财务数据以及经营风险基于鉴证和判断，帮助投资者进行判断值得怀疑。同时，注册会计师是否熟悉企业的生产即运转流程，对白酒中塑化剂含量超标是在哪一环节发生有无基本的认识。这些问题有待进一步调查说明，其结论也将对食品行业的审计人员具有长远启发。

三、案例分析——建议和意见

（一）针对监管部门

在现行的制度下，白酒产品质量的管理涉及众多的部门，包括国务院食品安全委员会办公室、商务部、卫生部、国家质检总局、国家食品药品监督管理总局，还有酒类专卖部门，以及作为行业组织的中国酒业协会。

自 2004 年开始，根据《国务院关于进一步加强食品安全工作的决定》，确立了"一个监管环节由一个部门监管"的原则，采取"分段监管为主，品种监管为辅"的方式，由农业部、质检总局、工商总局、卫生部分别对农产品生产环节、食品加工环节、食品流通环节和餐饮业和集体食堂等消费环节进行监管，形成了多部门齐抓共管的食品安全监管体制。2009 年，上述监管体制在《食品安全法》中以法律的形式确定下来。2011 年 5 月，台湾发生添加塑化剂 DEHP 恶性食品安全事件后，塑化剂也引起了大陆有关监管部门的重视。上述的分段管理机制立即投入运作。2011 年 6 月，卫生部签发 551 号文件《卫生部办公厅关于通报食品及食品添加剂中邻苯二甲酸酯类物质最大残留量的函》，该文件规定 DBP 的最大残留量为 0.3 mg/kg。这个函件发送给了工信部、商务部、工商总局、质检总局办公厅，食品药品监管局办公室，食品安全办综合司。2011 年 6 月下旬，国务院食品安全委员会办公室发布《关于进一步加强酒类质量安全工作的通知》（食安办［2011］23 号文）。文件中要求"认真排查酒类生产、贮存、运输、销售环节存在的安全隐患",但未具体提及酒类中的塑化剂风险。此时,国家质检总局正在部署全国食品领域紧急排查塑化剂,国家食品药品监督管理局 6 月中旬即在药品中检出塑化剂,发现并通知禁用 8 种含塑化剂产品,涉及香精等行业,但未涉及酒类塑化剂问题。

在公开文件中,最早将塑化剂问题和白酒行业联系起来的是中国酒业协会。中国酒业协会的内部文件称,早在 2011 年 6 月,中国酒业协会就获知了白酒产品中含有塑化剂有关信息,中国酒业协会白酒分会分别与全国重点白酒企业、国家相关检测、科研机构进行沟通并布置调研任务。之后,中国酒业协会在 2011 年 7 月 18 日发布关于贯彻落实国务院食安办 23 号文加强行业自律的通知(中酒协[2011]32 号文),要求白酒企业"禁止在酒类生产、贮存、销售过程中使用塑料制品,加强对接触酒的塑料瓶盖的检测"。2012 年 4 月中国酒业协会白酒分会理事会会议和 7 月中国酒业协会全国白酒国家评委年会上,再次提出加强严控白酒产品塑化剂含量的要求。

但是由于行业组织的通知并无法律约束力,因而在白酒行业的执行效果自然要打折扣。我国的食品领域虽有塑化剂标准,但这一标准是由卫生部制定,且并非专门针对酒类行业。而目前我国白酒行业质量安全的日常监管单位主要是质检局系统,但质检部门在白酒领域并没有针对塑化剂检测标准,在白酒抽检明细中也没有塑化剂检测项目。

为了更好地协调各部门之间的关系,《食品安全法》设立了"国务院食品安全委员会",这在当时被誉为一大创举。2010 年,国务院食品安全委员会设置了"国务院食品安全委员会办公室"(简称国家食安办),自此国家食安办开始履行职责。

(二)针对现行标准

除却监管漏洞外,检测项目的设置常常是滞后的。对于要不要去检测一个指标,这种预判通常是经验型的。2012 年 6 月 27 日,国家质检总局官网发布关于公布 2012 年 24 类产品质量国家监督抽查结果的公告,其中公布的白酒产品质量国家监督抽查结果,并未提及发现塑化剂问题。行业检测标准的设置滞后影响了质检部门在白酒塑化剂监管上的作为。

目前国家监管部门还没有对一家白酒生产企业进行过处罚。较早触发白酒行业整改塑化剂问题的,是地方政府。由于贵州名牌产品老干妈因被检出塑化剂含量超标导致出口欧盟受阻,以白酒为支柱产业的贵州仁怀,地方政府较早重视起酒类塑化剂问题。2012 年 4 月,根据仁怀市委市政府的要求,仁怀大小酒厂全部整改。仁怀市茅台镇展开由仁怀市酒类发展局牵头,公安、质检、卫生等部门参与的大规模塑化剂联合执法行动。

（三）针对上市公司

上市公司有责任对自身生产的产品质量进行检验和把关，对消费者的安全和健康具有责无旁贷的义务。酒鬼酒公司的管理层应重新检验自身的生产、运转及经销流程，及时向消费者公布产品质量的最新信心，以及做好相应的退换货等后续工作，以补救对消费者带来的损害。

同时，在资本市场上，上市公司也应该及时披露重大信息，以避免误导投资者的投资决策。除却管理层在此方面应尽责任和义务外，公司董事会作为内部治理的重要机制，也应发挥自身的监督和管理作用，抑制代理问题的发生，维护投资者的知情权，保护投资者的利益。

（四）针对会计师事务所

酒鬼酒公司的审计单位应基于现代风险导向审计，了解被审计单位的经营情况及其所处的行业环境，并对被审计单位内部管理体制以及质量控制系统进行评估，进而对酒鬼酒的财务数据以及经营风险基于鉴证和判断，帮助投资者进行判断。注册会计师应对白酒行业全行业的生产状况有所了解。同时，注册会计师应熟悉企业的生产即运转流程，对白酒中塑化剂含量超标是在哪一环节发生有基本的认识，并对可能存在风险的环节进行重点审查。

（五）针对大型的投资基金与证券分析师

在 A 股市场中，像白酒这样的增长稳定、没有周期性的较好的投资标的不多，在这种选择较少的情况下，在经济下行周期中，券商分析师重点推荐这类股票皆是人之常情。然而，即便像股票业绩增长比较明确的食品饮料行业，是在买入和持有时也应当重点考虑食品安全的风险，因为其常常属于突发性的、无法预见的风险，短期势必会造成股价的大幅下挫，并且使整个行业的估值水平受到影响，故应相应的调整行业的估值。

从食品安全事件本身的性质以及影响范围来看，可以将其分为以下几类：①全行业、龙头公司、大部分产品的食品安全事件，此类食品安全事件影响范围广（几乎涉及整个行业、龙头公司主流产品）、对消费者损害严重，由此对企业经营销售带来致命打击，恢复时间长；②龙头公司、部分产品的食品安全事件，此类食品安全事件局限在龙头公司的部分子公司、部分产品里面，事件蔓延得到控制，对企业经营阶段性影响较大，但不至于影响到企业的存亡；③部分公司、部分产品的食品安全事件，以及部分公司、部分产品、经检测没有食品安全问题的事件。酒鬼酒"塑化剂"事件属于第一类情形，几乎涉及整个行业、龙头公司主流产品，对消费者和投资者都造成严重的负面影响。在此种情况下,机构投资者尤其应当考虑谨慎使用集中投资的方式,特别是在一些容易出现系统性风险和无法预料的突发性事件的行业当中。

四、阅读文献

[1]张璐.酒鬼酒:生产线无塑料设备,问题或出在包装线[N].北京晨报,2012-11-26.

[2]庞倩影.酒鬼酒与经销商"做市"利益链恐断裂[N].新快报,2012-11-27.

[3]张麒麟.酒鬼酒获省长质量奖[N].羊城晚报,2013-02-24.

[4]陈羽桃,胡北忠.内部环境与企业风险管理浅析[J].贵州社会科学,2012(6).

审计失败案例分析

 案例 24　美国废物处理公司案例[①]

一、案例介绍——美国废物处理公司事件简介

1998 年 2 月 24 日,位于得克萨斯州的美国废物处理公司(Waste Management)发布声明,宣布重新编报该公司 1992 年至 1996 年 5 个年度以及 1997 年头 3 个季度的财务报告,这犹如在平静的资本市场扔进了一枚炸弹。在声明中,美国废物处理公司承认,截至 1996 年年底,该公司虚报了税前收入 14.3 亿美元,少报纳税费用 1.78 亿美元。这是美国自 1933《证券法》颁布后至事发时最大的一桩财务报表重报事件。

美国废物处理公司属于最受会计师事务所欢迎的客户,它是"明星公司"。作为一家主要从事有毒有害废物的处理、能源回收利用、环保技术开发、工程和咨询等业务的大型公司,该公司一直聘请安达信会计师事务所进行年度审计工作,是安达信会计师事务所的忠实客户,也为安达信会计师事务所带来了丰厚的收入。根据该公司管理层报告给其审计委员会的资料,仅 1991 年至 1997 年间,安达信会计师事务所就从该公司收取了 750 万美的审计费用,平均每年的审计费高达 100 万美元;同期安达信会计师事务所对该公司非审计服务收费更是达到了 1 180 万美元,几乎是审计费用

[①]　美国废物处理公司的审计失败主要摘自陈汉文等(2003):《安达信:事件与反思》。

的两倍。

然而,美国废物处理公司又是一家令会计师颇为头疼的客户。从 20 世纪 80 年代后期开始,该公司的经营业绩停滞不前,管理层授意财务人员采用一些比较激进的会计程序,以提高公司的每股盈余。每年的第四季度末,美国废物处理公司都根据预期的盈利指标来调整已提取的固定资产折旧额,且大量采用与一般公认会计准则(GAAP)不一致的会计程序来推迟确认费用。比如,不适当地对废物填埋成本的利息进行资本化、不足额计提纳税准备和自我保险准备、不适当地采用购买法会计法来增加环境损害赔偿准备、不适当地用环境损害赔偿准备来冲销经营费用、拒绝冲销已经放弃了的或已经减值了的废物填埋地的开发成本,等等。各项会计程序的目的都是为了降低当期的经营成本,从而增加当期的经营性收益。

从 1992 年开始,美国废物处理公司显著提高了利润虚报的金额,它不仅继续采用少报或者推迟确认费用的会计程序,而且通过对收益进行错误分类,用一次性收益冲销经营费用,以降低经营费用。在 1992 年,公司用首次公开发行证券中获得的一部分收益抵销当期经营费用和以前年度的错报。1995 年,美国废物处理公司通过服务器项目的权益置换实现了 1.6 亿美元的收益,这一非经常性收益立即被用来抵销与此无关的经营费用以及 1994 年以前发生的错报,其金额占到 1995 年税前经营性收益(未提特别拨备)的 10%。1996 年,美国废物处理公司又用出售两家子公司的收益抵销经营费用和以前年度的错报,从而虚增公司的税前经营性收益(未提特别拨备)5.9%。所有这些抵销事项,美国废物处理公司都没有在财务报表附注中进行披露,也没有按照美国证券交易委员会的要求在"管理层分析与讨论(Management's Analysis and Discussion)"中予以说明。

通过上述利润操纵手段,美国废物处理公司在 1992 年至 1995 年期间,虚增净利的幅度分别为 14.9%、56.8%、25.0%、77.6%,1996 年更将亏损 3 900 万美元错报为盈利 1.9 亿美元。1997 年年底,美国废物处理公司管理层发生重大变动,新的管理层对前任业绩进行复核,揭开了该公司操纵利润的行为。资本市场中每一起上市公司的财务报表失实事件,都将不可避免地把负责审计的会计师事务所卷入舆论的旋涡之中,更不必说这样一起惊天大案。长期以来,负责对美国废物处理公司进行审计的安达信会计师事务所,每年都出具无保留意见审计报告(具有讽刺意味的是,该公司新管理层仍然聘请安达信会计师事务所对重新编报的财务报表进行审计,后者不无尴尬地再次出具了无保留意见审计)。面对美国废物处理公司 1998 年 2 月 24 日发布的声明,人们不禁要问,如此巨额的财务报表错报,安达信会计师事务所怎么可能在长达数年的时间里没有发现任何蛛丝马迹?实际上,安达信会计师事务所不仅早就察觉到美国废物处理公司操纵利润的踪迹,而且还曾多次要求该公司进行整改。然而美国废物处理公司一意孤行,安达信会计师事务所则由于各种原因未能坚持自己的立场,只能眼睁睁地看着废物处理公司丑闻爆发。

SEC对安达信会计师事务所的处罚如下:安达信会计师事务所因纵容废物处理公司的财务舞弊,在1992年至1996年期间"故意地"和"不顾后果地"为美国废物处理公司提供虚假、具有误导性的审计报告,虚报收入14.3亿美元,被华盛顿联邦法庭以"欺诈及伪造账目罪"判处罚款700万美元。其中有3名合伙人除了被罚款外,还被SEC处以5年内不得从事审计工作,另有1人1年内不得从事审计工作的惩罚。

二、问题梳理——安达信会计师事务所审计失败的原因

作为美国废物处理公司多年的审计师,安达信会计师事务所对该公司财务报表的错报有充分的了解。从1988年开始的各次审计中,安达信会计师事务所负责美国废物处理公司的审计小组不仅发现,而且记录下了美国废物处理公司中已经引起错报以及可能引起错报的诸多会计事项。鉴于该公司连续数年少提准备金或者毫无根据地改变会计估计等方式且废物处理行业的会计估计和会计计量具有很大主观性,安达信会计师事务所内部的风险测评程序在1993年就将美国废物处理公司评定为"高风险客户"。为此,安达信会计师事务所将该公司置于"受监管的客户"名单中,在审计程序上丝毫不敢松懈。对于其中的一些重大问题,安达信会计师事务所中部地区的审计业务董事、安达信会计师事务所的管理合伙人以及安达信会计师事务所审计部门的负责人都参与了讨论决策。有些事项涉及美国废物处理行业的一些特殊业务的会计处理,审计人员还咨询了安达信会计师事务所内部会计准则组(Accounting Principle Group)中的废物行业专家,并听取他们的意见。

一个审计项目经过如此严格的把关并有多位高级合伙人介入,为什么仍然出现了重大失误?根据美国证券交易委员会(SEC)的调查,安达信芝加哥事务所对废物处理公司的审计至少存在着三个方面的问题:

第一,未能严格地执行审计程序。美国废物处理公司存在着大量引起或可能引起错报的会计程序,这些程序有些直接与公认会计原则(GAAP)相抵触,有些属于废物处理行业的特殊业务,如废物填埋的成本摊销,废物处理场歇业后潜在的环境损害赔偿责任,等等。对于后一类事项,GAAP中往往没有具体涉及,但美国废物处理公司采用的会计程序明显地存在引起财务数据失真的可能性。然而,由于这些事项很多而且比较琐碎,每一项的金额都不太大,安达信会计师事务所的审计人员认为它们

都不是"实质性"的,因而没有进行定量分析,也没有全面地估计其对财务报表数据可能产生的影响,这就使得许多错报从审计人员眼皮底下溜了过去。如在 1993 年度审计中,审计人员仅对一部分违反 GAAP 的会计程序进行了量化,就确定了 1.28 亿美元的虚报,占公司剔除非经常性损益前净利润的 13%。如果审计人员同时对已经发现的其他有问题的会计程序(如应冲销的填埋项目减值列为递延费用,将环境损害赔偿准备转回利润等)进行全面量化,可能早就发现美国废物处理公司的财务报表失实程度比他们想象的要严重得多。

第二,高级合伙人专业判断上的失误。安达信会计师事务所内部审计手册要求:当审计小组提出的调整分录达到客户净经营性收益的 8% 以上时,签字合伙人需要咨询审计业务董事等高级合伙人的意见。由于美国废物处理公司数年间的调整分录都很大,审计项目负责人 Allgyer 和 Maier 多次向审计业务董事以及安达信会计师事务所审计部负责人汇报,并征求他们的意见。Allgyer 甚至还向安达信会计师事务所的执行合伙人作了汇报。然而这些合伙人每次形成的意见都是:这些错报不属于"实质性"的,因而可以对该公司的财务报表签发无保留意见审计报告。

造成高级合伙人判断失误的原因是多方面的。首先,废物处理行业的会计估计和会计计量具有很大主观判断性,审计人员通常不太容易否定客户选择的会计程序。其次,美国废物处理公司每年的错报都涉及一些以前年度错报的累积影响,几位提供咨询意见的高级合伙人在运用分析性程序评价这些错报的严重性时,没有采用安达信会计师事务所审计手册所要求的"铁幕法"(iron-curtain method),而是错误地采用了"前推法"(roll-forward method),低估了问题的严重性。这两种方法在对待以前年度错报的问题上有根本性区别:按照铁幕法,审计人员在判断客户财务报表错报的严重性程度时,应当将以前年度的错报与本年度的错报一并考虑在内;而在前推法下,只需要衡量本年度的错报相对于本年度净利润金额的比重。再次,合伙人过于依赖技术性的指标分析,没有对美国废物处理公司系统性的造假行为的性质给予足够的重视。例如,审计小组没有量化的会计程序虽然单个而言都不是实质性的,但是其数量众多,应该足以警示审计人员注意问题的严重性。最后,安达信会计师事务所的风险测评已经将该公司定位为"高风险户",但仍然不适当地信赖了该公司对选择特定会计程序理由的解释,最终酿成恶果。

第三,对客户管理层过于宽容,事实上放任了会计违法行为的发生和持续进行。无论是疏于对错报进行全面定量分析,还是专业判断上对客户过度信赖,都源于安达信会计师事务所对美国废物处理公司管理层的宽容态度,总是期望后者能改进其会计程序。因此,安达信会计师事务所一方面冒着风险出具无保留意审计报告,另一方面则不断督促美国废物处理公司进行整改。早在签发1993年度无保留意见审计报告的同时,审计项目负责人ALLGYER就根据高级合伙人的指示,向美国废物处理公司首席执行官提交了详细的《改进措施表》,其中列举了安达信会计师事务所认为该公司必须立即采取的最低限度的改进措施,包括减少(即向后结转)该公司积累下来的错报金额,并改变那些导致错报(包括已经量化的以及其他已知的或可能的错报)的会计实务。同时还向该公司提供了"合理的"与"保守的"两种会计程序,建议该公司采用。

然而,安达信会计师事务所没有将《改进措施表》提交给美国废物处理公司的审计委员会,而是仅仅向后者说明已经与管理层就整改达成了共识;而且,在该公司管理层的请求下,安达信会计师事务所也没有要求其立即实施最低限度的整改措施,而是许可其在5年至7年内完成。即使如此,美国废物处理公司仍然对安达信会计师事务所的整改建议置若罔闻,继续大量采用不符合公认会计原则的会计处理程序。安达信会计师事务所尽管对此深为恼火,但只是向该公司审计委员会成员私下进行抱怨,最强烈的反应也不过是在1996年年初向美国废物处理公司提交了一份备忘录,声明"……我们不同意这种处理(指该公司用一次性收益抵销经营费用和以前年度收益,并隐瞒不报),而且我们很明确地告知贵公司管理层,这是SEC非常关注的领域。我们将继续关注这一问题,并评估隐瞒不报对整个财务报表披露的实质性影响以及对本年净利润的影响"。

安达信会计师事务所终究没有撤销已出具的无保留意见审计报告,也没有采取任何有力的措施来防止或制止美国废物处理公司在1996年继续用抵销经营费用和以前年度错报,这种软弱态度显然助长了美国废物处理公司管理层的造假气势。在安达信会计师事务所1996年的审计中,美国废物处理公司公然游说安达信会计师事务所审计人员认同该公司已提环境损害赔偿准备过高,因此可以转回到利润中;而当安达信会计师事务所审计人员就该公司用转让子公司的收益抵销经营费用提出调整分录时,该公司毫不客气地予以拒绝。

安达信会计师事务所为它的软弱付出了沉重的代价。审计小组的工作底稿、安达信会计师事务所发出的备忘录,日后都成为安达信会计师事务所明知美国废物处理公司的财务报表不符合公认会计原则却依然出具无保留意见审计报告的证据,从而将自己置于《证券法》重点打击的虚假陈述者之列。这大概也可以在一定程度上解释,安达信会计师事务所为什么在安然事件爆发后铤而走险,销毁了有关工作底稿:避免工作底稿再次成为自己被定罪的证据。

三、审计师的独立性

安达信会计师事务所对美国废物处理公司的非审计服务也达到相当的规模。对此,负责美国废物处理公司审计项目的签字合伙人 Allgyer 功不可没。Allgyer 被安达信会计师事务所视为最出色的"客户服务"合伙人,他不仅是安达信芝加哥事务所负责"客户服务"业务的合伙人,而且担任安达信会计师事务所的"营销董事"(marketing director)。在这个岗位上,Allgyer 负责协调安达信芝加哥事务所的市场推广工作,包括向审计客户推销非审计服务。安达信会计师事务所指派 Allgyer 负责美国废物处理公司的审计项目,就是因为 Allgyer 不仅具有为客户服务的献身精神,而且其个人风格与废物处理公司管理层非常匹配,可以为安达信会计师事务所拓展对该公司的非审计服务创造机遇。果不其然,Allgyer 在其接手美国废物处理公司审计项目后不久,就与该公司达成了限定审计收费(不超过以前年度的水平),但聘请安达信会计师事务所提供其他非审计服务的协议,包括税务咨询、非财务报表审计方面的鉴证业务、复核、监管问题以及其他咨询服务。从 1991 年至 1997 年,安达信会计师事务所从该公司收取了 750 万美元的审计费用,而非审计业务收费却达到 1 180 万美元。

此外,安达信咨询公司(Anderson Consulting)也向美国废物处理公司收取了 600 万美元的非审计服务费用,其中 370 万美元的收费源于一个"经营战略审查"项目。该项目的是由安达信咨询公司对美国废物处理公司的整个经营结构进行分析,并最终就该公司实施一个新的"增加股东价值"的营运模式提出建议。Allgyer 先生是监督该项目运作的一个指导委员会的成员,其在指导委员会中工作的时间也计入了安达信咨询公司向美国废物处理公司收费的范围。而安达信会计师事务所在确定对 Allgyer 的业绩报酬时,也将安达信会计师事务所对废物处理公司的审计和非审计项目收费统一考虑在内。

当安达信会计师事务所与废物处理公司之间有着密切的非审计服务利益联系时,安达信会计师事务所很难证明其仍然保持了审计的独立性。

四、注册会计师的责任

SEC 在对安达信会计师事务所作出处罚时区分了安达信会计师事务所的责任与有关合伙人的责任。对出具了重大错误审计报告的安达信会计师事务所本身提起了行政诉讼和民事禁令,同时对参与美国废物处理公司审计项目的几位合伙人提起了同样的诉讼。对于提供咨询意见的几位高级合伙人,SEC 则仅对业务董事提起了行政诉讼,没有追究安达信会计师事务所的执行合伙人以及安达信芝加哥事务所审计部门负责人的个人责任。

美国废物处理公司出现重大错报的财务报表覆盖 1992 年至 1996 年这 5 个会计年度,其中,1992 年的审计基本上是由签字合伙人(即项目负责人)Allgyer 一手定论的,其他年度的审计都涉及安达信会计师事务所内部若干部门的合伙人。前后有 6 名安达信会计师事务所的合伙人牵涉其中,除签字合伙人以外,还有主要负责审核项目的第二合伙人,安达信芝加哥事务所的审计业务董事,安达信会计师事务所执行合伙人以及审计部负责人。后三者主要是对审计小组提出的一些重大专业判断问题提供咨询意见。

就安达信会计师事务所的责任而言,美国废物处理公司违规会计处理行为持续多年,所涉及的金额巨大,其错报行为的性质和严重程度触目惊心。安达信会计师事务所内部多位高级合伙人,如管理合伙人、审计业务指导以及会计准则专家等,都参与了对审计报告中有关问题的讨论,但却令人遗憾地作出了错误的结论。鉴于美国废物处理公司的财务报表并不符合公认会计原则,安达信会计师事务所的审计也没有遵循独立审计准则的要求,因此安达信会计师事务所在其出具的无保留意见审计报告中声明的"财务报表符合公认会计原则(GAAP)""审计过程符合公认审计准则(GAAS)"不符合事实。安达信会计师事务所需要对其合伙人以安达信会计师事务所的名义出具有重大错误的审计报告行为负责任。

安达信会计师事务所"知道或由于极其草率而不知道"(know or recklessly do not know),其为美国废物处理公司 1993 至 1996 年度财务报表出具的审计报告有重大误,其行为违反了《证券交易法》第 10(b)条款以及 SEC 就该条款颁布规则 10-b(5)(反欺诈规则);同时,安达信会计师事务所的行为也构成了 SEC 制定的《执业规则》(rule of practice)第 102(e)(i)条款所指的不当执业行为。按照安达信会计师事务所与 SEC 达成的和解协议,安达信会计师事务所同意支付 700 万美元的民事罚金,并保证以后不再违反《证券法》以及 SEC 的相关规则。

合伙人的责任:第一,签字合伙人 Allgyer 在 1992 年至 1996 年间是美国废物处理公司审计项目的签字合伙人。2000 年,55 岁的 Allgyer 从安达信会计师事务所退休,但是仍然需要对其在职期间的行为负责。SEC 指控 Allgyer 对 1992 年度的审计失误负有全部责任。他明知已经量化的错报(9 350 万美元)就达到了税前收益的 7.407 0 亿美元,也知道或由于极其草率而不知道该公司还存在其他诸多可能引起错报、但尚未量化的不当会计程序,如报告的土地价值超过净可变现价值,用环境损害补偿储备来冲销经营费用,用首次公开发行证券的收益抵销当期经营费用和以前年度的错报且未披露等,却仍然签发了无保留意见审计报告。

SEC 进一步指控 Allgyer 在 1993 年至 1996 年的审计中有同样的过错。尽管在这些年度的审计中,安达信会计师事务所的其他咨询合伙人也参与了审计结论的决策过程,但 Allgyer 作为签字合伙人知道或不知道安达信会计师事务所从 1993 年至 1996 年的审计报告有重大错误和误导。Allgyer 同时知道该审计报告构成向 SEC 备案的公司 10-K 表格的一部分,因此,Allgyer 的行为违反了《证券交易法》第 10(b)条款以及 SEC 颁布的规则 10-b(5),同时违反了《证券法》第 17 条(即不得向 SEC 报送有虚假信息的财务资料)。Allgyer 被处以民事罚金 5 万美元,并且在 5 年内不得从事受 SEC 监管的公司的审计业务或其他业务。

第二,第二合伙人 Maier 与合伙人塞卡夫斯奇(Cercavschi)。Maier 在 1992 年至 1996 年间出任美国废物处理公司审计项目的第二合伙人,与 Allgyer 共同负责该项目,主要职责是复核有关审计程序,以保证审计质量。他同时是安达信芝加哥事务所的风险管理合伙人。塞卡夫斯奇从 1988 年开始加入对美国废物处理公司的审计小组,担任高级项目经理;1994 年成为安达信会计师事务所的合伙人后,继续在该审计小组中工作。

作为合伙人,Maier 与塞卡夫斯奇了解该公司中存在的、已经被审计小组量化了的错报金额,也清楚该公司还存在诸多引起或可能引起错报但审计小组没有估计其金额影响的会计程序。然而,两名合伙人依然同意出具无保留意见审计报告。因此,他们的行为构成"知道或由于极其草率而不知道"安达信会计师事务所在相关年度出具的审计报告中有重大错误和误导。由于两合伙人同时知道该审计报告构成向 SEC 备案的 10-K 表格文件的一部分,因此,他们的行为违反了《证券交易法》第 10(b)条款、规则 10-b(5)和《证券法》第 17 条下的反欺诈规则,Maier 被处以民事罚款 4 万美元,且在 3 年内不得从事上市公司业务;塞卡夫斯奇被处以民事罚款 3 万美元以及 3 年内禁止从事上市公司业务。

第三,审计业务董事库森达(Kutsenda)。库森达作为合伙人,在 1992 年至 1995 年间担任安达信会计师事务所中部地区审计业务董事,负责对安达信会计师事务所在芝加哥、堪萨斯等地的事务所审计业务提供技术指导,监督审计质量和风险管理程序。

SEC 对库森达的指控主要集中在其对美国废物处理公司 1995 年度的审计业务指导上。当审计小组向库森达汇报美国废物处理公司用 1.6 亿美元的一次性收益抵销与此无关的经营费用和以前年度错报,且此项抵销占该公司 1995 年税前收益的 10% 时,库森达知道或应当知道该项抵销业务违反公认会计原则,需要引起审计人员的高度警惕。然而,当签字合伙人征求其意见时,库森达认为该项抵销的金额是非实质性的,因此,只要美国废物处理公司在自己的总账中分别记录了收益和费用,仅仅是在财务报表中进行抵销,安达信会计师事务所也可以签发无保留意见审计报告。受库森达的结论的影响,安达信芝加哥事务所执行合伙人和审计部负责人也同意出具无保留意见审计报告。

SEC认为,库森达虽然不是美国废物处理公司审计小组的成员,但是,按照公认审计准则的要求,他作为安达信会计师事务所负责技术问题的合伙人,也应当保持适当的专业注意,根本不应该同意对这种有重大错误的财务报表签发无保留意见审计报告。库森达的行为极其不当,违反了职业守则的要求,构成SEC《执业规则》第102(e)(i)(ii)项下的不当执业行为,最后给予库森达1年内不得从事与上市公司有关的业务的行政处分。

五、结论

安达信会计师事务所在美国废物处理公司审计项目中翻船,再一次给注册会计师敲响了警钟。正如SEC在给安达信会计师事务所的处罚通知中所指出的:"审计师一旦知道公司管理层不打算改正财务报表中的错报,就应当马上向管理层澄清自己的立场,考虑解约或者对财务报表发表保留意见。如果他没有这样做,而是继续将审计做完,他就会发现自己正处于一个进退两难的境地:他对一份有实质错报财务报表出具了无保留意见,从此提心吊胆,期望日后不被发现;要么就不得不在日后迫使管理层重新发布财务报表或提出保留意见,实际上就暴露了他自己在以前签发无保留意见审计报告时的过错,从而将置于法律责任的风险下。"其实,美国废物处理公司案件中暴露出来的主要问题之一:为同一客户提供审计与咨询服务从而影响审计师的独立性与之后发生的安然事件十分相似。遗憾的是,安达信会计师事务所未能从这一事件中吸取足够的教训,在安然事件中重蹈覆辙并最终走向覆灭。

六、阅读文献

［1］宋建波.美国证监会审计案例精选［M].北京:中国人民大学出版社,2005.

［2］陈汉文,王华,郑鑫成.安达信:事件与反思［M].济南:济南大学出版社,2003.

［3］王砚书,董丽英.审计案例［M].大连:东北财经大学出版社,2012.

［4］张景山.审计案例分析［M].北京:中国市场出版社,2011.

［5］饶斌,喻小明.会计与审计案例分析——基于资本市场的案例［M].南昌:江西人民出版社,2011.

［6］胡春元.审计案例——源于资本市场［M].大连:大连出版社,2010.

案例 25　　登云股份审计失败案例分析

一、案例介绍——登云股份事件简介

(一) 案例起因

2015 年,由于登云股份上市当年出现利润急剧下滑的异常情况,证监会正式对登云股份立案调查,并于 2017 年 5 月 3 日在证监会网站发布处罚公告。证监会认定登云股份 2014 年提交的 IPO 申请文件,2013 年、2014 年的年度报告以及 2015 年第一季度的中期报告都存在信息重大遗漏和虚假记载信息的情况,违反了我国《证券法》中对信息披露义务人、发行人和上市公司作出的按照规定真实完整地披露财务和附注信息的要求,责令登云股份在限期内将报表内的虚假和遗漏信息改正,并给予其警告的行政处分和 60 万元的罚款;对公司的董事、监事和其他相关高级管理人员也给予警告,并处以最高 30 万元、最低 5 万元的罚款。

(二) 被审计单位基本情况及主要会计问题

1. 公司简介

登云股份全称为怀集登云汽配股份有限公司,其前身为成立于 1971 年的怀集县汽车修配厂,是我国最早专注于机动汽车发动机气门零件生产的公司之一,后于 1989 年 11 月在广东省怀集县怀城镇登云亭注册。2014 年 2 月 19 日在深圳中小企业板挂牌上市,股票代码为 002715,发行价为每股 10.16 元人民币,共发行股票份额 2 300 万股,一共募集了 2.34 亿元人民币。公司致力于汽车发动机进排气门一系列产品的研发、批量生产和销售,生产能力达年产汽车发动机进排气门 2 700 万只,产量位居全国同行业前列。

2. 存在的主要会计问题

(1) 隐瞒费用调节利润。登云股份在上市的前几年,三包索赔费用降幅明显,在 2013 年达到极致,尽管登云股份在招股说明书中解释称三包索赔费用降低具有偶然性,但从百万元到十万元的巨大变动是很异常的。此外,登云股份还通过隐瞒咨询会务费用、少确认融资贴现费用等行为来调节利润。

(2) 提前确认收入调节利润。2013 年 6 月,登云股份通过美国登云子公司销售两批货物,按照实际情况这笔收入应该确认在 2013 年 7 月份。但是为了满足 IPO 上市对利润的要求,美化报表,向投资者呈现公司蓬勃发展的假象,其在 2013 年 6 月的财报中提前确认了金额为 2 398 637.03 元的收入。美国登云这一提前确认收入的行

为使登云股份的合并报表提前确认了 949 612.22 元的利润。

（3）未按规定披露关联方关系及关联交易。IPO 申报材料中登云股份未披露与广州富匡全有限公司、肇庆市达美有限公司、山东富达美有限公司以及山东旺特有限公司这几家公司的关联方关系以及与这些公司之间进行的关联交易。此外,登云股份也未披露国外关联方关系和交联交易。

（三）审计主体基本情况及主要审计问题

1. 基本情况

信永中和会计师事务所是我国本土八大会计师事务所之一,拥有良好的社会声誉和较高的专业技术水平,是年收入近 10 亿元的综合型会计师事务所。发展历程可追溯到 20 世纪 80 年代初期,是我国国内起步较早、经营期较长的大型会计师事务所之一。也是国内最先获得证券期货相关业务审计资格,和获准从事 H 股(注册地在国内但在香港上市)上市公司的审计服务专业机构之一。它的总部位于北京,在国内拥有 20 个分所。

信永中和会计师事务所拥有为多个大型集团同时服务的能力,目前为中粮集团、中国石油、中国移动、中国银行和招商局等 200 多家上市公司提供审计服务。信永中和主要业务范围为审计、税务服务、会计咨询和工程造价等。拥有工程造价的甲级资格、证券期货行业和许多其他行业的服务资质。

2. 主要审计问题

登云股份聘请信永中和会计师事务所作为审计服务机构,信永中和为登云股份 IPO 期间(三年又一期)财务报表和 2014 年的财务报表提供审计服务,并均出具了无保留意见的审计报告。在完成此次 IPO 业务后,信永中和会计师事务所的业务收入为 324 万元,占登云股份 IPO 总发行费用的 10% 左右。

（四）案例结果

信永中和会计师事务所在 IPO 审计过程中未能勤勉尽责,出现了以下失职行为:未能对登云股份三包索赔费用的异常波动予以关注;未能追加必要的替代程序导致函证程序失效;未能对资金性质予以关注;未能对销售收入进行充分核查;没有发现未披露的关联方关系,最终在没有获取充分、适当审计证据的情况之下,发表了不恰当的审计意见,出具了虚假的审计报告。

2017 年 12 月 6 日,在历经了长达两年的调查之后,证监会认为信永中和会计师事务在 IPO 审计的过程中出现的失职行为应由证券监督管理机构责令改正,没收了其违法业务收入并对其处以违法业务收入的一至五倍的罚款。负责本次 IPO 审计的签字注册会计师,也被给予了警告行政处分,并分别处以 5 万元罚款。

(五) 新旧审计报告对比分析

根据从中财网查阅到的登云股份(002715)审计报告相关信息整理得到表 10-1。通过对比登云股份 2013—2018 年各年度的审计报告,可以看到自 2017 年审计准则修订后,新准则要求注册会计师披露的信息量增多,因此,从 2017 年起登云股份的审计报告中多披露了关键审计事项、其他信息等事项,而从它 2017、2018 年度的审计报告又可以看出存货监盘在这两年度都被列入关键审计事项的行列。

表 10-1 2013—2018 年各年度审计报告相关事项

年份 披露事项	2013 年	2014 年	2015 年	2016 年	2017 年	2018 年
均披露事项	①标题收件人;②审计意见;③形成审计意见的基础;④管理层对财务报表的责任;⑤注册会计师对财务报表审计的责任;⑥按照相关法律法规的要求报告的事项;⑦注册会计师的签名和盖章;⑧会计师事务所的名称和地址以及盖章;⑨报告日期					
新增披露事项	无	无	①导致保留意见的事项;②强调事项	强调事项	①关键审计事项;②其他信息	①关键审计事项;②其他信息
审计意见	标准无保留意见	标准无保留意见	保留意见	带强调事项段的无保留意见	标准的无保留意见	标准的无保留意见

其次,从信永中和会计师事务所对登云股份出具审计意见类型的变化,可以看出它在被证监会查处之后的确有了一定程度的变化。首先,2013、2014 以及 2015 年登云股份都是由信永中和审计的,2013、2014 这两年信永中和出具的都是标准无保留意见。此后,在 2014 年(即登云股份上市当年)它是由夏斌和郭晋龙审计的,夏斌仍然负责对登云股份的审计,故登云股份是被相同的注册会计师连续审计,这样就可能会在一定程度上削弱注册会计师对被审单位的职业怀疑。2015 年证监会开始对登云股份立案调查后,信永中和对其审计的注册会计师变为王建新和张永德,且此年对登云股份出具的是保留意见,而导致出具保留意见的事项恰恰就是无法获取充分、适当的审计证据以确认三包索赔费用的归属期间、完整性及应收账款计提的坏账准备是否充分及适当,而这也是信永中和审计失败的原因之一。之后从 2016 年开始,对登云股份进行的审计的单位变为了中喜会计师事务所,该年其对登云股份出具了带有强调事项段的无保留意见,强调的事项旨在告诉投资者此前登云股份因涉嫌信息

披露违法违规被中国证券监督管理委员会立案调查,公司股票可能被深圳证券交易所实施退市风险警示并暂停上市,这一年值得关注的重点是登云股份在出具了年度报告之后又两次对年度报告进行了更新,其2017年第一季度同样也对季报更新了两次。从2017年和2018年中喜会计师事务所对其出具的审计意见类型来看,出具的均是标准的无保留意见。

二、问题梳理——信永中和会计师事务所审计失败的原因

(一)会计师事务所存在问题分析

1. 未能在项目承接阶段正确评估风险

会计师事务所在确定和接受审计项目之前,应该实施一系列审计程序考量自身和对方,目的是识别和正确评估会计师事务所接受该审计项目将要面临的审计风险。如果在没有正确评估审计风险的情况下就承接审计项目,不仅会增加合伙人和项目组成员的工作压力,还会面临审计失败影响会计师事务所声誉,甚至被起诉的风险。

从2008年信永中和承接第一个IPO审计项目到2011年承接登云股份IPO审计项目,它共承接了15个行业27家IPO审计项目,但是都没有涉及汽车和汽配行业的IPO审计,信永中和在汽配行业的IPO审计是缺乏经验的,不具备行业专长。因此,它在没有对被审计单位作出正确评估的情况下就承接了登云股份IPO审计项目,这也是导致后来审计失败的重要原因。

2. 业务质量控制复核执行不到位

为了确保审计质量,会计师事务所的质量控制复核应该包括项目组内部的复核和出具审计报告前的复核。其中关联方关系、重大合同、舞弊风险的评估和具体应对,都是要经过重点复核的领域。IPO审计项目相对于普通年审,审计范围广,程序复杂,风险更高,会计师事务所应该采用更严谨的手段进行复核。

信永中和会计师事务所虽然建立了完善的质量控制复核制度,但是在IPO审计的实际操作过程中流于形式,并没有把质量控制复核制度落到实处,减少了必要的复核程序。从而导致登云股份的舞弊行为没有被及时发现,造成了审计失败。

(二)注册会计师的责任

1. 未保持应有的职业谨慎

(1)未对关联方关系保持职业谨慎。我国的注册会计师审计准则规定:注册会计师在审计的过程中,应该对可能显示管理层以前未识别或未向注册会计师披露的

关联方关系或关联方交易的信息和安排保持警觉。但是信永中和会计师事务所的注册会计师在审计过程中却未能保持应有的职业怀疑,对被隐藏的关联方关系始终没有察觉。

（2）未对重大合同性质保持职业怀疑。江苏申源特钢是登云股份的供应商,其与登云股份双方在签订合同时约定:登云股份在向江苏申源特钢采购的过程中,只能用承兑汇票支付不超过合同总金额 70 070 元的货款。但是登云股份在 2013 年上半年及 2014 年向申源特钢支付的承兑汇票均超过合同约定的全部金额,注册会计师对不符合合同条款约定的交易应该充分关注和保持职业怀疑。并且申源特钢是登云股份多年的第一大供应商,注册会计师在审计的过程中本就应该给予更多的关注,防止申源特钢帮助登云股份造假。但是信永中和的注册会计师未对承兑汇票的资金性质保持应有的职业谨慎,只是对交易的金额进行核对,并没有对项目金额的性质和背景进行深究,因此,也就未对承兑汇票带来的贴现金额进行考虑。

（3）未对抽凭异常保持职业怀疑。登云股份通过在美国设立的分公司,将产品销往海外。从下单到确认收入,要经历产品的打包、装箱和发往美国的海运时间。信永中和在审计的过程中,抽查了登云股份将产品发往美国子公司的两笔业务,发现开具的销售发票和打印的发货清单上,登云股份的发货时间分别为 2013 年 6 月 15 日与 6 月 16 日。登云股份在美国的子公司在 6 月 15 日和 21 日向 Golden Engine Parts 公司开具了销售发票。发货和确认收入的时间过于接近,不符合工业企业发货的实际时间安排。信永中和将这一异常情况记录到了审计底稿中,但是对这异常现象并没有保持应有的职业怀疑,没有对登云股份 2013 年 6 月末的销售收入进行进一步核查,及实施截止认定测试。正是因为注册会计师未对种种舞弊迹象保持应有的职业怀疑,导致了最终的审计失败。

2. 未实施必要的审计程序

（1）函证中未实施必要的替代程序。潍柴备品在寄给信永中和会计师事务所的回函上所盖的印章并不是潍柴备品公司的印章。根据注册会计师审计准则要求,如果回函中所盖的印章与被询证者名称不符,注册会计师应该进一步追加审计程序,必要时亲自前往被询证单位核对。但是信永中和只是实施了询问程序,获得了询证函是由潍柴配送盖章后寄回的解释。

（2）关联方核查程序不到位。我国的注册会计师审计准则规定:注册会计师在审计的过程中,应该对可能显示管理层以前未识别或未向注册会计师披露的关联方关系或关联方交易的信息和安排保持警觉。信永中和的注册会计师在审计过程中已经发现山东旺特汽车零部件有限公司原名为山东登云汽配销售有限公司,并在审计底稿中进行记载,而且也通过询问、核查代理协议和实地走访等一系列审计程序,了解到山东富达美通过接替两名自然人,对山东旺特汽车零部件有限公司百分之百控股。在迹象如此明显的情况下,注册会计师都未对山东旺特汽车零部件有限公司与登云股份之间的关系进行深究。很显然,信永中和的关联方核查程序并不到位。

(3)缩小了抽凭范围。信永中和会计师事务所在对登云股份2012年的年报进行审计时,抽查了发票号码是否连续,装箱单和运单的型号及数量与公司内部的记账凭证是否一致,提货单、装箱单和运单的单据是否齐全,以及公司发出的商品是不是准确达到客户指定的目的地等多项信息,但是其在对登云股份2013年的年报进行审计时,仅仅抽查了登云股份的美国子公司6月15和21日的业务中较少的一部分,正是因为缩小了抽凭的范围,减少了必要的审计程序,导致注册会计师未能发现美国登云提前确认收入的舞弊行为。

3.企业造假动因分析

受柴油机市场发展空间缩小、发展速度放缓的影响,加之商用车市场发展低迷,登云股份在上市之前就出现了利润下滑的迹象。如果想要扭转利润下滑的趋势,登云股份就必须迎合气门行业的未来发展趋势,将生产线进行集约化改造,增大产能,逐步介入国际主机配套市场。在利润下滑和产业转型的融资压力之下,对外举债的高昂利息费用会加重企业的负担,此时企业进行IPO上市,用发行股票的方式进行融资无疑是最好的解决办法。为了满足IPO上市的条件要求,登云股份管理层通过精心设计,刻意隐瞒等舞弊行为,增大了审计失败的风险。

4.外部监管环境的原因

(1)注册会计师行业引导和培训不足。为了满足资本市场的需要,审计行业应运而生。资本市场的发展,公司业务的增加,为公司舞弊和造假提供更多的便利和途径。注册会计师作为资本市场的检察官,只有不断地更新自己的知识储备和业务技能,及时发现公司存在的问题,才能做到对资本市场上的投资者负责。信永中和会计师事务所未能发现登云股份通过隐瞒关联方关系和交易虚增收入和利润的行为与注册会计师主管部门未能将证券市场的风险警示纳入注册会计师行业的培训计划也有一定的关系,因此,这也在一定程度上导致了审计的失败。

(2)政府的处罚力度较轻。在登云股份IPO审计失败案例被曝光之后,证监会对信永中和会计师事务所的处罚是在没收业务收入32万元、违法所得188万元的同时,处以220万元罚款。对签字注册会计师给予警告的行政处分,并分别处以5万元罚款。证监会是按照证券法罚款数额的最低标准对信永中和进行处罚,对其处以违法业务收入一倍的罚款。给予警告的行政处分在实质上并不会给信永中和带来严重的后果,信永中和在被证监会立案调查之后,仍然拥有 IPO 审计的资格,它虽然 2015 年被立案调查,但 2016 年还依然承接了 15 个 IPO 审计项目,2017 年处罚公告公布当年承接了 28 个 IPO 审计项目。面对不断上升的 IPO 审计项目业绩,证监会对信永中和的罚款和警告处分并没有对信永中和造成严重的影响,签字注册会计师仍然有签字的权利。并且,IPO 审计项目并不是只有签字注册会计师两个人参与,其他审计人员和负责人也有相应责任,只追究签字注册会计师的责任,责任没有落实到个人,会造成其他相关人员报以侥幸心理,起不到督促审计人员勤勉尽责的作用。

三、案例分析

(一)对会计师事务所的建议

1. 谨慎选择 IPO 审计项目

在确定承接 IPO 审计项目之前,会计师事务所应该就是否承接该项目实施针对性的审计程序,考虑客户的诚信问题,考虑自身是否具有执行业务的必要素质和专业能力,考虑自身能否遵守注册会计师的职业道德要求。会计师事务所应该在业务的承接和保持阶段初步了解拟 IPO 公司管理层的诚信状况、公司的发展和盈利情况、公司所处的行业发展整体情况、关联方关系、内部控制制度的制定和实施情况。重点关注公司所在行业的发展前景和同业竞争情况,了解 IPO 公司上市的动机、对公司未来发展做出的战略规划和应对经营风险的措施等信息。如果拟 IPO 上市公司在上市之前出现利润下滑的情况,如登云股份在 IPO 之前的 2013 年度即出现了利润下滑的迹象,会计师事务所应该考虑该公司是否会为了符合上市门槛而进行财务舞弊。另外,当注册会计师发现潜在客户面临财务困难、陷入财务困境,或者发现现有客户曾经做出虚假的陈述,那么可以认为承接或者保持该客户的风险非常高,应该持谨慎的态度,甚至可以拒绝承接该业务。除了考虑客户的风险外,还应该考虑会计师事务所的业务能力、是否存在利益冲突、是否能对客户保持独立性等问题。

2. 严格落实质量控制制度

提高会计师事务所的审计质量是减少审计失败发生的关键因素,为了保证审计质量,一个重要环节就是要落实质量控制复核。会计师事务所承接的 IPO 审计项目,涵盖的审计范围广,耗费时间长,程序复杂,加大了审计的风险,所以更应该严控审计质量。会计师事务所应该建立以提高 IPO 审计质量为核心,按照既定的审计质量控制准则、注册会计师职业道德规范和会计师事务所自身的实际情况,制定明确的审计质量控制复核制度、IPO 审计质量保证制度。

信永中和在登云股份的IPO审计中,没有严格按照质量控制复核制度对审计工作进行复核,导致登云股份明显的舞弊迹象都没有被发现。IPO审计不同于普通的年审,审计范围大、难度大且程序复杂,更应该严格按照质量控制复核制度,加强对审计过程的全面督导。

(二)对注册会计师的建议

1. 保持应有的职业怀疑

保持职业怀疑的能力是注册会计师胜任审计工作必备的素质,是保证审计工作质量的关键因素。在审计工作过程中,注册会计师应该保持质疑的态度并贯穿于审计始终,对引起疑虑的情形保持警觉。例如,相互矛盾的审计证据,可能存在舞弊行为的情形,引起对文件记录、询问答复可靠性产生怀疑的信息。

注册会计师在IPO审计的过程中,要对IPO企业所处的行业发展状况和IPO企业自身的经营状况进行充分的考虑,将IPO企业的财务数据与同行业横向比较,与企业自身纵向比较。考虑IPO企业是否真实具备IPO的资格,和企业拟进行IPO上市的目的。无论是审计业务的承接和保持,还是评价审计证据,保持职业怀疑都应该贯穿于审计过程的始终。

2. 严格执行审计程序

信永中和在IPO审计的过程中,在函证回函盖章不符、函证回函存在差异和未收到函证情况下,未能执行有效的替代程序。在调查关联方关系时止于实地探访和工商局提供的资料,未能全面了解股权结构。尽管会计师事务所对审计项目要考虑成本效益原则,但不能以成本高、取证难为由减少不可替代的审计程序。

(三)对被审计单位的建议

1. 强化上市公司的治理监督机制

登云股份为了满足IPO上市条件的要求,精心设计舞弊,故意向会计师事务所隐瞒企业的造假行为。因此,上市公司应当强化治理监督机制,防范管理舞弊行为。

2. 加强公司内部审计

企业建立系统和规范的内部审计制度,由独立、客观的内审部门对企业的内部控制和风险管理进行评价,有利于预防并发现企业的违规和舞弊行为,规范企业日常经营活动,提高企业经营效率以促进企业更好地发展。

(四)对外部监管的建议

1. 完善注册会计师行业引导和培训

(1)建立以审计质量为导向的行业排名标准。自中国注册会计师协会2006年采用综合评价办法对会计师事务所进行排名以来,综合评价体系虽然不断完善,但仍然存在会计师事务所收入水平在综合评价体系中所占比重较大的现象。最近几年,中国注册会计师协会在网站上公布了年度收入排名前一百的会计师事务所。以收入为导向的排名不利于注册会计师行业的健康发展。

中国注册会计师协会应该建立以审计质量为导向的行业排名标准,出台明确的审计质量衡量标准。例如,审计底稿是否按照行业规范进行编制和对底稿记录的问题的后续解决情况,严格按照标准对会计师事务所的审计质量进行核查。同时,增加综合评价体系中的扣分项,提高处罚和惩戒事项对会计师事务所排名的影响,从而增加处罚和惩戒的威慑作用。

(2)完善注册会计师行业培训制度。随着公司规模的不断扩大,公司的股权结构、组织架构和公司业务也越来越复杂。加之近些年来,越来越多新兴行业的企业在新三板挂牌和中小板上市,如果不及时更新自己的知识储备,提升自己的专业胜任能力,注册会计师很难能应对被审计单位的各种造假和舞弊行为。

为了保证审计质量,维护证券市场的经济秩序,中国注册会计师协会应该对证监会办公厅发布的会计风险监管警示给予充分的关注,及时更新注册会计师培训计划,提高注册会计师的对警示风险的敏感度。

2. 加大处罚力度

(1)加大对 IPO 舞弊公司的处罚力度。登云股份在此次 IPO 舞弊事件中,受到警告,被处以 60 万元的罚款,部分股东、监事会成员、高管被罚 5 万到 30 万元不等。而登云股份在 IPO 上市成功后,共募集到了 2.34 亿元的资金。区区 60 万元的罚款和 2.34 亿元的融资相比,收益远大于舞弊的代价。因此,应当将处罚金额与企业 IPO 成功上市的收益联系起来,罚款金额足够大才能起到充分的威慑作用。

(2)加大对会计师事务所的处罚力度。我国目前对会计师事务所的处罚通常为没收违法所得、罚款,对注册会计师的处罚主要是给予警告和少量罚款。禁入证券市场和注销注册会计师职业资格证书的处罚手段较少使用。这些罚款相对于会计师事务所和注册会计师的年收入来说,都是微不足道的,警告也并不能起到足够的威慑作用。对于会计师事务所来说,增大罚款力度,对于因未保持独立性导致审计失败的会计师事务所,可以以年收入为标准进行处罚,同时取消其 IPO 审计业务承接资格,限制其业务承接范围。对造成审计失败的注册会计师,给予禁入证券市场、吊销注册会计师职业资格证书的处罚,加大罚款力度。对于执业失职严重的注册会计师,可以考虑追究其刑事责任。此外,还应将责任落实到个人,对 IPO 审计项目组的所有工作人员都按照各自的失职给予处分或罚款。

四、结论

IPO会计信息造假事件的频发,促使IPO审计失败的问题逐渐引起监管部门和社会公众的关注。证券市场的发展,不仅为企业解决资金问题提供了更加方便的融资平台,也为国家经济发展和宏观调控提供了重要的参数依据。从源头上把控上市公司的质量,阻止不符合条件的公司通过欺诈上市圈钱,对保障证券市场投资者的经济利益,维护证券市场的经济秩序有着重要的意义。

对会计师事务所来说,正确评估项目风险,谨慎选择审计项目,落实质量控制复核制度有利于降低审计风险。对注册会计师来说,在审计过程中应该保持应有的职业怀疑,对关联方交易等引起疑虑的情形应保持警觉;同时,严格执行审计程序,保证实施审计程序的时间和成本。对被审计单位来说,强化公司治理监督机制;加强公司内部审计,避免内部审计流于形式有利于降低舞弊行为发生的可能性。对外部监管者来说,应该避免收入指标的错误引导,建立以质量为导向的行业排名标准;完善行业培训制度,紧跟证券市场发展新形势,不断更新和丰富培训计划;同时,要加大对审计主客体的处罚力度,将责任追究落实到个人,完善退市和证券市场禁入制度。

五、阅读文献

[1]中国注册会计师协会.审计[M].北京:财政经济出版社,2021.

[2]杨罡.财务报表审计案例分析[M].2版.上海:立信会计出版社,2018.

[3]刘万丽.IPO会计舞弊:审计失败分析[J].财会通讯,2013(6):20-23.

[4]刘霞.审计失败的原因分析及对策[J].商业经济,2014(1):53-55.

[5]盛剑红.浅析IPO审计舞弊的原因及对策[J].财务与会计,2014(3):56-57.

[6]CFI.CN中财网.登云股份(002715)财报全文.http://gg.cfi.cn/cbgg/17747/002715.html[EB/OL].